2025년 23회 대비

나눔의집 사회복지사1급

강의로 쌓는 기본개념

3과목 | 사회복지정책과 제도

5영역

사회복지정책론

사회복지 전문출판 나눔의집

CONTENTS

2024년 제22회
사회복지사1급 국가자격시험 결과

22회 필기시험의 합격률은 지난 21회 40.70%보다 10%가량 떨어진 29.98%로 나타났다. 많은 수험생들이 3교시 과목을 어려워하는데, 이번 22회 시험의 3교시는 순간적으로 답을 찾기에 곤란할 만한 문제들이 더러 포진되어 있었고 그 결과가 합격률에 고르란히 나타난 듯하다. 이번 시험에서 정답논란이 있었던 사회복지정책론 19번 문제는 최종적으로 '전항 정답' 처리되었다.

제22회 사회복지사1급 응시현황 및 결과

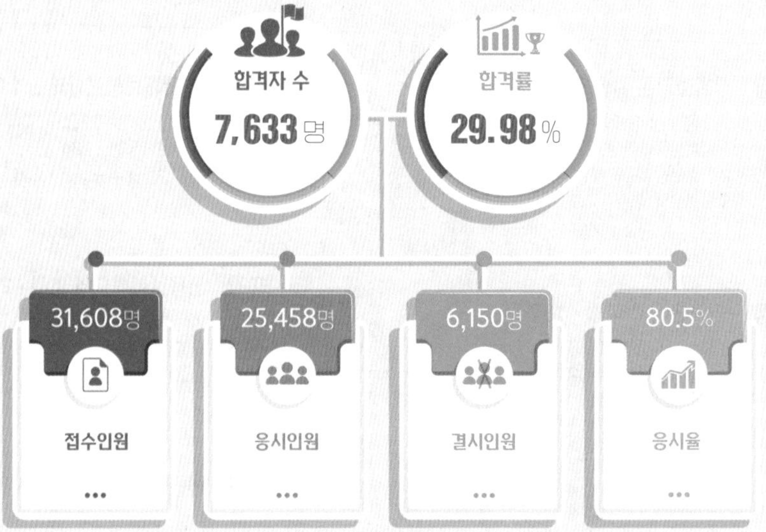

※이는 필기시험 결과이다.

1회~22회 사회복지사1급 국가시험 합격률 추이

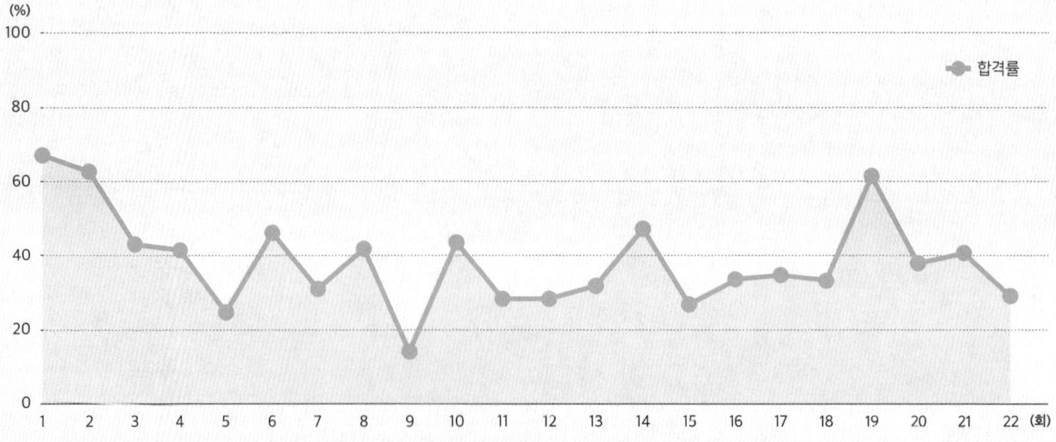

22회 기출 분석 및 23회 합격 대책

22회 기출 분석

사회복지정책론은 출제 영역의 분포에 있어서 특정 내용에 편중되는 모습을 보였다. 즉, 5장 사회복지정책의 분석틀, 6장 사회보장론 일반, 11장 빈곤과 공공부조제도 이렇게 3개의 장에서 무려 20문제가 출제되었다. 매년 빠지지 않고 출제되었던 사회복지정책의 가치에 관한 문제가 출제되지 않았으며, 국민연금제도, 국민건강보험제도, 노인장기요양보험제도, 산업재해보상보험제도 등 기존에 자주 출제되었던 제도들에 관한 문제도 출제되지 않았다. 주목할 만한 점은 국민기초생활보장제도의 급여에 관한 문제에 있어서 2024년부터 새롭게 개정 시행되는 사항을 묻는 문제가 출제되었다는 것이다. 현재 시행되고 있는 우리나라 사회복지제도의 변화에 관심이 없었다면 틀릴 수밖에 없는 문제이다.

23회 합격 대책

사회복지정책론은 최근 시험에서 지역사회복지론, 사회복지행정론, 사회복지법제론 등에서 다룬 내용과 함께 출제되는 등 기존의 출제영역에 한정되지 않는 모습을 보이고 있기 때문에 관련 과목과 연계하여 학습하는 것이 필요하다. 또한 최근 우리나라의 사회복지 흐름, 시행되고 있는 사회복지 관련 제도들의 세부 내용 및 최신 개정 사항 등도 출제되고 있으므로 이에 대비해야 한다. 사회복지정책론만의 특성인 특정 내용의 편중된 출제분포를 전략적으로 활용하여 3장 사회복지정책 관련 이론과 사상, 5장 사회복지정책의 분석틀, 6장 사회보장론 일반, 11장 빈곤과 공공부조제도의 내용을 집중적으로 꼼꼼하게 학습해야 한다.

22회 출제 문항수 및 키워드

장	22회	키워드
1	1	국가의 사회복지 제공에 대한 필요성
2	1	영국 사회복지정책의 역사
3	3	사회복지의 잔여적 개념과 제도적 개념, 사회복지정책의 발달이론, 에스핑-앤더슨의 복지국가 유형화
4	0	-
5	8	복지다원주의(복지혼합), 사회복지정책의 급여, 보편주의와 선별주의, 사회복지정책의 재원, 사회복지 전달체계 재구조화 전략
6	5	소득재분배, 사회보장기본법상 사회서비스, 우리나라의 사회보험제도, 사회보장의 특성
7	0	-
8	0	-
9	0	-
10	0	-
11	7	빈곤과 소득불평등의 측정, 사회적 배제, 미국의 빈곤가족한시지원(TANF), 국민기초생활보장제도, 우리나라의 공공부조제도, 긴급복지지원제도, 근로장려세제(EITC)

합격을 잡는 학습방법

아임패스와 함께하는 단계별 합격전략

나눔의집의 모든 교재는 강의가 함께한다. 혼자 공부하느라 머리 싸매지 말고, 아임패스를 통해 제공되는 강의와 함께 기본개념을 이해하고 암기하고 문제풀이 요령을 습득해보자. 또한 아임패스를 통해 선배 합격자들의 합격수기, 학습자료, 과목별 질문 등을 제공하고 있으니 23회 합격을 위해 충분히 활용해보자.

기본개념 학습 과정

1 단계

강의로 쌓는 기본개념

어떤 유형의, 어떤 난이도의 문제가 출제되더라도 답을 찾기 위해서는 기본적인 개념이 탄탄하게 잡혀있어야 한다. 기본개념서를 통해 2급 취득 후 잊어버리고 있던 개념들을 되살리고, 몰랐던 개념들과 애매했던 개념들을 정확하게 잡아보자. 한 번 봐서는 다 알 수 없고 다 기억할 수도 없지만 이제 1단계, 즉 이제 시작이다. '이렇게 공부해서 될까?'라는 의심 말고 '시작이 반이다'라는 마음으로 자신을 다독여보자.

기본개념 완성을 위한 학습자료

기본개념 강의, 기본쌓기 문제, ○X 퀴즈, 기출문제, 정오표, 묻고답하기, 지식창고, 보충자료 등을 아임패스를 통해 만나실 수 있습니다.

실전대비 과정

4 단계

강의로 완성하는 FINAL 모의고사(3회분)

그동안의 학습을 마무리하면서 합격에 대한 확신을 가져보자. 답안카드를 포함하고 있으므로 시험시간에 맞춰 풀어보기 바란다.

강의로 잡는 회차별 기출문제집

학습자가 자체적으로 모의고사처럼 시험시간에 맞춰 풀어볼 것을 추천한다.

※이 내용은 합격수기 게시판에 올라온 선배 합격자들의 학습방법을 바탕으로 재구성한 것입니다.

기출문제 번호 보는 법

22-01-25
기출회차 영역 문제번호

'기출회차-영역-문제번호'의 순으로 기출문제의 번호 표기를 제시하여 어느 책에서든 쉽게 해당 문제를 찾아볼 수 있도록 하였다.

2 단계

기출문제 풀이 과정

강의로 복습하는 기출회독

한 번을 복습하더라도 제대로 된 복습이 되어야 한다는 고민으로 만들어진 책이다. 기출 키워드마다 다음 3단계 과정으로 학습해나간다. 기출회독의 반복훈련을 통해 내 것이 아닌 것 같던 개념들이 내 것이 되어감을 느낄 수 있을 것이다.

1. 기출분석을 통한 이론요약
2. 다양한 유형의 기출문제
3. 정답을 찾아내는 훈련 퀴즈

강의로 잡는 장별 기출문제집

기본개념서의 목차에 따라 편집하여 해당 장의 기출문제를 바로 풀어볼 수 있다.

3 단계

요약정리 과정

강의로 끝내는 핵심요약집

8영역을 공부하다 보면 먼저 공부했던 영역은 잊어버리기 일쑤인데, 요약노트를 정리해두면 어디서 어떤 내용을 공부했는지를 쉽게 찾아볼 수 있다.

예상문제 풀이 과정

강의로 풀이하는 합격예상문제집

내 것이 된 기본개념들로 문제의 답을 찾아보는 시간이다. 합격을 위한 필수문제부터 응용문제까지 다양한 문제를 수록하여 정답을 찾는 응용력을 키울 수 있다.

강의로 쌓는 기본개념 활용맵

★ QR코드를 활용하세요!

스마트폰의 카메라, 네이버의 '스마트렌즈', 카카오톡의 '코드스캔' 기능으로 QR코드를 찍으면 관련 동영상 강의를 바로 볼 수 있습니다.

★ 장별 학습내용 안내

본격적인 학습에 앞서 각 장에서 어떤 내용을 다루고 있는지를 전체적으로 확인해볼 수 있도록 마련하였다.

한눈에 쏙

각 장에서 학습하게 될 내용들을 안내함과 동시에 그동안의 출제율을 반영하여 중요도 및 23회 출제 부분을 표시하였다.

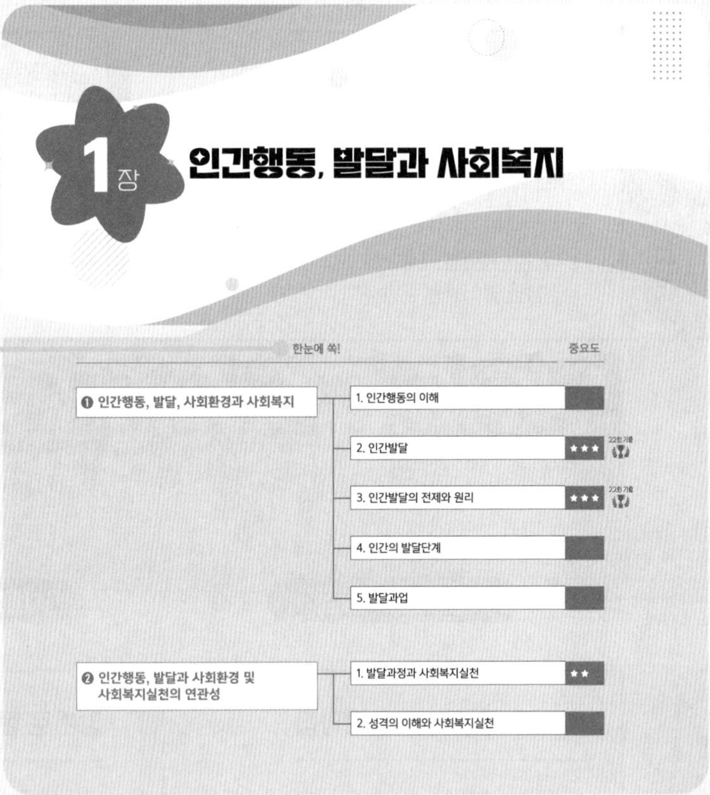
1장 인간행동, 발달과 사회복지

한눈에 쏙!		중요도
❶ 인간행동, 발달, 사회환경과 사회복지	1. 인간행동의 이해	
	2. 인간발달	★★★ 22회 기출
	3. 인간발달의 전제와 원리	★★★ 22회 기출
	4. 인간의 발달단계	
	5. 발달과업	
❷ 인간행동, 발달과 사회환경 및 사회복지실천의 연관성	1. 발달과정과 사회복지실천	★★
	2. 성격의 이해와 사회복지실천	

★ 장별 기출경향 안내

18회 시험부터 22회 시험까지 최근 5개년의 기출문제를 분석하여 관련 정보를 안내하였다.

기출 포인트

최근 5개년 출제 분포와 함께 시험 경향을 안내하여 어떤 점에 유의하면서 학습해야 하는지를 안내하였다.

핵심 키워드

최근 10개년의 기출문제를 분석하여 핵심 키워드를 선정하였다. 나눔의집의 학습전략 2단계 기출회독 시리즈는 각 영역별로 핵심 키워드에 따라 복습하도록 구성되어 있다.

아임패스와 함께

기본개념 강의를 비롯해 아임패스에서 제공하는 다양한 학습자료들을 보다 편리하게 이용할 수 있도록 각 장마다 QR코드로 안내하고 있다.

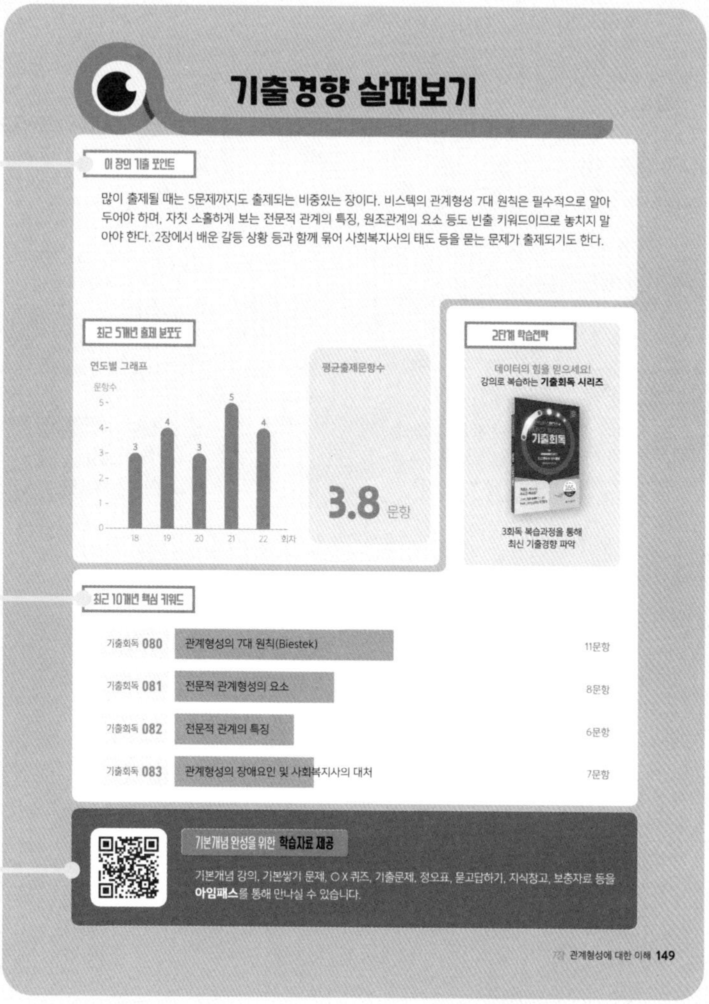

★ 본문에서 짚어주는 기출경향 및 중요도

공부하는 내용이 많다 보니 어느 부분이 중요한지, 어떤 내용이 출제되는지를 파악하는 것은 매우 중요하다. 좀 더 효율적으로 학습할 수 있도록 본문에 기출과 관련된 사항들을 안내하였다.

기출회차

1회부터 지금까지 얼마나 자주 출제된 내용인지를 알 수 있도록 출제된 회차를 표시하였다.

1 인간행동, 발달, 사회환경과 사회복지

기출회차

1	2	3	4	5
6	7	8	9	10
11	12	13	14	15
16	17	18	19	20
21	22			

Keyword 001, 003

중요도

그동안의 기출경향을 파악하여 학습의 포인트를 짚어주었다.

중요도 ★★★

융 이론에서는 아들러 이론에서와 마찬가지로 전반적인 개요와 주요 개념을 묻는 문제가 주로 출제되므로 무엇보다 개념을 정확히 구분하는 것이 중요하다.

2. 분석심리이론의 개요 22회 기출

(1) 개념 및 특징

- 인간행동은 의식과 무의식의 상반되는 두 가지 힘에 의해서 형성된다.
- 무의식을 개인무의식과 집단무의식으로 구분하였다.
- 융은 아동기보다는 성인기의 발달에 더 관심을 두었다.

22회 기출

22회 시험에 출제된 부분은 별도로 표시하였다.

중요도 ★★★

융 이론에서는 아들러 이론에서와 마찬가지로 전반적인 개요와 주요 개념을 묻는 문제가 주로 출제되므로 무엇보다 개념을 정확히 구분하는 것이 중요하다.

2. 분석심리이론의 개요 22회 기출

(1) 개념 및 특징

- 인간행동은 의식과 무의식의 상반되는 두 가지 힘에 의해서 형성된다.
- 무의식을 개인무의식과 집단무의식으로 구분하였다.
- 융은 아동기보다는 성인기의 발달에 더 관심을 두었다.

꼭!

꼭! 봐야 할 내용을 놓치지 않게 한 번 더 강조하였다.

강화(reinforcement) ★꼭!

- 강화란 보상을 제공하여 행동에 대한 반응을 강력하게 하는 것을 말한다.
- 행동의 결과로서 그 행동을 좀 더 자주 유지하도록 했다면 그 결과를 강화라고 한다.
- 강화물은 반응을 증가시키는 행위나 사물로 행동을 강화함으로써 미래에 그 행동을 다시 할 가능성을 높이는 역할을 한다.
  - 예 철수가 심부름을 하자(행동) 엄마가 아이스크림을 사주었다(행동의 결과). 그랬더니 철수가 그 뒤로도 심부름을 자주하더라(행동빈도의 증가 혹은 유지). 이때 행동의 결과인 '아이스크림 사주기'는 강화에 해당한다.
- 강화에는 즐거운 결과를 부여하여 행동 재현을 가져오도록 하는 (궁)정적 강화와 혐오스러운 결과를 제거함으로써 바람직한 행동 재현을 유도하는 부(정)적 강화가 있다.

★ 더 쉬운 개념 이해를 위한 구성

간단한 개념정리, 함께 봐두면 도움이 될 만한 내용, 쉽게 헷갈릴 수 있는 내용들에 대해 안내하였다.

잠깐

용어의 정의나 개념 등을 간략히 설명하였다.

잠깐!

- 자아: 일상적 · 경험적인 나, 의식세계의 중심
- 자기: 본래적 · 선험적인 나, 의식과 무의식을 모두 포괄하는 인격과 정신의 중심

② 자기(self)

- 자아가 의식된 나라면, 자기는 의식과 무의식의 세계를 모두 포괄하는 진정한 나를 의미하며 통합성을 추구하는 원형이다.
- 집단무의식 내에 존재하는 타고난 핵심 원형으로서 모든 의식과 무의식의 주인이며, 모든 콤플렉스와 원형을 끌어들여, 성격을 조화시키고 통일시키

합격자의 한마디

선배 합격자들이 공부하면서 헷갈렸던 내용들이나 암기하는 요령 등에 대해 짚어주었다.

합격자의 한마디

중개자와 중재자.
헷갈리지 마세요~
중개자는 클라이언트를 자원이나 서비스와 연결시키는 역할이며, 중재자는 체계 사이의 갈등이나 의견 차이를 조정하는 역할입니다.

(2) 중재자(mediator) ★

- 양자 간의 논쟁에 개입하여 타협, 차이점 조정 혹은 상호 만족스러운 합의점을 도출해내는 역할이다.
- 미시, 중범위, 거시체계 사이의 논쟁이나 갈등을 해결한다. 견해가 다른 양자 간의 의사소통을 향상하고 타협하도록 돕는 역할로, 중립을 유지하며 논쟁에서 어느 한쪽 편도 들지 않는다.
- 중재자는 자신의 위치를 분명히 하고, 의사를 잘못 전달하는지 인식하며, 관련 당사자가 입장을 명확히 밝히도록 도와준다.

한걸음 더

본문에서 미처 다루지 못했지만 한번쯤 살펴볼 만한 내용을 담았다.

한걸음 더

개입수준에 따른 사회복지사의 역할

마일리 등(Miley et al.)이 제시한 개입수준에 따른 역할 구분이다. 사회복지사1급 시험 초창기에 한 번 출제된 적이 있으나 이후로는 출제되지 않고 있다.

간혹 옹호가 미시 차원인지 거시 차원인지에 대한 질문을 받는데, 우리가 공부하는 옹호는 개인이나 가족 외에 집단, 지역사회 차원에서도 이루어지기 때문에 미시 차원에서만 이루어진다고 말할 수는 없다. 다만, 옹호자의 역할을 미시 차원이라고 보는 문제나 설명이 있다면 이 학자의 구분에 따른 것이라고 생각하면 된다.

개입수준	대상	역할
미시 차원	개인, 가족 등	조력자, 중개자, 옹호자, 교사
중범위 차원	조직, 집단	촉진자, 중재자, 훈련가
거시 차원	지역사회 또는 전체 사회	계획가, 행동가, 현장개입가
전문가 차원	동료 및 전문가집단	동료, 촉매자, 연구자/학자

QR코드로 보는 보충자료

시험에 출제되지는 않았지만 이전 수험생들이 궁금해 했던 내용이나 이해를 도울 수 있는 추가 자료를 따로 담았다. 홈페이지 아임패스 [impass.co.kr]를 통해 확인해볼 수 있다.

파슨즈의
4가지 기능적 요건

(3) 사회체계의 구조와 기능

- 파슨즈(Parsons)에 의하면 모든 사회체계는 다음 두 축을 중심으로 구조적으로 분화되며 안정상태를 유지한다.
  - 수직적 축: 외적(외부환경) 차원 – 내적(체계 내부)차원
  - 수평적 축: 도구(수단) 차원 – 완성(목적) 차원
- 파슨즈는 이 두 축으로 사회체계가 안정상태를 유지하기 위해 성공적으로 해결해야 할 기능을 적응, 목표달성, 통합, 형태유지의 4가지로 제시했다.

사회복지사1급의 모든 것

사회복지사1급의 모든 것
4,840문항 모든 기출을 분석해 찾은 데이터 기반 학습법

1998년부터 27년 동안 사회복지 분야의 책을 전문적으로 출판해온 나눔의집은 2002년부터 사회복지사1급 국가시험 대비 수험서를 출간하기 시작하여 현재 22번째 개정판을 출간하였습니다.

2012년부터는 매년 가채점 데이터를 축적하여 최근 13년간 출제된 2,680문항에 대한 21,947명의 마킹률 데이터를 보유하고 있습니다.

이를 바탕으로 분석한 출제율 96.5%의 핵심키워드 250개와 마킹률 데이터를 통해 수험생에게 필요한 자세한 내용 분석을 제공할 수 있게 되었습니다.

나눔의집 사회복지사1급 수험서는 종이에 인쇄된 단순한 책이 아닙니다.
나눔의집을 만나는 순간, 당신의 합격을 위한 최고의 전략을 만나게 될 것입니다.

강의로 쌓는 기본개념 사회복지정책론

5년간 데이터로 찾아낸 합격비책

여기에서 **92.0%**(23문항) 출제

순위	장	장명	출제문항수	평균문항수	22회 기출	체크
1	5장	사회복지정책의 분석틀	32	6.4	🏆	✓
2	11장	빈곤과 공공부조제도	23	4.6	🏆	✓
3	1장	사회복지정책 개요	15	3.0	🏆	✓
4	3장	사회복지정책 관련 이론과 사상	14	2.8	🏆	✓
5	6장	사회보장론 일반	14	2.8	🏆	✓
6	2장	사회복지정책의 역사적 전개	7	1.4	🏆	✓
7	8장	국민건강보장제도의 이해	6	1.2		✓
8	4장	사회복지정책 형성과정	4	0.8		✓

강의로 복습하는 기출회독 사회복지정책론

10년간 데이터로 찾아낸 핵심키워드

여기에서 **98.8%**(24문항) 출제

순위	장	기출회독 빈출키워드 No.		출제문항수	22회 기출	체크
1	6장	179	사회보장의 특징	25	🏆	✓
2	11장	188	공공부조제도	24	🏆	✓
3	1장	164	사회복지정책의 특성	16		✓
4	5장	178	사회복지정책의 전달체계	15	🏆	✓
5	11장	187	빈곤과 소득불평등	14	🏆	✓
6	1장	163	사회복지정책의 가치	13		✓
7	3장	170	복지국가 유형화이론	12	🏆	✓
8	5장	177	사회복지정책의 재원	12	🏆	✓
9	3장	171	사회복지정책 이데올로기	11		✓
10	5장	175	사회복지정책의 대상	11	🏆	✓
11	5장	176	사회복지정책의 급여	10	🏆	✓
12	2장	166	영국 사회복지정책의 역사	9	🏆	✓
13	3장	169	사회복지정책 발달이론 및 복지국가 분석이론	9	🏆	✓
14	4장	172	사회복지정책의 평가	8		✓
15	9장	185	산업재해보상보험제도	8		✓
16	8장	183	국민건강보험제도	7		✓
17	1장	165	사회복지의 국가 개입	6	🏆	✓
18	4장	173	정책결정 이론모형	6		✓
19	5장	174	사회복지정책의 분석틀	6		✓
20	7장	181	국민연금제도	6		✓
21	7장	180	공적 연금의 특징	5		✓
22	8장	184	노인장기요양보험제도	5		✓
23	10장	186	고용보험제도	4		✓
24	2장	168	복지국가의 전개	3		✓
25	2장	167	독일과 미국 사회복지정책의 역사	2		✓

사회복지사1급 국가시험 안내문

※ 다음은 2024년 1월 13일 시행된 22회 시험에 대한 공고 내용이다. 시험공고는 시험일로부터 대략 3개월 전에 발표되고 있다.

시험방법

시험과목수	문제수	배점	총점	문제형식
3과목(8영역)	200	1점 / 1문제	200점	객관식 5지 선택형

시험과목 및 시험시간

구분	시험과목		입실시간	시험시간
1교시	사회복지기초(50문항)	· 인간행동과 사회환경(25문항) · 사회복지조사론(25문항)	09:00	09:30–10:20 (50분)
		휴식시간 10:20 ~ 10:40 (20분)		
2교시	사회복지실천(75문항)	· 사회복지실천론(25문항) · 사회복지실천기술론(25문항) · 지역사회복지론(25문항)	10:40	10:50–12:05 (75분)
		휴식시간 12:05 ~ 12:25 (20분)		
3교시	사회복지정책과 제도(75문항)	· 사회복지정책론(25문항) · 사회복지행정론(25문항) · 사회복지법제론(25문항)	12:25	12:35–13:50 (75분)

※ 이는 일반수험자 기준이며, 장애인수험자 등 응시편의 제공 대상자는 1.5의 시간을 연장함
※ 시험관련 법령 등을 적용하여 정답을 구하여야 하는 문제는 시험 시행일 현재 시행 중인 법령을 기준으로 출제함

합격(예정)자 결정기준(사회복지사업법에 의거)

- 시험의 합격결정에 있어서는 매 과목 4할 이상, 전 과목 총점의 6할 이상을 득점한 자를 합격예정자로 결정
- 사회복지사1급 국가시험 합격예정자는 한국사회복지사협회에서 응시자격 서류심사를 실시하며, 응시자격서류를 정해진 기한 내에 제출하지 않거나 심사결과 부적격자인 경우에는 최종불합격 처리함
- 최종합격자 발표 후라도 제출된 서류 등의 기재사항이 사실과 다르거나 응시자격 부적격 사유가 발견될 때에는 합격을 취소함

※ 시험관련 정보는 한국산업인력공단 사회복지사1급 홈페이지(http://www.q-net.or.kr/site/welfare)와 한국사회복지사협회 홈페이지(http://www.welfare.net)에서 확인할 수 있다.

사회복지사1급 국가시험 응시자격

대학원 졸업자

고등교육법에 따른 대학원에서 사회복지학 또는 사회사업학을 전공하고 석사학위 또는 박사학위를 취득한 자(시험 시행년도 2월 28일까지 학위를 취득한 자 포함). 다만, 대학에서 사회복지학 또는 사회사업학을 전공하지 아니하고 동 석사학위를 취득한 자는 보건복지부령이 정하는 사회복지학 전공교과목과 사회복지관련 교과목 중 사회복지현장실습을 포함한(2004. 7. 31 이후 입학생부터 해당) 필수과목 6과목 이상(대학에서 이수한 교과목을 포함하되, 대학원에서 4과목 이상을 이수하여야 한다), 선택과목 2과목 이상을 각각 이수하여야 한다.

대학교 졸업자

① 고등교육법에 따른 대학에서 보건복지부령이 정하는 사회복지학 전공교과목과 사회복지관련 교과목을 이수하고 학사학위를 취득한 자(시험 시행년도 2월 28일까지 학사학위를 취득한 자 포함)
② 법령에서 고등교육법에 따른 대학을 졸업한 자와 동등 이상의 학력이 있다고 인정하는 자로서 보건복지부령으로 정하는 사회복지학 전공교과목과 사회복지관련 교과목을 이수한 자(시험 시행년도 2월 28일까지 동등학력 취득자 포함)

외국대학(원) 졸업자

외국의 대학 또는 대학원(단, 보건복지부장관이 인정한 대학 또는 대학원)에서 사회복지학 또는 사회사업학을 전공하고 학사학위 이상을 취득한 자로서 대학원 졸업자와 대학교 졸업자의 자격과 동등하다고 보건복지부장관이 인정하는 자

전문대학 졸업자

① 고등교육법에 의한 전문대학에서 보건복지부령이 정하는 사회복지학 전공교과목과 사회복지관련 교과목을 이수하고 졸업한 자로서 (시험 시행년도 2월 28일을 기준으로) 1년 이상 사회복지사업의 실무경험이 있는 자
② 법령에서 고등교육법에 따른 전문대학을 졸업한 자와 동등 이상의 학력이 있다고 인정하는 자로서 보건복지부령이 정하는 사회복지학 전공교과목과 사회복지관련 교과목을 이수한 자로서 (시험 시행년도 2월 28일을 기준으로) 1년 이상 사회복지사업의 실무경험이 있는 자

사회복지사 양성교육과정 수료자

① 고등교육법에 따른 대학을 졸업하거나 이와 동등 이상의 학력이 있는 자로서 보건복지부장관이 지정하는 교육훈련기관에서 12주 이상의 사회복지사업에 관한 교육훈련을 이수한 자로서 (시험 시행년도 2월 28일을 기준으로) 1년 이상 사회복지사업의 실무경험이 있는 자
② 사회복지사 3급 자격증 소지자로서 (시험 시행년도 2월 28일을 기준으로) 3년 이상 사회복지사업의 실무경험이 있는 자

※ 다음 각 호의 어느 하나에 해당하는 자는 사회복지사가 될 수 없음.
가. 피성년후견인
나. 금고이상의 형의 선고를 받고 그 집행이 끝나지 아니하였거나 그 집행을 받지 아니하기로 확정되지 아니한 자
다. 법원의 판결에 따라 자격이 상실되거나 정지된 자
라. 마약 · 대마 또는 향정신성의약품의 중독자
마. 정신건강복지법에 따른 정신질환자(다만, 전문의가 사회복지사로 적합하다고 인정하는 사람은 예외)

※ 응시자격에 대한 자세한 사항은 한국산업인력공단 HRD고객센터(1644-8000), 한국사회복지사협회(02-786-0845)로 문의

일러두기

- 이 책은 한국사회복지교육협의회의 『사회복지 교과목 지침서 2022』를 바탕으로 하면서도 시험의 출제경향, 대학교재의 공통사항, 학습의 편의성 등을 고려하여 구성하였다.

- <사회복지법제론>을 비롯해 수험서에서 다루고 있는 법률은 2024년 3월 초 현재 시행 중인 규정을 따랐다. 이후 추가적인 개정사항이 있을 시 주요 사항을 정리하여 아임패스 내 '학습자료'를 통해 게시할 예정이다.

- 이 책에서 발생할 수 있는 오류사항에 대해서는 아임패스 내 '정오표' 게시판을 통해 정정할 예정이다.

- 학습 중 헷갈리거나 궁금한 내용이 있을 때에는 아임패스 내 '과목별 질문' 게시판을 이용할 수 있다.

기본개념 마스터 하기

아임패스는 사회복지사1급 나눔의집에서 운영하는 학습지원 사이트로 강의수강 및 수험서 안내 등이 제공됩니다.

I'MPASS 기본개념 마스터하기

I'MPASS 사회복지정책론

교과목 목표

- 사회복지정책의 기본개념을 파악한다.
- 사회복지정책의 학습이 사회복지학과 및 실천현장에 필요한 이유를 살펴본다.
- 사회복지정책의 구성체계(주체, 대상, 급여, 전달체계, 재정)에 대해 살펴본다.
- 사회복지정책의 역사적 전개와 현재의 상황, 특히 한국의 실태에 대한 이해를 높인다.
- 사회복지정책의 형성, 분석 및 평가 등에 대해 학습한다.
- 위의 과정과 관련한 욕구, 사회문제, 사회복지정책 사이의 연관성에 대해 학습한다.
- 사회복지정책과 관련한 복지국가의 동향과 현황 등을 살펴본다.
- 사회복지정책의 여러 분야를 분석하고 욕구와 문제를 해결하기 위한 대안마련에 대해 학습한다.
- 한국의 사회복지정책의 현황, 과제 및 대안마련 등에 주목한다.

1장 사회복지정책 개요

한눈에 쏙!

한눈에 쏙!		중요도
❶ 사회복지정책의 개념	1. 사회복지정책의 정의	
	2. 사회복지정책에 대한 국가별 개념의 차이	
	3. 사회복지정책과 사회복지실천	
❷ 사회복지정책의 가치	1. 평등	★★★
	2. 효율성	
	3. 사회적 적절성	
	4. 자유	★★★
❸ 사회복지에 대한 국가 개입의 필요성	1. 시장 실패	★★★ 22회 기출
	2. 소득분배의 불평등	
❹ 사회복지정책의 분야	1. 노동시장과 관련한 기본 개념	
	2. 노동시장과 관련한 정책	
❺ 사회복지정책의 기능과 효과	1. 사회복지정책의 일반적 기능	★★★
	2. 사회복지정책의 경제적 효과	★★
	3. 사회복지정책의 역기능에 대한 논의	
	4. 분배와 성장의 관계에 대한 관점의 차이	

기출경향 살펴보기

이 장의 기출 포인트

사회복지정책 분야의 전반적인 내용이 두루 출제되는 경향을 보이고 있다. 사회복지정책의 가치에 관한 문제는 개념을 비교하고 가치에 적용된 실제 제도를 적용시켜 정리해야 한다. 최근 시험에서는 시장 실패 및 국가 개입의 근거에 관한 내용이 매회 빠짐 없이 연속으로 출제되고 있으며, 사회복지정책의 전반적인 특징(원칙, 기능, 경제적 효과 등)에 관한 내용도 자주 출제되고 있다.

최근 5개년 출제 분포도

연도별 그래프

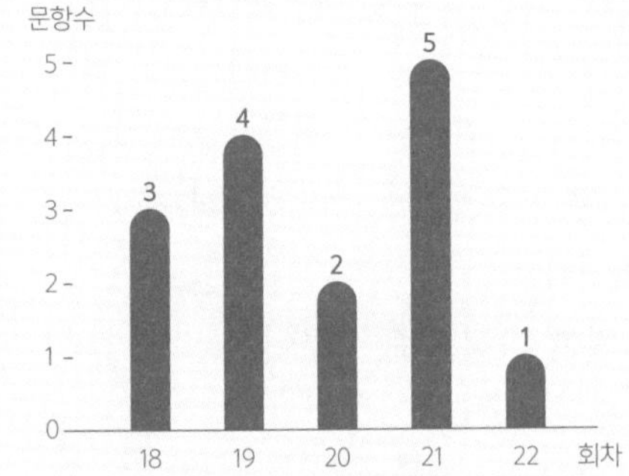

평균출제문항수

3.0 문항

2단계 학습전략

데이터의 힘을 믿으세요!
강의로 복습하는 **기출회독 시리즈**

3회독 복습과정을 통해
최신 기출경향 파악

최근 10개년 핵심 키워드

기출회독 **163**	사회복지정책의 가치	13문항
기출회독 **164**	사회복지정책의 특성	16문항
기출회독 **165**	사회복지의 국가 개입	6문항

기본개념 완성을 위한 **학습자료 제공**

기본개념 강의, 기본쌓기 문제, O X 퀴즈, 기출문제, 정오표, 묻고답하기, 지식창고, 보충자료 등을 **아임패스**를 통해 만나실 수 있습니다.

1 사회복지정책의 개념

기출회차

1	2	3	4	5
6	7	8	9	10
11	12	13	14	15
16	17	18	19	20
21	22			

강의로 복습하는 기출회독 시리즈

Keyword 164

1. 사회복지정책의 정의

(1) 사회복지정책의 일반적 정의

- 사회복지정책(social welfare policy)은 사회생활을 영위해 나가는 데 필요한 인간의 기본적 욕구(needs)를 충족시키거나 사회문제(social problems)를 해결하기 위한 목적으로 사회복지제도 및 프로그램을 만들고, 가치(values)를 권위적으로 배분하는 활동을 의미한다.[1)]
- 사회문제의 해결 또는 사회적 욕구충족과 같은 주요한 기능들을 수행하는 사회제도로서의 사회복지를 달성하기 위한 프로그램, 서비스, 제도 등의 원칙, 지침, 일정한 계획, 조직화된 노력이다.[2)]
- 국민복지라는 사회적 과제를 달성하기 위한 목적으로 이루어지는 국가의 정책이다.[3)]

(2) 사회복지정책의 포괄 범위

사회복지정책은 사람들의 삶의 질을 향상시키기 위한 정부의 지침이나 계획 혹은 과정과 관련된 것으로 좁게는 사회적 약자들에게 필요한 소득이나 서비스를 지원하는 것이며, 넓게는 사회적 약자뿐 아니라 모든 사람들의 삶의 질에 영향을 미치는 주택, 교육, 조세제도, 노동정책까지 포함하는 포괄적 개념으로 볼 수 있다.[4)]

2. 사회복지정책에 대한 국가별 개념의 차이

사회복지정책의 정의는 여러 학자들 사이에 다양한 견해들이 있을 뿐 아니라 역사적으로, 사회문화적으로도 서로 다른 개념이 사용될 수 있다. 특히 국가별로 사회복지가 발전한 경로와 특성이 상이하기 때문에 각 나라별로 사회복지정책을 정의하는 것이 다르며, 사용하는 용어에 있어서도 다양한 유사 용어들이 섞여 쓰이고 있다.

(1) 영국

- 영국은 사회복지정책보다는 사회정책(social policy), 사회행정(social administration) 또는 사회서비스(social service)란 용어를 많이 사용하는데 여기에는 사회보장, 건강, 교육, 대인적 사회서비스, 주택, 고용 및 가족정책 등이 포함되는 것으로, 우리가 일반적으로 쓰는 사회복지정책보다 넓은 범위를 담고 있다.[5]
- 영국의 마샬(Marshall)은 사회복지정책을 "시민에게 서비스를 제공하여 복지를 향상시키기 위한 정부의 정책으로서 사회보험, 공공부조, 보건서비스, 복지서비스, 주택정책 등을 포함한다"고 정의했고, 티트머스(Titmuss)는 사회복지정책을 "시혜적이고, 재분배적이며, 경제적 목적뿐만 아니라 비경제적 목적을 가진 정책"이라고 규정했다.[6] 타운젠드(Townsend)는 사회정책이란 "공공행정과 관련된 정책이고, 이것은 일반적으로 인정된 특수한 사회문제를 해결하거나 사회목적을 추구하기 위한 국가와 지방 당국의 건강, 교육, 복지 및 사회보장 서비스와 같은, 서비스 개발과 관리에 관련된 정책"이라고 하였다.[7]
- 영국은 국민의 최저생활보장(national minimum)을 목적으로 다양한 사회복지정책을 발전시켜왔다. 의료에 있어서도 모든 국민들에게 별도의 비용부담없이 기본 의료서비스를 제공하는 국민보건서비스(National Health Service, NHS)를 가장 먼저 도입하였다.
- 영국은 빈민법의 개정과 사회적 서비스의 발달, 복지국가의 탄생 등의 오랜 역사적 과정을 통해 사회입법과 사회행정이 이루어졌고 이를 기반으로 사회정책이 발달하였기 때문에 사회정책과 사회행정을 동일시하는 경향이 있다.

(2) 미국

- 미국의 경우 사회보장(social security)이라는 개념이 좀 더 자주 쓰이며, 복지(welfare)란 단어는 종종 공공부조를 지칭하는 단어로도 쓰인다. 미국에서 사회복지정책은 공공부문뿐만 아니라 민간부문의 사회복지 활동까지 포함하는 개념으로 쓰이기도 한다.
- 대공황을 계기로 1935년 사회보장법을 도입한 미국은 경제적 위험에 대한 보장이라는 성격을 기반으로 사회복지정책을 발전시켜 왔는데, 유럽의 국가들에 비해 공공영역이 다소 미흡하며 민간영역의 역할이 상대적으로 크다.
- 사회복지정책은 주로 정부 기관, 자발적 비영리 조직, 혹은 영리 추구 조직을 통해 물적 자원과 서비스 자원을 개인과 가족에게 전달해주는 역할을 한

다. 제한된 자원을 무한한 욕구에 맞게 분배하는 사회적 방법으로서의 공공사회복지정책은 분배와 재분배, 사회적 정의와 같은 가장 복잡한 문제를 다룬다.[8)]

(3) 독일

- 1880년대에 와그너(Wagner), 쉬몰러(Schmoller) 등 강단 사회주의자가 중심이 되어 사회복지정책학회를 개설함으로써 사회복지정책이 등장하였다.
- 독일의 강단 사회주의자들은 자본주의 발달로 인해 야기되는 각종 사회문제(빈곤, 불평등 등)와 노동문제에 관심을 가지고, 노동권에서 분화된 권리개념으로 사회복지정책을 실시했다.[9)]
- 독일에서는 사회정책(Sozialpolitik)이라는 개념을 많이 사용하였는데, 와그너는 사회정책이란 "분배과정에 있어서의 여러 가지 폐해를 입법 및 행정수단으로 극복하려는 국가의 정책"이라고 정의하였고, 쉬몰러는 사회정책을 사회개량으로 보아 "사회개량의 일반적 목표는 사회계급 간의 우호적인 관계의 회복, 부정의 극복이나 경감 혹은 분배적 정의로 접근하는 것이며, 중하위 계급의 물질적 향상을 보증하기 위한 사회입법적 활동"으로 정의하였다.
- 독일은 최초로 사회보험을 도입한 이후(1883년 질병보험) 사회보험을 중심으로 다양한 사회복지정책을 발전시켜왔다.

(4) 스칸디나비아(북유럽) 국가들

- 스웨덴, 노르웨이 등의 스칸디나비아 국가들은 모든 시민을 대상으로 한 평등한 급여와 서비스를 국가의 일반재정을 사용하여 제공함으로써 보편주의 · 연대주의적 사회복지정책을 발전시켜 왔다.
- 정부의 일반재정을 사용한 프로그램이 많기 때문에 높은 수준의 재분배를 달성할 수 있었으며, 성장과 분배를 성공적으로 조화시켜온 것으로 평가되고 있다.
- 일반적으로 이들 복지국가의 발전과정에서 사회민주주의 사상이 중요한 역할을 수행하여 이러한 모형을 사회민주주의 모형이라고 일컫는다.

3. 사회복지정책과 사회복지실천

(1) 공통점

사회복지정책과 사회복지실천은 모두 인간의 문제와 욕구를 해결함으로써 삶의 질을 향상시키기 위한 사회복지적 접근법이라는 공통점을 지닌다.

(2) 차이점

- 사회복지정책은 사회복지에 관련된 국가적 차원의 정책을 입안하고 제도화하고자 하는 거시적 차원의 접근인 반면, 사회복지실천(social work practice)은 개인, 가족, 집단을 대상으로 해당 구성원 또는 집단의 문제와 욕구를 해결할 수 있도록 서비스를 제공하는 미시적 차원의 접근이다.
- 사회복지정책은 사회정책, 경제정책, 노동정책 등 정치 · 경제 · 사회적 구조의 변화와 관련된 영역 또는 이를 다루는 학문체계와 긴밀하게 연계된다.
- 사회복지실천은 개별대상에 대한 접근기술을 강조하기 때문에 인간행동과 심리발달 등 심리 · 정서적 측면을 다루는 심리학 · 정신보건학 등과 학문적 공통점을 공유한다.

잠깐!

사회복지정책과 사회복지실천

구분	사회복지 정책	사회복지 실천
개념	거시적	미시적
목적	사회환경지향적(사회변화)	개인지향적(개인변화)
대상	전체적, 불특정	부분적, 특정적
범위	보편성	개별성, 특수성
기능	예방적, 사전적	치료적, 사후적
방법	정책, 제도	전문지식과 기술

2 사회복지정책의 가치

기출회차				
1	2	3	4	5
6	7	8	9	10
11	12	13	14	15
16	17	18	19	20
21	22			

강의로 복습하는 기출회독 시리즈

Keyword 163

중요도 ★★★

사회복지정책의 가치와 관련된 문제는 매회 출제되고 있다. 사회복지정책의 가치 중에서 평등은 가장 중요한 개념으로 수량적 평등, 비례적 평등, 기회의 평등의 개념을 명확하게 이해해야 하며, 이러한 평등의 가치가 반영된 사례들도 함께 정리해두어야 한다.

1. 평등

(1) 수량적 평등(numerical equality), 결과의 평등 꼭!

모든 사람을 똑같이 취급하여 사람들의 욕구나 능력의 차이와 상관없이 사회적 자원을 똑같이 분배하는 것을 결과의 평등(equality of result)이라고 한다. 하지만, 우리가 살고 있는 자본주의 사회에서 시장을 통한 자원의 배분은 불평등하게 이루어지고 있으며 사회적 자원이 동일하게 분배되지 않는다. 이런 측면에서 결과의 평등 가치를 실현하기 위해서 저소득층에게 보다 많은 자원을 할당한다. 또한 결과의 평등 원리는 사회 구성원의 기본적이고 공통된 욕구를 충족시키는 것을 중요하게 고려한다. 이러한 결과의 평등 가치는 재분배를 통한 불평등 완화, 복지국가의 확대라는 전략으로 나타나기도 한다.

(2) 비례적 평등(proportional equality), 공평 꼭!

개인의 욕구, 노력, 능력 및 기여에 따라 사회적 자원을 상이하게 배분하는 것으로, 공평(equity) 또는 형평성이라 한다. 비례적 평등의 가치를 실현하기 위해서는 자원배분의 기준이 우선 정해져야 한다.

(3) 기회의 평등 꼭!

- 어떠한 경기가 공정한 것이 되려면 두 가지 조건이 충족되어야 한다. 첫째, 모든 경기참가자들에게 동일한 경기규칙이 적용되어야 하고, 둘째, 모든 경기참가자는 정확히 똑같은 거리를 두고 경쟁을 할 수 있어야 한다. 하지만, 우리가 살고 있는 사회는 이 두 가지 조건을 충족하지 못하고 있다.
- 차별과 불평등으로 인해 서로 다른 경기규칙이 적용되는 경우도 있으며, 다른 사람보다 출발선이 뒤에 있는 경우 훨씬 더 먼 거리를 달려야 한다. 기회의 평등이란 이러한 결함을 교정하기 위한 것이라고 할 수 있다.
- 모든 사람에게 동일한 경기규칙을 적용하기 위해서는 차별금지법을 도입할 수도 있으며, 모든 사람에게 삶의 동등한 출발선을 부여하기 위해서는 삶에서의 성공이 운과 출생에 의해서가 아니라 스스로의 재능과 노력에

합격자의 한마디

기회의 평등 원리는 개인을 동등한 출발선에 서도록 하지만 개인들 사이의 능력, 노력의 차이로 생겨난 결과에 대해서는 불평등이 정당화될 수 있다고 봐요. 따라서 모든 사람에게 똑같은 결과가 주어지기를 규정하지는 않습니다. 이런 측면에서 결과의 평등을 주장하는 사람들은 기회의 평등이 불충분하다고 보는 경우도 있어요. 현재 시점에서 모든 사람에게 동일한 규칙을 적용하는 것만으로는 과거부터 이어져온 불평등을 바꾸는 데 충분하지 않을 수 있으며, 또한 기회의 평등 자체만으로는 빈곤을 해결할 수 없다고 주장하기도 하죠. 이런 점에서 기회의 평등을 비판하는 사람들은 그것이 결과의 평등 원리에 의해 보완되어야 한다고 주장합니다.

의해 이루어지게끔 공교육체계를 도입할 수도 있다.

한걸음 더

다양한 평등의 가치가 반영된 정책사례

1. 공공부조제도

공공부조제도는 일반적으로 결과의 평등 가치를 반영하고 있으나 공공부조의 급여 수준과 관련한 '열등처우의 원칙'은 비례적 평등의 가치를 반영하고 있다. 열등처우의 원칙은 사회복지의 급여 수준이 노동시장의 최저임금 수준보다 낮아야 한다는 원칙으로 일을 하지 않고 사회복지 급여를 받고 생활하는 사람보다는 노동시장에서 일을 하는 사람의 소득이 더 높아야 한다는 것을 말한다. 이 원칙은 근로동기를 유지하기 위한 목적을 갖고 있다.

2. 사회보험제도

사회보험의 보험수리 원칙은 보험료 납부수준(소득수준에 비례)에 비례하여 급여를 받는다는 것으로, 개인의 능력과 노력, 기여에 따라 분배가 이루어지는 비례적 평등의 가치를 반영하고 있다. 그러나 실제 사회보험제도의 운영에서 보험수리 원칙이 그대로 적용되는 것은 아니다. 소득수준, 기여수준과 무관하게 지급되는 균등급여는 결과의 평등 가치를 반영하고, 소득비례급여는 비례적 평등 가치를 반영한다고 할 수 있다. 예컨대 국민연금의 기본연금액 산정식에서 A(연금수급전 3년간의 전체 가입자 평균소득월액의 평균액)는 결과의 평등 가치를, B(가입자 개인의 가입기간 동안의 기준소득월액의 평균액)는 비례적 평등 가치를 반영한다고 할 수 있다.

3. 적극적 차별시정조치(Affirmative Action)

주로 미국에서 유래한 것이다. 기업의 신입사원 채용이나 학교 입학 등에 있어서 인종이나 성별에 따른 차별을 시정하기 위한 조치를 말한다. 일반적으로 기회의 평등 가치를 반영하고 있다고 볼 수 있다.

4. 드림스타트(Dream Start)

아동기의 빈곤이 이후 전 생애의 빈곤으로 이어지는 빈곤의 대물림을 방지하고 아동의 공평한 출발 기회를 보장하기 위해 실시되고 있는 드림스타트 프로그램은 기회의 평등 가치가 반영된 정책이라고 할 수 있다.

2. 효율성

사회복지정책이 추구하는 가치 중 하나인 효율성은 제한된 자원을 어떻게 잘 활용할 수 있을 것인가와 관련하여 강조되는 가치이다. 크게 수단으로서의 효율성과 목표로서의 효율성으로 나눌 수 있다.

(1) 수단으로서의 효율성

- 수단으로서의 효율성은, 효율성 자체가 일차적인 목표가 아니라 궁극적이고 일차적인 목표를 달성하기 위한 수단으로서 의미가 있다는 것이다. 여러 가치를 추구하는 여러 정책 중의 하나를 선택할 때 상대적으로 효율적인 수단을 선택하는 것이 바람직하다는 의미이다. 즉 투입(인적 · 물적 자원)

대비 산출(정책효과)이 높은 것을 의미한다.

- 이 수단으로서의 효율성은 사회복지정책이 추구하는 가치임에는 분명하지만 '목표'로서의 가치라고는 할 수 없다. 즉 정책의 일차적인 목표가 있고 이를 달성하기 위한 여러 수단들이 있을 때 보다 효율적인 수단을 선택하는 것이다.
- 수단으로서의 효율성은 목표효율성과 운영효율성으로 구분할 수 있다.
  - 목표효율성(≒대상효율성): 정책이 목표로 하는 대상자들에게 자원이 얼마나 집중적으로 할당되는가, 즉 동일한 자원으로 정책의 목표를 얼마나 잘 달성할 수 있는가의 여부를 판단하는 기준이다. 빈곤감소라는 측면에서 사회보험과 공공부조를 비교할 때, 공공부조가 저소득층에게 집중적으로 자원을 할당한다는 측면에서 사회보험에 비해 상대적으로 목표효율성과 대상효율성이 높다고 볼 수 있다.
  - 운영효율성: 정책을 집행 · 운영하기 위해서 행정비용이 투입된다. 그러나 행정비용이 많이 소요될수록 전체 자원 중에서 실제 정책 대상자에게 전달되는 자원의 비중이 줄어들 수 있다. 이처럼 전체 자원 중에서 행정비용이 차지하는 비율로 운영효율성을 측정한다. 행정비용의 비중이 높을수록 운영효율성이 낮아지며, 행정비용의 비중이 낮아질수록 운영효율성은 높아진다고 볼 수 있다.

(2) 목표로서의 효율성(배분적 효율성)

- 목표로서의 효율성은 수단으로서의 효율성 개념과 달리, 사회복지정책이 추구하는 '목표'인 배분적 효율을 의미한다. 배분적 효율이란 사회 전체의 효용(만족감)을 높일 수 있도록 사회적 자원을 배분하는 것을 의미한다. 자유지상주의자들은 (정부의 개입이 없는) 완전경쟁시장에서 자원의 효율적인 배분이 가능하다고 보고 시장효율성을 주장한다. 반면 정부개입을 옹호하는 이들은 정부가 시장에 개입하거나 시장에서의 분배결과를 시정할 때에야 효율적인 배분이 가능하다고 본다. 이처럼 사회 전체적으로 봤을 때 효율적인 자원배분의 상태가 어떤 것인가, 배분적 효율이 어떤 것인가에 대해서는 의견차이가 존재한다.
- 배분적 효율성은 사회 전체의 효용을 높일 수 있도록 사회적 자원을 배분(분배)하는 것으로서 파레토 효율(Pareto efficiency)이라고도 한다. 이 개념을 이해하기 위해서는 파레토 개선, 파레토 최적 등의 개념에 대한 이해가 필요하다.
  - 파레토 개선(Pareto improvement): 다른 사람의 효용을 줄이지 않으면서 특정 사람의 효용을 높이는 것을 의미한다.

- 파레토 최적(Pareto optimal): 사회적 자원이 가장 효율적으로 배분된 상태를 의미한다. 다른 사람의 효용을 줄이지 않고서는 더 이상 특정 사람의 효용을 높이는 것이 불가능한 사회적 자원의 배분상태이다. 하지만 지금의 상태가 파레토 최적인지, 어떤 상태가 파레토 최적인지 등에 대해 알 수 없으므로 이는 원론상의 개념이라고 할 수 있다. (앞의 수단으로서의 효율성 개념에서 가장 효율적인 정책은 비용이 전혀 들지 않으면서 효과는 가장 크게 나타나는 정책이라고 할 수 있는데, 현실 세계에서 이러한 정책은 존재하지 않는 것과 유사하다.)
- 따라서 파레토 최적은 파레토 개선이 더 이상 불가능한 완벽한 상태를 의미한다.

• 경제학자 또는 자유시장론자들은 파레토 효율성을 시장 효율성과 같은 의미로 사용한다. 즉 정부의 개입이 없는 완전경쟁시장에서만 파레토 개선과 파레토 최적이 가능하다고 본다. 따라서 정부가 시장과 자원의 배분에 개입하게 되면 (세금 부과 등으로) 필연적으로 어떤 사람의 효용을 감소시키게 되므로 효율적인 자원배분을 저해한다고 보는 것이다. 즉 이들에 따르면 정부의 개입은 파레토 효율의 정의상 비효율적인 것이 된다.

• 하지만, 정부의 개입을 옹호하는 이들은 완전경쟁시장에서 파레토 효율성을 달성할 수 없다고 본다. 가장 대표적으로 (뒤에서 살펴보겠지만) 시장실패의 경우를 들 수 있다. 즉 시장이 사회적 자원을 적절히 분배하는 데 실패하는 경우가 생기는데, 정부가 이러한 시장실패를 교정하기 위해 개입할 때 비로소 사회적 자원이 적절히 분배되어 사회 전체의 효용도 높일 수 있다는 것이다.

한걸음 더

파레토 효율

경제학자인 파레토는 어떤 사회가 적어도 한 사람의 복지를 향상시키는 데 있어 그 사람 이외 다른 어느 누구의 복지도 감소시키지 않는다면 그 사회의 전체의 복지를 향상시키는 것이라고 보았다(이런 방식으로 복지를 향상시키는 것을 파레토 개선이라고 한다). 이런 방식으로 사회 전체의 복지를 향상시켜 나간다면 결국에는 누군가의 복지를 향상시키기 위해서는 반드시 다른 누군가의 복지를 감소시켜야 하는 상황에 도달하게 된다. 이때 그 사회는 최적의 효율성(파레토 효율성) 상태에 도달한 것이다.

3. 사회적 적절성

- 사회적 적절성이란 인간다운 생활을 할 수 있도록 적절한 수준의 급여를 제공하는 것을 의미한다. 사회적 적절성에 대한 기준은 시대와 사회적 환경에 따라 다양하다.
- 한국의 대표적인 공공부조제도인 국민기초생활보장제도의 급여기준도 사회적 적절성의 가치에 근거한다.
- 사회보험의 경우 일반적으로 보험료 납부수준에 상응하여 급여수준이 정해지는데, 저소득층의 경우에는 납부하는 보험료 수준이 낮기 때문에 급여수준도 낮아질 수밖에 없다. 따라서 사회적 적절성의 측면에서 기본적인 급여수준을 유지할 수 있도록 제도를 설계하기도 한다.
- 공공부조와 사회보험 모두 사회적 적절성의 가치를 반영하고 있지만, 인간다운 생활을 할 수 있는 정도의 급여수준이라는 측면에서 비교하면 공공부조에 비해 사회보험이 사회적 적절성의 실현 정도가 상대적으로 높다고 볼 수 있다.
- 한국의 사회보험제도는 적절성의 가치와 비례적 평등(형평, 공평)의 가치를 동시에 반영하고 있다. 하지만, 한정된 재원을 고려할 경우 비례적 평등의 가치를 더 많이 반영하는 방향으로 제도가 변화한다면 적절성의 가치가 훼손될 수도 있다. 이런 측면에서 사회적 적절성과 비례적 평등의 가치는 상충할 수도 있다.

중요도 ★★★

사회복지정책의 가치 중에서 평등만큼 중요한 개념이 자유이다. 소극적 자유와 적극적 자유의 개념을 구분할 수 있어야 하며, 평등과 자유의 관계에 대해서도 정리해두어야 한다.

4. 자유

자유라는 개념을 소극적 개념과 적극적 개념으로 구분해서 살펴보는 것은 사회복지정책에 있어서 자유와 관련된 논란을 이해하는 데 도움이 될 수 있다.

(1) 소극적 자유 꼭!

강제가 없을 때 경험하는 자유를 의미한다. 타인이나 사회 또는 국가로부터 간섭을 받지 않을 수 있는 자유를 의미한다(무엇으로부터의 자유). 이런 소극적 자유의 개념은 국가의 역할과 개입을 최소한의 상태로 억제하는 것을 강조한다. 신자유주의자들이 강조하는 개념이다.

(2) 적극적 자유 꼭!

- 소극적 자유 개념에서 강조되는 외적 강제가 없는 경우에도 자유가 침해될

수 있다. 예를 들어 빈곤이나 실업, 공공서비스의 부족 등은 자유의 실현에 제약이 될 수 있다. 즉 무언가를 할 수 없다는 것은 단지 간섭이나 억압과 같은 물리적인 제약의 유무를 넘어서 재정적인 제약이나 사회적 조건과 밀접하게 관련이 있다는 것을 의미한다.

- 예를 들어 당신이 어디든지 자유롭게 이동하고 여행하는 것을 간섭하거나 제약하지 않는 자유가 있다고 하더라도 교통수단을 이용하거나 자동차를 구입하거나 여행을 갈 수 있는 돈이 없는 경우를 생각해보자.
- 이런 측면에서 적극적 자유란 스스로 원하는 혹은 바람직하다고 생각하는 어떤 목적이나 행위를 추구할 수 있을 때 경험하는 자유를 의미한다(무엇을 할 수 있는 자유). 복지국가의 발전은 적극적 자유의 개념을 확장시킬 수 있는 기회가 되기도 했다.
- 이런 적극적 자유를 강조하는 사람들은 소극적 자유 개념과 같이 개인주의적 차원에서 자유를 바라보는 것을 비판하면서 사회적, 집단적 측면에서 자유를 바라볼 것을 주장하기도 한다. 또한 적극적 자유를 실현하기 위해 국가의 적극적인 개입을 요구하기도 한다.

합격자의 한마디

소극적 자유는 국가로부터 간섭을 받지 않을 수 있는 자유를 의미하며, 국가의 역할과 개입을 최소한의 상태로 억제하는 것과 관련이 있어요. 반면에 적극적 자유는 재분배를 위한 국가의 적극적인 개입과 관련이 있죠. 결과의 평등 추구를 위해 불평등한 소득분배구조를 개선하고 빈자들에게 더 많은 자원을 배분하기 위해서 누진적인 세금을 확대한다면 이는 빈자들의 적극적 자유를 증진시키는 의미가 있습니다. 반면에 국가로부터의 개입과 간섭이 증가하므로 부자들의 소극적 자유를 침해할 수 있어요.

한걸음 더

롤스(J. Rawls)의 사회정의론

롤스는 사람들이 자신들이 살기를 원하는 사회의 형태를 결정해야 하는 상태에 있다고 상상할 것을 주문하면서 논의를 시작한다. 롤스에 의하면 이러한 시나리오를 상상할 때 편견이 없다고 가정하는 것이 매우 중요하다. 왜냐하면 만일 편견이 있다면 사람들은 각자 개인적으로 유리하게 작동될 수 있는 사회만을 선호할 것이기 때문이다. 현실의 개인들은 자신의 지위나 상태를 기준으로 정의를 판단하기 때문에 문제가 있다. 따라서 이러한 편견이 없다고 가정하기 위해서 롤스는 상상의 시나리오에 참여하는 사람 모두가 각자의 지능수준이나 기술, 능력, 계급적 지위, 사회적 지위, 성별, 인종, 연령 등등에 대해 아무 것도 알지 못하는 이른바 무지의 베일(veil of ignorance)에 가려져 있다고 가정한다. 이런 가정 아래 편견에 의해 사회의 형태를 선택할 가능성을 차단하고 공정성을 확보할 수 있다고 주장한다. 이처럼 사람들이 무지의 베일에 가려져 있는 상태를 원초적 상황(original position)이라고 한다. 원초적 상황이라고 하는 것은 사회구성원이 장래 사회에서 자신의 위치가 어떠할지 모르고 자신의 능력이나 지능, 성격이 어떠할지도 모르는 철저한 무지의 베일에 싸인 가상적 사회상황을 의미한다. 무지의 베일이라는 개념은 우리가 평등하다는 것 그리고 우리가 모두 자유로운 존재라는 것을 나타내 주는 역할을 수행하고 있다.

롤스는 공정한 절차에 의해 합의된 것을 정의로운 것으로 주장한다. 다시 말하면, 롤스의 '공정으로서의 정의'는 합리적으로 자신의 이익을 도모하는 모든 사회구성원이 합의할 수 있는 사회질서의 원칙이라고 할 수 있다. 공정으로서의 정의에서 공정의 의미는 어떠한 원칙도 수립되어 있지 않은 원초적 상황에서 사람들이 기본적인 합의에 도달해가는 과정이 공정하다는 것을 의미한다. 이 원초적 상황은 근대의 전통적인 사회계약론에서의 자연상태와 유사한 개념이다. 그러나 원초적 상황은 역사적 현실로 실재하는 상황이 아니라, 정의의 원칙을 선택하기 위해 구성된 가상적인 상황에 불과하다. 즉 원초적 상황은 공정한 정의의 원칙을 도출하는 근거이다. 이런 상황에서 사회구성원들은 앞으로 사회의 기본 구조가 될 원칙을 결정하게 되는데 이런 사회계약 과정을 통해서 선택된 원칙은 공정한 합의로 볼 수 있다는 것이다.

원초적 상황에서 정의의 원칙을 합의하는 당사자는 합리적인 선택을 해야 할 것인데, 당사자들은 최소 극대화 원칙(maximin rule)에 따라 선택하게 될 것이다. 최소 극대화 원칙은 합의 당사자들이 선택할 수 있는 가능한 대안들의 결과 중 최악의 것 중에서 최선을 보장하는 대안을 선택한다는 것이다. 왜냐하면 이러한 선택이 그 행위자를 가장 안전하게 지켜 줄 수 있기 때문이다. 즉 합의 당사자들은 자신의 목적 실현을 위해 반드시 필요한 기본적 자유와 최소한의 사회적 경제적 조건을 침해받을 수 있는 모험을 하지 않을 것이다. 말하자면, 보다 큰 이익을 위해 자신을 위험에 빠뜨릴 수 있는 위험한 원리를 선택하지 않을 것이다. 최소 극대화의 원칙에 따른다는 것은 최대의 이익은 누리지 못하지만, 최악의 경우에도 인생 계획을 위한 기본적 조건은 확보될 수 있는 선택을 하는 것이다. 개인들은 자신의 불이익을 최대한 줄일 수 있는 사회질서를 지지하게 될 것이다. 이것은 평등주의적 분배의 근거를 제공한다.

롤스는 이처럼 합의 당사자들이 정의의 원칙으로 두 개의 원칙에 합의할 것이라고 말한다.

- 제1원칙(자유의 원칙): 모든 사람은 다른 사람들의 자유와 양립할 수 있는 범위 내에서 가장 광범위한 기본적 자유를 가질 평등한 권리를 갖는다.
- 제2원칙(차등의 원칙과 공정한 기회의 원칙): 사회적 경제적 불평등은 근본적으로 용인되지 않으나 다만 예외적으로 다음의 두 가지 조건이 성립할 때에만 정당화될 수 있다.
  - ⅰ) 불평등이 그 사회에서 가장 불우한 처지에 있는 사람에게 이익이 될 것
  - ⅱ) 모든 사람에게 공정한 기회가 주어진다는 조건 아래에서만 직위, 직책의 불평등이 존재할 것

정의의 제1원칙은 평등한 자유의 원칙이라고 말할 수 있으며, 자유주의가 내세우는 가장 기본적인 자유를 보장하는 원리이다. 이런 기본적인 자유는 언론 및 결사의 자유, 양심의 자유와 사상의 자유, 인신의 자유, 사유 재산 소유의 자유, 체포와 구금으로부터의 자유, 공직을 가질 자유 등이다. 평등한 자유의 원칙인 제1원칙은 제2원칙에 항상 우선한다. 즉 많은 이익이 주어진다고 해도 기본적 자유에 대한 침해가 정당화될 수는 없다.

롤스는 제1원칙을 제2원칙보다 중요시한다. 즉 자유가 평등에 우선한다는 것을 의미한다. 자유의 원칙이 가장 중요하며 정의로운 사회는 평등이나 효용을 명분으로 자유를 제한해서는 안 된다고 주장한다. 이런 맥락에서 롤스는 자유주의적 전통에 속한다고 볼 수 있다.

제2원칙은 두 부분으로 나누어져 있다. 첫 번째 부분은 차등의 원칙이라고 말하며, 사회적 · 경제적 불평등을 정당화시켜주는 조건을 말해 주고 있는데, 그것은 최소 수혜자에게 최대의 이익을 가져다주는 경우이다. 정의의 제2원칙의 두 번째 부분은 공정한 기회의 원칙이라고 할 수 있으며, 직위와 직책을 가질 수 있는 기회를 보장해야 하며, 단순히 기회만을 보장하는 것만이 아니라 삶의 기회마저도 평등하게 보장되어야 한다는 것이다.

제2원칙은 제1원칙에 의한 기본적 자유 실현을 현실적으로 보장하기 위한 것이다. 왜냐하면 사회적으로 불리한 처지에 있는 사람들은 기본적 자유의 권리 행사에 제약을 받을 수 있는데, 이들의 자유 행사가 유명무실하게 되지 않게 하기 위한 것이기 때문이다.

기출회차				
1	2	3	4	5
6	7	8	9	10
11	12	13	14	15
16	17	18	19	20
21	22			

강의로 복습하는 기출회독 시리즈

Keyword 165

3 사회복지에 대한 국가 개입의 필요성

앞서 살펴본 평등, 자유, 사회적 적절성 등 사회복지정책의 가치를 실현하기 위해서는 일정 부분 국가가 개입하는 것이 필요하다. 자유방임주의자들이 주장하는 것과는 달리 현실에서는 시장이 제대로 기능을 하지 못하는 여러 가지 문제점들이 발생했기 때문이다. 다음은 사회복지에 대한 국가 개입의 필요성과 근거로서 시장 실패 현상을 살펴볼 것이다.

1. 시장 실패 22회 기출

중요도 ★★★

사회복지를 왜 국가가 제공해야 하는지에 대하여 시장 실패 개념과 연관해서 정리할 필요가 있다. 그동안 출제된 유형은 주로 시장 실패 개념에 포함되는 것을 고르는 문제였지만, 시장 실패의 세부적인 개념들과 연관해서 구체적인 내용을 묻는 문제가 출제될 가능성도 있다. 22회 시험에서는 국가가 주도적으로 사회복지를 제공해야 하는 필요성에 관한 문제가 출제되었다.

시장 실패의 대표적인 유형으로는 공공재 공급의 실패, 외부효과, 정보의 비대칭성, 역 선택 등이 있다. 이러한 시장 실패 현상은 사회복지에 있어서 국가 개입의 필요성과 근거로 제시된다.

(1) 공공재 공급의 실패 꼭!

- 공공재는 어떤 재화와 서비스가 소비에 있어서 비경합성(비경쟁성)과 비배제성(비배타성)이라는 특성을 갖는 경우를 말한다.
- 여기서 비경합성(비경쟁성)이란 소비에 참여하는 사람의 수가 아무리 많아도 경쟁적인 관계가 나타나지 않는 특성을 말한다. 예를 들어, 공원이 제공해주는 좋은 공기나 좋은 경치는 한 사람이 소비하든, 열 사람이 소비하든 큰 영향을 미치지 않는다. 그래서 공원에 가면 다른 사람보다 빨리 공기를 마시려고 노력하거나 경치를 더 빨리 보려고 경쟁하듯 할 필요가 없는 것이다. 반면 사유재의 경우에는 경쟁성을 갖고 있기 때문에 누군가가 그 물건을 소비하면 다른 사람은 동일한 물건을 소비할 수 없다. 백화점 세일 첫날에 서로 빨리 들어가려고 경쟁하는 것을 떠올리면 이해가 빠를 것이다.
- 비배제성(비배타성)은 재화와 서비스에 대해 대가를 치르지 않고 이를 소비하려고 하는 사람의 경우에도 소비를 못하게 할 수 없는 특성을 말한다. 나무를 심어서 발생하는 좋은 공기 같은 경우 다른 사람이 이 나무에서 나온 공기를 마시지 못하게 할 수 없다. 이런 점에서 공공재는 소비에서 경합성

(경쟁성)과 배제성(배타성)이라는 특성을 갖는 사유재와 대비되는 것이다.

- 비경합성과 비배제성이라는 특성을 갖는 공공재는 무임승차자(free-rider)의 문제를 야기할 수 있다. 다음의 예를 생각해보자. 어떤 항구마을에 사는 주민들이 선박의 안전을 위해 등대를 세우기로 하였는데 주민들의 10%는 등대건설에 참여하기를 거부하여 등대건설비용을 내지 않았다고 하자. 이러한 경우 그 10%의 주민들이 등대로부터 얻는 혜택을 누리지 못하게 배제하기는 불가능하다. 등대건설에 드는 비용을 대지도 않았으면서 등대가 주는 혜택을 누리는 10%의 주민들이 바로 무임승차자이다. 무임승차자는 이렇게 비용 부담을 지지 않으면서 그 혜택을 누리는 사람들을 말한다. 이러한 무임승차자들이 존재하기 때문에 공공재의 경우에는 시장을 통해서 적절한 수준의 공급이 이루어지지 않는 경우가 많이 발생한다. 따라서 사회 전체적으로 필요한 공공재 공급에 있어서 국가가 개입할 필요성이 존재한다.

한걸음 더

어디까지가 공공재인가?

공공재와 관련해서는 과연 무엇이 공공재인가 하는 것이 문제가 된다. 깨끗한 공기나 가로등, 국방, 치안 등에 대해서는 대부분의 사람들이 이들을 공공재로 보는 데에 동의한다. 하지만 보건의료서비스나 교육, 소득보장으로 오면 문제가 달라진다. 이들도 공공재인가?

어떤 사람들은 대체로 보건의료나 교육, 소득보장과 같은 것들은 개인적으로 소비될 수 있는 것들이기 때문에 공공재가 아니라고 주장한다. 이런 입장을 가진 사람들은 이들 재화의 공급은 시장에서 상당 정도로 혹은 전적으로 이루어져야 한다고 주장한다. 하지만 어떤 사람들은 보건의료나 교육, 소득보장은 비록 전형적인 공공재는 아니지만 준공공재에 해당한다고 보며 이들 재화가 비록 개인적으로 소비가능하다고 하더라도 이것 때문에 이들이 준공공재라는 지위를 상실하는 것은 아니라고 주장한다. 즉 이들 재화는 개인이 구입하기에는 지나치게 비싸며 또한 이들 재화의 공급으로부터 사회적인 이익이 발생할 수 있는 재화라는 것이다(이처럼 엄밀히 말해 공공재는 아니지만 그것의 공급을 장려함으로써 사회 전체가 혜택을 얻을 수 있는 재화를 가치재라고 한다). 공공재나 가치재는 시장에서는 적게 생산되기 때문에 이들을 적정수준으로 공급하기 위해서는 집합적 행위가 필요하다. 따라서 공공재나 가치재에 대한 대가를 지불하도록 정치적으로 강제할 필요가 있으며 이러한 경우에 국가의 역할과 개입이 필요하다.

(2) 외부효과

- 특정 재화나 서비스 행위가 제3자에게 의도하지 않은 혜택이나 손해를 가져다주면서도 이에 대한 대가를 받지도 지불하지도 않는 상태를 외부효과라고 한다. 외부효과는 공공재와 유사한 개념이라고 볼 수 있다.
- 외부효과에는 다른 사람에게 의도하지 않은 혜택을 주면서 이에 대한 보상을 받지 못하는 긍정적 외부효과(= 이웃효과), 다른 사람에게 의도하지 않은 손해를 입히고도 이에 대한 대가를 지불하지 않는 부정적 외부효과가 있다.

- 부정적 외부효과로는 자동차 매연에 의한 공기오염을, 긍정적 외부효과로는 개인 정원에 잘 가꾼 나무가 이웃집에까지 좋은 공기를 공급하는 것을 예로 들 수 있다. 부정적 외부효과는 불필요하게 많이 발생할 수 있으며, 긍정적 외부효과는 필요한 것보다 적게 발생할 수 있다. 사회복지 재화나 서비스를 국가가 제공해야 하는 이유는 이러한 재화나 서비스들이 긍정적인 외부효과를 많이 만들어내고 이러한 외부효과에 비하여 시장기제를 통하여 재화나 서비스를 제공하게 되면 사회적으로 바람직한 수준의 공급이 이루어지지 않기 때문이다.

(3) 정보의 비대칭성과 역 선택 꼭!

- 시장에 참여한 거래당사자 간에 쌍방이 동일한 양의 정보를 가지기보다는 어느 한 쪽이 더 많은 정보를 가지기 쉽다는 것이 정보의 비대칭성이다. 원칙적으로 시장에서의 공정한 경쟁과 교환이 이루어지기 위해서는 교환하려는 쌍방이 동일한 정보를 가지고 있어야 한다. 하지만 상당히 많은 경우에 어느 한 쪽이 더 많은 정보를 갖기 쉽고, 이 경우 정보가 적은 사람이 손해를 볼 수밖에 없다.
- 역 선택은 보험가입자와 보험회사 간의 정보의 비대칭성(보험 가입자는 자신의 위험도에 대해 자세한 정보를 가지고 있지만 그에 반해 보험회사는 보험가입자에 관해 낮은 수준의 정보를 가지고 있는 경우)으로 인해 민간보험시장에서 바람직하지 않은 결과가 초래되는 현상을 의미한다. 예를 들어 질병 발생 확률이 높은 사람이 보험에 가입하여 보다 많은 급여를 수급함으로써 보험회사와 질병 발생 확률이 낮은 사람에게 손해를 끼치는 경우를 생각해볼 수 있다. 질병 발생 확률이 높은 사람의 경우 의료비용이 많이 발생하고 이로 인해 보험회사는 보험료를 인상하게 되고 건강한 사람의 경우에는 실제 부담해야 하는 것보다 많은 보험료를 부담하게 되어 보험 가입을 기피하거나 보험료가 낮은 보험회사를 찾게 되는 경우가 발생할 수 있다. 이런 경우 민간보험시장에서 질병 발생 확률이 높은 사람들의 가입률은 높아지고 질병 발생 확률이 낮은 건강한 사람들의 가입률은 낮아지는 현상이 발생할 수 있다. 이러한 정보의 비대칭성과 역 선택이라는 시장 실패 현상 때문에 국가가 운영하는 사회보험의 필요성이 제기된다.

(4) 도덕적 해이

일반적으로 보험회사가 가입자의 행태를 완벽하게 감시 · 감독할 수 없으므로 가입자는 보험회사가 생각할 때 최상이라고 생각하는 만큼의 노력을 기울이지 않는 현상을 말한다. 즉 보험가입자가 위험발생을 예방 · 회피하는 행위를 적게 하여 위험발생이 높아지는 현상이다.

한걸음 더

역 선택과 도덕적 해이의 공통점과 차이점

만약 보험 가입을 자발적으로 맡겨둔다면 위험발생 가능성이 높은 사람들(즉 보험금을 받을 가능성이 높은 사람들)이 집중적으로 가입하게 되어 평균적인 위험확률과 보험료가 높아지는 문제가 생겨서 위험분산이 되지 않게 된다. 건강한 사람의 경우에는 실제 부담해야 하는 것보다 많은 보험료를 부담하게 되어 보험 가입을 기피하거나 보험료가 낮은 보험회사를 찾게 된다. 이런 경우 민간보험시장에서 질병 발생 확률이 높은 사람들의 가입률은 높아지고 질병 발생 확률이 낮은 건강한 사람들의 가입률은 낮아지는 현상이 발생할 수 있다. 이를 역 선택이라고 한다.

도덕적 해이란 보험회사가 가입자의 행태를 완벽하게 감시 · 감독할 수 없기 때문에 가입자는 위험발생을 예방 · 회피하기 위한 노력을 적게 하여 위험발생이 높아지는 현상을 말한다. 예를 들어 자동차보험에 가입한 소비자는 보험 가입 이전에 비해 사고 위험을 줄이려는 노력을 덜 하여 사고 발생확률을 높이기 쉽고, 이로 인해 보험회사의 보험금 지급액이 늘어날 수 있다. 두 가지 모두 정보의 비대칭성으로 인해 발생한다는 점에서 공통점을 가지며, 국가가 운영하는 사회보험의 필요성을 제기하는 근거가 된다.

(5) 규모의 경제

- 규모의 경제란 생산량(생산규모)이 커질수록 단위당 생산비용이 적게 드는 현상을 의미한다. 상품생산시장에서 규모의 경제는 긍정적 기능을 수행하기도 하지만 독과점으로 이어질 경우 국민경제에 오히려 해가 될 수 있기 때문에 규제의 대상이 된다.
- 하지만, 사회복지 재화나 서비스와 같은 공공재의 경우 공공부문이 제공하면 국민경제에 해가 되기보다는 오히려 규모의 경제의 장점을 살릴 수도 있다.

2. 소득분배의 불평등

민간 영역에서 재분배가 이루어지는 경우는 주로 가족이나 친지를 중심으로 한 사적 이전의 형태를 들 수 있다. 하지만, 이러한 재분배는 사회 전체의 불평등이 심화되는 상황에서 큰 효과를 갖지 못한다. 그러므로 정부 차원에서 조세정책이나 공공부조정책 등을 통해서 소득분배의 불평등을 완화하기 위해 정책적으로 개입할 필요성이 제기된다.

한걸음 더

의료서비스를 국가가 주도적으로 실시해야 하는 이유

의료서비스는 인간의 건강을 유지하고 증진시키며, 질병을 예방하거나 치료하기 위하여 의료인이 제공하는 서비스를 의미한다. 의료서비스와 관련해서 시장실패가 발생하는 이유를 살펴보면 국가가 주도적으로 실시해야 하는 근거를 찾아볼 수 있다.

먼저, 의료서비스 분야는 일반적인 부문과 달리 시장에서의 경쟁이 불완전할 수밖에 없는 특성을 갖고 있기 때문이다. 예를 들어 의료서비스를 제공하는 의료인력의 경우 의사면허제도 등을 통해 공급자가 일정하게 제한되는 상황에서 자유로운 경쟁을 전제로 한 시장은 성립하기 어렵다. 둘째, 건강이나 질병과 관련한 현상은 수요가 불확실하기 때문에 시장을 통한 효율적 자원 배분이 어렵다. 셋째, 의료서비스는 가치재(merit goods)의 성격을 갖는다. 가치재란 모든 국민에게 최소한 일정 수준 이상의 혜택이 돌아갈 필요가 있는 재화나 서비스를 의미한다. 취약계층을 위한 의료서비스나 질병의 예방과 확산을 막기 위한 의료서비스는 시장을 통해 적절하게 공급되기 어렵다. 즉 의료서비스는 사회적으로 적절한 수준보다 적게 공급될 가능성이 크다. 넷째, 수요자(환자)와 공급자(의사, 병원) 간의 정보의 비대칭성이 존재한다. 시장을 통한 수요와 공급이 원활하게 이루어지기 위해서는 수요자와 공급자가 서비스에 대해 충분한 정보를 가지고 있어야 한다. 특히 수요자 측에서 구매가 가능한 재화나 서비스의 종류, 질, 가격 등에 대한 정보를 가지고 있어야 하는데, 의료서비스의 경우 수요자들은 이러한 정보를 가지고 있지 못한다. 수요자들은 다양한 치료 효과에 대한 상호 비교를 통해 특정한 치료방법을 선택할 수 있는 정보를 가지고 있지 못하며, 많은 의료정보들이 기술적으로 복잡하여 수요자들이 이를 이해하고 이에 근거하여 판단하기는 어려운 점이 있다. 반면에 공급자인 의사는 의료서비스에 대한 정보를 거의 독점하고 있다. 따라서 의료서비스는 수요자와 공급자 간에 정보의 비대칭성이 존재한다. 이러한 정보의 비대칭성으로 인해 역 선택과 도덕적 해이 현상이 발생할 수 있다.

보충자료

의료서비스를 국가가 주도적으로 실시해야 하는 이유

4 사회복지정책의 분야

기출회차

1	2	3	4	5
6	7	8	9	10
11	12	13	14	15
16	17	18	19	20
21	22			

강의로 복습하는 기출회독 시리즈

Keyword 164

사회복지정책의 분야는 전통적인 소득보장과 관련된 정책에서 노동시장, 보건의료, 주거, 가족 등과 관련한 분야까지 다양한 영역에 걸쳐 있다. 경제사회의 구조 변화와 맞물려 전통적인 소득보장정책으로는 포괄하지 못하는 새로운 사회적 위험이 발생하면서 이에 대응하기 위한 노동시장정책, 여성 · 가족과 관련된 정책 등이 부각되고 있다. 여기서는 다양한 사회복지정책의 분야 중에서 노동시장과 관련한 기본 개념과 정책을 간략하게 소개하도록 하겠다.

보충자료

실업률

1. 노동시장과 관련한 기본 개념

(1) 실업

① 실업의 개념

국제노동기구(ILO)의 표준적인 정의에 따르면, 실업이란 현재 일자리가 없지만, 일할 수 있고 또한 적극적으로 일을 찾고 있는 상태를 의미한다.

② 실업의 유형

- 계절적 실업: 계절의 변화에 따라 발생하는 실업
- 경기순환적 실업: 불경기로 인해 발생하는 실업
- 구조적 실업: 산업구조의 변화에 따라 기술에 대한 요구가 바뀌면서 발생하는 실업
- 마찰적 실업: 다른 직장으로 이동하는 기간에 잠시 실업 상태에 있는 경우

(2) 비정규직 정의 및 분류

현재 통계청의 경제활동인구 근로형태별 부가조사를 통해 공식 집계되고 있는 비정규직은 한시적 근로자, 시간제 근로자, 비전형 근로자로 구분된다.

- 한시적 근로자: 근로계약 기간을 정한 근로자 또는 정하지 않았으나 계약의 반복갱신으로 계속 일할 수 있는 근로자와 비자발적 사유로 계속 근무를

기대할 수 없는 근로자로 정의됨. 근로계약 기간을 정한 근로자는 '기간제 근로자'라 하며, 이를 제외한 한시적 근로자를 '비기간제 근로자'라 함
- 시간제 근로자: 직장(일)에서 근무하도록 정해진 소정의 근로시간이 동일 사업장에서 동일한 종류의 업무를 수행하는 근로자의 소정 근로시간보다 1시간이라도 짧은 근로자로, 평소 1주에 36시간 미만 일하기로 정해져 있는 경우가 해당
- 비전형 근로자: 파견근로자, 용역근로자, 특수형태근로종사자, 가정 내(재택, 가내)근로자, 일일(단기)근로자

2. 노동시장과 관련한 정책

노동시장과 관련한 정책은 일반적으로 소극적 노동시장정책과 적극적 노동시장정책으로 구분할 수 있다. 전자는 실업자를 위한 소득보호를 제공하는 것이고, 후자는 실업자의 재취업에 도움을 주는 정책이다. 경제협력개발기구(OECD)에서는 적극적 노동시장정책과 관련한 프로그램으로 크게 5가지 유형을 제시하고 있다.

- 고용서비스: 공공고용기관이나 직업센터에서 실업자에게 일자리를 연결시켜주거나 노동시장에 재진입하기 위해 제공하는 서비스와 프로그램
- 노동시장 훈련: 직업훈련, 재직자훈련 등
- 청년층을 위한 프로그램: 청년실업자를 대상으로 한 훈련 프로그램 등
- 고용보조금: 실업자에 대한 고용을 촉진하기 위해 민간기업에 제공하는 보조금 등
- 장애인정책: 장애인의 고용률을 높이기 위한 프로그램

5 사회복지정책의 기능과 효과

기출회차				
1	2	3	4	5
6	7	8	9	10
11	12	13	14	15
16	17	18	19	20
21	22			

강의로 복습하는 기출회독 시리즈

Keyword 164

중요도 ★★★

사회복지정책의 일반적 기능은 사회복지정책의 전반적인 내용을 묻는 문제의 선택지로 자주 등장하는 내용이다. 특히 소득재분배(수직적 재분배, 수평적 재분배, 세대 간 재분배 등)와 관련된 개념들은 출제빈도가 높으므로 정확히 이해하자.

1. 사회복지정책의 일반적 기능

사회복지정책이 담당하는 기능과 사회복지정책에 요구되는 일반적인 기능은 다음 다섯 가지 정도로 살펴볼 수 있다.

- 사회통합과 정치적 안정
- 사회문제 해결과 사회적 욕구 충족
- 급여 수급자의 '자기결정권'과 다양한 소득보장을 통해 개인의 자립과 성장, 재생산의 보장
- 사회구성원 상호 간 삶의 기회가 재분배되는 사회화의 기능
- 소득재분배
  - 사회복지정책은 시장에서 배분된 소득(일차적 분배)을 다양한 방향으로 재분배하는 기능을 수행한다.
  - 소득재분배는 시간을 기준으로 장기적 재분배와 단기적 재분배로 구분되고, 사회계층 구조의 흐름에 따라 수직적 재분배와 수평적 재분배로 구분되며, 세대를 기준으로 세대 내 재분배와 세대 간 재분배로 나눌 수 있다.

중요도 ★★

사회복지정책의 경제적 효과에 관한 내용은 사회복지정책의 전반적인 내용을 묻는 문제의 선택지로 자주 등장한다. 사회복지정책이 자동안정화 기능과 자본축적 기능 등을 통해 경제에 긍정적인 영향을 미칠 수 있음을 기억하자.

2. 사회복지정책의 경제적 효과

- 사회복지정책의 경제적 효과에 대해서는 상반된 주장들이 있다. 일부 경제학자, 신자유주의자들은 사회복지가 (재)분배를 강조함으로써 전반적으로 경제성장을 저해한다고 주장한다. 하지만 사회복지정책이 항상 경제에 부정적인 영향을 미치는 것은 아니며, 오히려 자동안정화 기능과 자본축적 기능을 통해 경제성장에 긍정적 영향을 미칠 수 있다는 주장도 있다.
  - 자동안정화 기능(built-in stabilizer): 자본주의 사회는 호황과 불황, 경기상승과 경기침체 등의 순환을 겪게 된다. 따라서 경기가 상승하면 경기가 과열되지 않도록 막고 경기가 하락하면 지나치게 하락하지 않도록

막아주는 역할이 중요하다. 정부는 재정정책을 통해 이러한 역할을 자동적으로 하게 되는데, 이를 자동안정장치(또는 자동안정화 기능)라고 한다. 예를 들어 실업급여 지출은 경기가 호황일 때는 보험료 수입을 늘려 경기가 과열되는 것을 막아주고, 경기가 불황일 때는 급여지출을 늘려 국민들의 유효수요를 증대시킴으로써 경기에 상관없이 국민들의 유효수요를 일정하게 유지할 수 있는 것이다.

– 자본축적 기능: 사회복지정책의 본래 기능은 아니지만, 예를 들어 우리나라처럼 연금제도를 적립방식으로 운영하는 경우 자본축적 효과가 발생한다. 즉 가입자의 기여금이 연기금으로 적립되어 이 기금을 재정투융자에 사용할 수 있다. 특히 그 규모가 크기 때문에 국민경제에 미치는 효과가 큰데, 이를 자본축적 기능이라고 한다.

• 사회복지정책이 이러한 긍정적인 거시경제적 효과를 가짐에도 불구하고 국민들의 저축과 투자동기를 감소시키고 근로동기를 약화시킨다는 비판이 제기된다. 이러한 비판이 어느 정도 타당성이 있는 것은 사실이나 사회복지정책이 저축 및 투자동기, 근로동기 등에 미치는 효과는 제도를 어떻게 설계하느냐에 따라 달라질 수 있을 뿐만 아니라 사회복지정책 이외에도 이들에 영향을 미치는 요인들이 많다는 점을 고려할 때, 반드시 부정적인 영향을 미친다고 단정할 수는 없다.

잠깐!

경기후퇴가 사회복지 재정에 미치는 영향

- 경기후퇴 - 소득 감소 - 보험료 수입 감소 - 사회복지 재정수입 감소
- 경기후퇴 - 실업자 증가 - 보험료 납부자 감소 - 사회복지 재정수입 감소
- 경기후퇴 - 실업자 증가, 실업급여 · 공공부조 지출 증가 - 사회복지 재정지출 증가

한걸음 더

사회보장제도가 국민경제에 미치는 효과

자본주의 사회는 호황과 불황, 경기상승과 경기침체 등의 순환과 부침을 겪게 된다. 따라서 경기의 지나친 과열이나 지나친 하락에 대한 제어를 통해 경기불안정을 조정하는 것이 필요하다. 국가는 사회보장제도를 통해서 이러한 역할을 자동적으로 수행하게 되는데 이것을 자동안정장치(자동안정화) 기능이라고 한다.

사회보장제도는 과도한 경기변동을 억제시켜 경제주체들이 안정적인 경제생활을 수행할 수 있도록 한다. 예를 들어 불황기에 실업급여 등의 형태로 발생하는 사회복지지출과 이것의 재원충당을 위해 강화되는 누진세는 경기변동을 억제하는 자동안정장치 기능을 수행한다. 불황기에는 실업자나 빈곤층 지원을 위해 사회복지지출이 늘어나게 되는데, 이는 불황기에 발생하는 유효수요 부족 문제를 완화시켜 경기회복 시점을 앞당겨주는 효과를 갖는다. 또 소득 수준이 높은 사람에게 보다 높은 세율을 적용하는 누진소득세나 이윤 수준이 높은 기업에게 보다 높은 세율을 적용하는 누진법인세는 호황기에 발생하는 높은 소득과 이윤을 정부가 흡수하게 함으로써, 경기과열을 막아주는 효과를 낳는다.

공적 연금이 자발적 저축에 미치는 효과와 관련해서는 공적 연금이 자발적인 저축을 감소시키는 효과, 즉 자발적인 저축이 공적 연금으로 대체되는 효과와 공적 연금의 도입이 지금까지 자신의 노후 준비에 소홀히 해왔던 사람들에게 은퇴 후 생활을 유지하기 위해서는 은퇴준비가 필요하다는 사실을 인식시키는 효과로 인해 자발적 저축을 증가시키는 효과가 발생할 수 있다.

공적 연금의 재정운영방식과 자본축적 효과와 관련해서는 부과방식의 경우 적립방식과는 달리 기금을 적립하지 않기 때문에 자본축적 효과를 발생시키지 않는다. 재정운영방식이 적립방식인 공적연금의 경우에는 기금의 적립을 통해 자본축적 효과가 발생한다. 하지만, 이러한 효과에 대해서는 국가마다 그 영향이 동일하지 않다는 점에서 비판이 제기되기도 한다.

3. 사회복지정책의 역기능에 대한 논의

(1) 국가에 의한 사회복지정책의 한계

- 정책에 필요한 재원을 국민들로부터 거두고, 급여를 제공하는 과정에서 대상자 선정, 전달체계의 수립 등에 많은 운영비용을 사용하게 될 때 드는 비용에 의한 비효율성이 나타난다.
- 그러나 이는 국가에 의한 사회복지정책만이 달성할 수 있는 평등이라는 가치를 위해 감수해야 하는 부문일 수도 있고 공공부문을 보다 효율적으로 개편함으로써 줄일 수 있는 부작용이라고도 볼 수 있다.

(2) 빈곤함정(빈곤의 덫)[10]

- 빈곤함정(poverty trap)이란 사회복지 급여에 의존하여 근로의욕을 상실하고 빈곤에 머무르는 현상을 말한다. 즉 소득 및 자산이 일정 수준 이하에 있게 되면 여러 가지 혜택이 있으나 그 선을 넘으면 아무 혜택이 없는 'all or nothing 방식'의 공공부조제도에서 수혜자가 되기 위하여 일을 하지 않는 계층이 존재하는 것을 말한다.
- 수급자의 소득이 빈곤선 수준 이상으로 높아져서 공공부조의 혜택을 잃게 될 경우, 시장소득(자기가 일해서 번 소득)이 높아졌음에도 불구하고 총소득(사회복지 급여를 합한 소득)은 이전보다 줄어들 수 있다. 이런 경우 합리적인 사람은 시장소득이 빈곤선보다 높아지기를 꺼리게 되어, 차라리 시장소득이 낮더라도 사회복지 급여를 받을 수 있는 수준에 머무르는 선택을 하게 된다. 이런 현상을 흔히 빈곤함정이라고 한다.
- 사회복지에 대해 비판적인 사람들은 이러한 현상처럼 복지정책이 국민의 자립의지와 노동의지를 약화시키고 의존성을 증대시킨다고 비판한다. 이러한 문제를 근본적으로 해결하는 방법은 보편적인 프로그램을 확대하는 것이다.[11]

(3) 실업함정(실업의 덫)

실업급여 수준이 수급권자가 노동시장에서 받을 수 있는 임금보다 높으면 일하지 않고 급여를 받는 것이 더 낫다고 생각하여 구직동기나 노동동기가 약화되는 경우를 말한다.

4. 분배와 성장의 관계에 대한 관점의 차이

이처럼 사회복지정책은 경제에 긍정적인 영향과 부정적인 영향을 모두 끼칠 수 있다. 따라서 분배와 성장은 이분법적으로 볼 수 없는 것이다. 하지만, 이념적 관점에 따라서 분배와 성장의 관계를 바라보는 시각은 다르다.

(1) (신)자유주의자

- 국가에 의한 지나친 개입, 즉 각종 (재)분배 정책과 제도가 시장의 자율적 조정기능을 방해하여 결국 경제성장을 저해하는 부정적 요소로 작동하고 있다고 본다.
- 국가경제가 성장하면 자연스럽게 국민에게 돌아가는 전체 분배의 몫이 확대되므로 경제성장정책을 우선시해야 한다는 선성장 후분배 논리를 주장한다.
- 따라서 복지국가에 부정적이며, 국가의 역할이 작은 '최소한의 정부'를 옹호한다.

(2) 사회민주주의자

- 소득의 재분배가 경제성장을 저해하지 않으며 오히려 성장을 촉진하는 촉매제 역할을 한다고 본다.
- 복지제도를 통해 빈곤과 불평등이 완화되어 국민의 삶의 질이 향상되면 사회적 비용이 줄어들고, 노동조건이 개선되고 노사 간의 합의를 통해 노사문제가 해결되면 노동자들의 근로동기와 업무 효율성이 향상되어 결국 경제성장에 유리하게 작동한다고 주장한다.
- 성장과 더불어 분배정책을 중시하는 복지국가를 적극적으로 지지한다.

잠깐!

적하이론(trickle down theory) 또는 트리클다운효과(trickle down effect)

(신)자유주의자들이 주장하는 적하이론은 "물이 차서 흘러넘치면 바닥을 적신다"라는 의미를 갖는다. 즉 경제가 성장하면 이로 인한 성과가 아래로 분배되어 자연스럽게 국민들의 복지도 향상될 수 있다는 것이다. 가장 단순한 예로 경제가 성장하면 고용률과 임금수준이 상승하여 국민들도 잘살게 된다는 것이다. 분배가 먼저냐 경제성장이 먼저냐의 기로에서 신자유주의자들은 적하이론을 주장하며 "파이를 크게 만들어야 나눠먹을 파이도 커진다"라고 주장한다.

2장 사회복지정책의 역사적 전개

한눈에 쏙!		중요도
❶ 사회복지의 일반적 전개	1. 고대사회 - 공동생활체, 상부상조	
	2. 중세사회 - 자선사업	
	3. 근대사회 - 사회복지정책 및 사회사업의 시작	
	4. 현대사회 - 산업사회	
❷ 사회복지정책의 뿌리: 영국 구빈제도의 발달	1. 엘리자베스 빈민법	★★★
	2. 정주법	
	3. 작업장법	
	4. 길버트법	22회 기출
	5. 스핀햄랜드법	★★ 22회 기출
	6. 공장법	
	7. 개정 빈민법(신빈민법)	★★★ 22회 기출
❸ 19세기 후반 민간영역에서의 변화: 전문적 사회복지실천의 출발	1. 사회개량운동	
	2. 자선조직협회	
	3. 인보관 운동	
❹ 사회복지정책의 기틀: 사회보험 도입과 베버리지 보고서	1. 독일 비스마르크 사회보험의 도입	★★
	2. 영국 사회복지정책의 변화	★★★ 22회 기출
	3. 미국 사회복지정책의 성립	★
❺ 복지국가 시대: 복지국가의 팽창기	1. 복지국가의 팽창	★
	2. 복지국가 발전의 개념	
❻ 복지국가의 위기와 재편기	1. 복지국가의 위기	★★
	2. 복지국가 위기론에 관한 관점의 차이	
	3. 복지국가의 재편	★

기출경향 살펴보기

이 장의 기출 포인트

주로 영국 사회복지정책의 역사(역사적 배경, 엘리자베스 빈민법부터 신빈민법까지의 변화와 특징, 베버리지 보고서의 내용 등)에 관한 내용이 출제되고 있다. 최초의 사회보험인 독일의 비스마르크 사회보험, 최초로 사회보장이라는 용어를 사용한 미국의 사회보장법, 복지국가의 발전과 위기 그리고 재편, 우리나라 복지 관점의 흐름 및 사회복지제도의 변화 등에 관한 내용도 정리해야 한다.

최근 5개년 출제 분포도

연도별 그래프

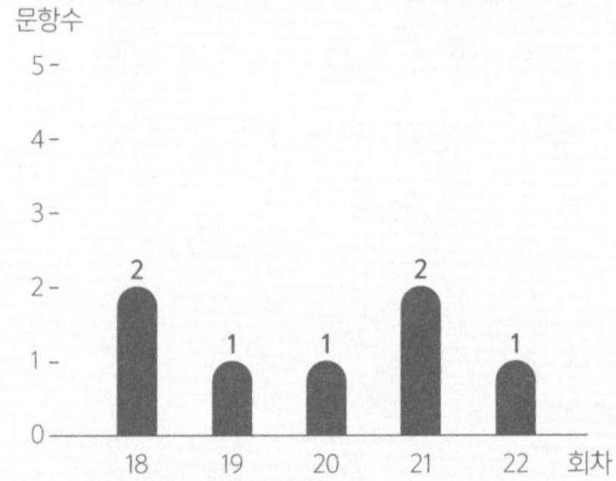

평균출제문항수

1.4 문항

2단계 학습전략

데이터의 힘을 믿으세요!
강의로 복습하는 **기출회독 시리즈**

3회독 복습과정을 통해
최신 기출경향 파악

최근 10개년 핵심 키워드

기출회독 **166**	영국 사회복지정책의 역사	9문항
기출회독 **167**	독일과 미국 사회복지정책의 역사	2문항
기출회독 **168**	복지국가의 전개	3문항

기본개념 완성을 위한 **학습자료 제공**

기본개념 강의, 기본쌓기 문제, O X 퀴즈, 기출문제, 정오표, 묻고답하기, 지식창고, 보충자료 등을 **아임패스**를 통해 만나실 수 있습니다.

기출회차				
1	2	3	4	5
6	7	8	9	10
11	12	13	14	15
16	17	18	19	20
21	22			

강의로 복습하는 기출회독 시리즈

1 사회복지의 일반적 전개

사회복지정책은 역사적으로 볼 때 근대에 접어들어 본격적으로 형성되기 시작한 것이라고 할 수 있다. 산업혁명 이후 근대 자본주의가 먼저 발달하기 시작한 영국에서는 빈민에 대한 국가의 개입을 시작으로 제2차 세계대전 이후 복지국가의 기틀을 만들어왔고, 19세기 말 독일에서는 사회복지정책의 주요 영역인 사회보험이 처음으로 도입되었다. 이러한 역사적 과정을 통해 이른바 복지국가가 형성되고 사회복지정책은 빠르게 성장하였다. 그러나 1970년대 중반 이후 사회복지정책은 여러 가지 한계에 부딪치게 되었고, 과거 복지국가로 불리던 국가들에서도 현재 사회복지정책은 재편과 재도약의 기로에 서 있다.

1. 고대사회 – 공동생활체, 상부상조

(1) 상부상조

종족이나 씨족에 의해 형성된 고대사회에 있어서는 공동생활체 속에서 상부상조하는 가운데 자연이나 다른 집단으로부터 불안이나 위협에 대처했을 뿐만 아니라 자체 내에서 생활보호 대책을 가지고 생활상의 문제를 해결했을 것으로 추정한다.

(2) 자선적 구제사상과 인간적 동기

사회복지의 기원은 일차적으로 사유재산제도가 확립된 고대의 자선적 구제사상과 상부상조의 인간적인 동기에서 찾을 수 있다.

(3) 실천적 가치

이 시기는 인과응보와 같은 도덕적인 정의와 우애라는 실천적 가치를 전제로 하고 있다.

2. 중세사회 - 자선사업

(1) 특징

이 시대는 신분적 계층과 종교의 사회적 역할이 강했던 시기이다.

(2) 동기

대상자를 불쌍히 여겨 동정하는 감정에 근거를 둔 자선이나 박애사업과 종교적 · 감정적 동기에 의한 행위가 주로 이루어졌다.

(3) 종교적 자선사업

자선사상을 바탕으로 한 종교적 자선사업의 시기이며, 서양의 경우 교회가 빈민구제의 핵심적 기관으로서 역할을 수행하였다.

3. 근대사회 - 사회복지정책 및 사회사업의 시작

(1) 사회문제의 발생

산업혁명으로 인한 도시화와 산업화는 실업, 빈부격차, 환경문제 등의 사회문제를 발생시켰다. 그리고 여성의 사회진출과 핵가족화로 인한 아동양육, 노인부양 등의 사회문제도 대두하였다.

(2) 빈곤에 대한 사회적 책임

이 시대에 있어서 빈곤의 발생은 개인적인 것에서 생긴다기보다는 사회적인 원인에 의해서 발생하는 것이라는 철학이 등장하고, 이러한 문제에 대해서는 사회가 책임을 져야 한다는 사상과 함께 사회사업이라는 분야가 등장했다.

(3) 국가 책임의 대두

이 시대의 사상적 흐름 중 자유방임주의의 사조는 자유 경쟁 하에서 궁핍의 책임은 그 개인에게 있다고 주장한 반면, 빈곤의 책임은 사회구조에 원인이 있으므로 국가가 책임을 져야 한다는 대립적인 주장도 등장하였다.

(4) 제한적 구제제도

이 시기 국가의 사회복지정책 대상은 당연히 받을 자격을 갖춘 자(노동능력이 없는 자)로 제한되었으며, 이들에 대해서만 최소한도의 도움을 주어야 한다고 해서 공공부조와 같은 제한적인 구제제도가 출발했다. 노동능력이 있는 빈민에 대해서는 가혹한 처우가 강제되었다.

4. 현대사회 – 산업사회

(1) 사회복지의 필요성 증가

근대사회에서 발생한 사회문제들(노인부양비 증가, 인간 욕구의 다변화, 가족해체의 증가 등)이 더욱 심각해지고 이를 해결할 수 있는 새로운 제도와 정책이 절실해졌다.

(2) 사회복지의 제도화

선진국을 중심으로 전 국민을 대상으로 하는 조직적이며 계획적인 사회복지 서비스가 실시되기 시작하였고, 특히 사회보험이 국가에 의해 운영되기 시작하면서 사회복지정책의 역할과 범위가 급격히 증가했다.

(3) 사회복지의 개념변화(로마니신)

- 국가의 주요한 역할이 사회복지 증진에 놓이게 되면서 복지국가가 형성되기 시작했다. 이러한 사회복지의 전반적인 변화를 로마니신(J. M. Romanyshyn)이라는 학자는 근현대 이전과 근현대로 나누어 사회복지의 개념 변천을 다음과 같이 포괄적으로 설명하였다.
  - 보충적(보완적, 잔여적) → 제도적으로
  - 자선 → 시민의 권리로
  - 빈민 대상의 특수한 서비스(선별성) → 전체 국민 대상의 보편적 서비스(보편성)로
  - 최저조건 → 최적조건으로
  - 개인적 해결(문제해결 중심) → 사회개혁(문제예방)으로
  - 민간(자발성) → 공공지원(공공성)으로
  - 빈민복지(빈민구제) → 복지국가 또는 복지사회로
- 즉 경제적으로 부족했던 산업화 이전의 사회에서 고도로 복잡하고 상호의존적인 산업화 이후의 사회로 변천해 옴에 따라 제반 욕구에 대한 사회적 개입의 인식이 점점 확대되어 왔음을 알 수 있다.

2 사회복지정책의 뿌리: 영국 구빈제도의 발달

기출회차

1	2	3	4	5
6	7	8	9	10
11	12	13	14	15
16	17	18	19	20
21	22			

강의로 복습하는 기출회독 시리즈

Keyword 166

- Poor Law에 대한 우리말 번역어는 다양하다. 책에 따라 구빈법 또는 빈민법, 빈곤법 등으로 표기하고 있다. 다만, 이 법의 취지가 빈곤의 구제보다는 빈민의 적절한 통제에 있었으므로 직역에 가깝게 빈민법으로 표기하는 것이 최근의 경향이다. 제도의 구분이나 행정과 관련해서는 이후 공공부조로의 연결을 감안하여 구빈제도, 구빈행정이라고 표현한다.
- 영국에서 빈민법의 제정은 사회복지정책의 출발이며, 국가가 복지의 책임을 인정하기 시작한 효시라고 볼 수 있다.

잠깐!

영국의 구빈제도

엘리자베스 빈민법(1601) - 정주법(1662) - 작업장법(1722) - 길버트법(1782) - 스핀햄랜드법(1795) - 개정 빈민법(1834)

1. 엘리자베스 빈민법(1601년)

중요도 ★★★

영국은 빈민법 제정을 통해 구빈에 대한 국가 책임을 최초로 천명한 국가라는 점, 당시 구빈제도의 원리가 오늘날 공공부조에 많은 영향을 미친다는 점을 알아두자. 엘리자베스 빈민법의 주요 특징과 정주법 - 길버트법 - 스핀햄랜드법 - 개정 빈민법으로 이어지는 제도 도입의 전체적인 흐름을 종합적으로 정리해두자.

엘리자베스 빈민법은 이전까지의 빈민구제를 위해 제정된 여러 법령들을 집대성한 영국 빈민법의 기본토대라 할 수 있으며, 그 주요 내용 및 특성을 살펴보면 다음과 같다.

(1) 엘리자베스 빈민법의 의의 꼭!

- 인클로저 운동과 극심한 흉작 그리고 신세계로부터 귀금속의 대량 유입으로 인한 극심한 인플레로 인해 부랑자 수가 급격히 증가하였다.
- 교구 내의 자선에 의한 구빈에는 한계가 있다고 판단하여 빈민구제의 책임을 교회가 아닌 국가(지방정부)가 최초로 지게 되었으며 이 점이 엘리자베스 빈민법의 가장 큰 의의이다.
- 빈민구제 업무의 전국적 행정구조를 수립하였고, 지방행정의 책임을 강화하였다.

잠깐!

인클로저(Enclosure) 운동

15~19세기 영국에서 일어난 현상. 양모 산업 성장으로 공동경작지에 담을 치고 사유화하면서 소수의 지주계급에게 토지가 집중되고 부랑자가 대량으로 생겨나기 시작했다. 봉건제 붕괴, 자본주의 산업화 촉진의 결정적 요인이 되었다.

(2) 엘리자베스 빈민법의 특징

- 구빈 행정을 담당하는 행정기관을 수립하였다.
- 목적세의 성격을 갖는 별도의 세금(구빈세)을 활용하였다.
- 빈민의 분류화(자격 있는 빈자와 자격 없는 빈자로 구분)를 실시하였다.

(3) 노동능력의 유무에 따른 빈민의 분류화 ★꼭!

- 빈민을 노동능력자, 노동무능력자 및 빈곤아동(요보호아동)으로 분류하여 서로 다른 처우를 하였다.
- 노동능력자는 구제할 가치가 없는 빈민(undeserving poor)으로서 작업장(workhouse)에서 일을 하는 조건으로 최소한의 구호를 제공하고, 입소를 거부하는 경우 교정원(house of correction) 혹은 감옥으로 보내 처벌하였다.
- 노동무능력자는 구제할 가치가 있는 빈민(deserving poor)으로서 구빈원(poor house)에 수용하거나 원외구제를 실시하기도 하였다(병자, 노인, 장애인, 한부모 등을 포함).
- 빈곤아동은 고아 또는 기아로서 위탁가정에 보내거나 장인에게 봉사를 하는 도제생활을 하게 하였다.

(4) 지방 행정의 책임

- 모든 교구에 구빈감독관을 임명하여 구빈행정과 지방세(= 구빈세) 징수업무를 관장하도록 했다.
- 엘리자베스 빈민법의 제도화 이후 1834년 개정 빈민법이 제정되기까지 지방 기금에 의한, 지방 관리에 의한, 지방 빈민에 대한 구빈 행정이 명백한 원칙으로 지속되었다.

한걸음 더

엘리자베스 빈민법의 체계

- 대상: 빈민 분류(노동능력자, 노동무능력자, 빈곤 아동)
- 행정: 추밀원(국왕 고문관들의 집합체: 행정적 통제와 감시), 치안판사(지방행정 책임자: 구빈감독관 임명), 구빈감독관(지방행정 실무자: 구호접수, 자격심사, 급여조치, 구빈세 징수)
- 재원: 교구 단위의 구빈세

2. 정주법(1662년)

(1) 정주법의 배경

각 교구는 자기 교구 내에서 출생한 법적 거주권의 소지자에 한해서 책임을 지려 하였지만, 빈민들은 일자리를 찾아서 부유한 교구로 이동해 다녔기 때문에 이로 인하여 많은 부랑인들이 생겨났고 구빈 비용은 계속적으로 증가하게 되었다. 거주지가 불명확한 빈민을 어떤 교구가 책임질 것인가라는 문제가 제기되었다. 이에 빈민의 자유로운 이동을 금지하기 위해, 즉 거주지를 제한하기 위해 교구와 귀족들의 압력으로 제정된 법이 바로 정주법이다.

(2) 정주법의 한계

- 이 법은 낮은 임금으로 일을 시킬 노동력이 필요한 농업자본가의 이익을 대변한 법이며, 빈민의 주거선택과 이전의 자유를 침해한 것으로서 비판을 받게 되었다.
- 봉건제가 붕괴되는 시기이자 빈민의 노동력 그 자체가 부의 원천이 되어 가는 시기였음에도, 노동력의 자유로운 이동을 가로막은 시대착오적인 입법이라고 평가받았다. 애덤 스미스(Adam Smith)는『국부론』에서 정주법이 자유주의의 실현을 가로막고 국부 축적에 걸림돌이 되고 있다고 비판하였다.

3. 작업장법(1722년)

(1) 작업장법의 목적과 내용

- 이 법은 18세기 중상주의의 영향으로 작업장을 통한 빈민들의 노동력을 활용하여 구빈세 납부자들의 재정부담을 줄이고 국가 경제에 기여하는 효과를 기대하였다.
- 구빈 감독관과 교회 집사들에게 작업장을 건립할 수 있는 권한과 이 작업장에 빈민을 고용하고 수용하도록 계약할 수 있는 권한, 작업장 입소 거부 빈민에게 구제를 제공하지 않을 권한 등을 부여하였다.
- 빈민의 노동력 활용을 위해 작업장을 적극 활용하고 이를 위해 연합구의 공동작업장을 설치할 수 있도록 하였다.

(2) 작업장법의 한계

노동능력이 있는 빈민들은 작업장에 들어가길 꺼려하여 구호를 신청하지 않는 경우도 많았으며, 작업장 상품의 경제성이 떨어진다는 지적도 있었다.

4. 길버트법(1782년) 22회 기출

(1) 길버트법의 의의와 내용

- 길버트(Thomas Gilbert)가 제안하여 통과된 법안으로서 작업장에서의 빈민의 비참한 생활과 착취를 개선할 목적으로 제정된 새로운 인도주의적 구빈제도라고 평가된다.

잠깐!

원내구제와 원외구제

- 원내구제: 빈민들을 작업장이나 구빈원과 같은 시설에 입소시켜 구제를 행하는 것. 엘리자베스 빈민법과 개정 빈민법은 원내구제를 원칙으로 한다.
- 원외구제: 빈민들을 시설에 입소시키지 않고 구제를 행하는 것. 길버트법과 스핀햄랜드법은 원외구제를 원칙으로 한다.
- 원내구제는 구제의 대가로 시설에의 입소 및 노동을 강제함으로써 빈민 통제의 성격을 강하게 띤다.

- 원내구제에서 원외구제로 전환하였다. 노동능력이 있는 빈민과 실업자에 대해서는 일자리 또는 구제가 제공되었고(무제한의 원외구제 제공), 노동능력이 없는 빈민에 대해서는 현금급여를 제공하였으며, 그리고 나태한 자에 대해서는 교정을 원칙으로 하였다.
- 교구연합을 허용하였으며 최초로 유급 구빈사무원(오늘날의 사회복지사)을 채용했다.

(2) 길버트법의 한계

강제성보다는 임의성이 더 강했지만 인도주의적 처우에 따라 교구민의 구빈세 부담이 가중되어 일부의 불만을 일으켰다.

중요도 ★★

단독으로 출제되지는 않았지만 영국의 사회복지역사 전반에 대한 문제에서 자주 등장한다. 전반적인 역사의 흐름을 살펴보면서 스핀햄랜드법의 내용을 함께 정리해두자. 22회 시험에서는 영국 사회복지정책의 역사를 묻는 문제에서 스핀햄랜드법에 관한 내용이 선택지로 출제되었다.

5. 스핀햄랜드법(1795년) 22회 기출

(1) 스핀햄랜드법의 의의와 내용 꼭!

- 18세기의 인도주의적 제도의 하나로 1795년 버커셔 주 스핀햄랜드 지역의 치안판사 회의에서 제정된 스핀햄랜드법은 빈민에 대한 처우 개선을 위해 임금보조를 시행했다.
- 이 법은 전국적으로 실시되었는데, 생계비(빵 가격)와 부양가족 수를 고려하여 빈곤한 저임금 노동자의 임금을 보충하는 제도였다. 재원은 교구의 구빈세 재원을 활용하였다.
- 빵 값을 기준으로 기준 임금을 정했기 때문에 '버커셔 빵 법'이라고도 불렸다.
- 스스로 삶을 영위할 수 없는 자와 도움이 필요한 자를 적절히 구분하는 데 있어서 최초로 대가족(가족 수)을 고려했다는 점에서 의의를 가지며, 또한 경제적 불황기에 노동자의 보호 권리를 인정했다는 점에서도 중요성을 갖는다.

(2) 스핀햄랜드 제도의 한계

- 이 제도는 오늘날의 가족수당이나 최저생활보장의 기반을 이루었다는 점에서 의의가 있지만 구빈세 부담을 증가시키는 난점도 있었다. 특히 고용주들이 낮은 임금을 지불할 유인을 제공하여 임금상승을 억제하고, 임금상승 대신 생계비 지원을 통해 메우려 했다는 비판도 있다.
- 노동자들도 태만하게 되는 유인이 되어 악순환이 반복되고, 구빈세 부담을 증가시켰다는 비판도 받았다.

6. 공장법(1833년)

(1) 공장법의 목적

공장에서 비인도적인 처우를 받는 아동을 위해 만들어진 법으로서, 아동의 노동조건과 작업환경을 개선하기 위한 목적을 갖는다.

(2) 공장법의 의의

공장법은 특히 아동의 보호에 중점을 두었다. 아동의 야간노동 금지, 노동시간 제한 등의 노동조건을 개선하기 위한 조치와 일정 연령 이하의 아동 고용을 금지하는 조치를 포함하였으며, 법을 시행하기 위하여 공장감독관을 파견하였다. 또한 공장에서 일하는 아동의 교육에 관한 규정도 포함하였다.

7. 개정 빈민법(신빈민법, 1834년) 22회 기출

중요도 ★★★

개정 빈민법의 주요 원칙 중 하나인 열등처우의 원칙에 대한 문제가 출제된 바 있다. 전반적인 역사의 흐름 속에 빈민법을 왜 개정하였으며, 개정된 빈민법의 원칙은 무엇인지 정리해두자. 22회 시험에서는 영국 사회복지정책의 역사를 묻는 문제에서 신빈민법에 관한 내용이 선택지로 출제되었다.

(1) 빈민법 개정의 목적

1830년대 빈민법을 개정하고자 한 일차적인 목적은 구빈비용의 억제에 있었다. 길버트법과 스핀햄랜드법이 제정되면서 증가한 구빈비용을 줄이기 위해 왕립위원회를 구성하였는데, 1832년에 발족된 왕립위원회의 조사를 토대로 하여 1834년 개정 빈민법이 제정되었다.

(2) 왕립위원회 보고서의 6가지 주요 내용

- 스핀햄랜드법의 임금보조제도를 철폐한다.
- 노동이 가능한 자는 작업장에 배치한다.
- 병자나 노인, 허약자 및 아동을 거느린 과부에게만 원외구제를 허용한다.
- 교구 단위의 구호행정을 구빈법 조합으로 통합한다.
- 지방구빈행정을 감독하고 관리할 중앙기구(중앙통제위원회)를 둘 것을 제안하였다.
- 구빈수혜자의 생활조건은 최하급 노동자의 생활조건보다 높지 않아야 한다.

(3) 개정 빈민법의 원칙 꼭!

- 전국 균일처우의 원칙(전국적 통일의 원칙)
- 열등처우의 원칙(less eligibility; 최하위 자격의 원칙): 국가의 도움을 받는 사람의 처우는 스스로 벌어서 생활하는 최하위 노동자의 생활보다 더 높지 않아야 한다는 원칙

보충자료

원내구제와 원외구제

- 작업장 활용의 원칙(원내구제의 원칙): 노약자, 병자 등 예외적인 경우에만 원외구제를 허용하고 원칙적으로 원내구제를 실시한다.
- 결론적으로 이 원칙의 주요골자는 원외구제를 원칙적으로는 완전히 중지하고 작업장 내의 구제만을 인정하되 구제수준을 최하로 한다는 것이다.

한걸음 더

열등처우의 원칙

영국의 개정 빈민법의 주요 원칙 중 하나는 열등처우의 원칙이다. 이는 국가의 구제를 받는 빈민의 생활이 스스로의 힘으로 벌어서 생활하는 최하위 노동자의 생활보다 나아서는 안 된다는 원칙이다.

왕립위원회 보고서는 빈민에게 주어지는 각종 수당이 빈민을 타락시키고 나태에 빠뜨렸다고 보았다. 때로는 공적 빈민구제의 수준이 자신의 노동력으로 생활을 영위하는 사람보다 나은 경우도 있었다. 이에 왕립위원회는 빈민구제의 수준이 노동 수입보다 열등하다면 빈민구제에 매달릴 것이 아니라 노동을 선택할 것으로 보고 이러한 원칙을 개정 빈민법에 반영하게 된다. 즉 개정 빈민법은 빈민구제가 목적이라기보다는 빈민구제를 덜 매력적인 것으로 만들어 구제를 포기하도록 만드는 것이 목적이었다. 이러한 열등처우의 원칙을 뒷받침하기 위해서 원내구제의 원칙은 필수적인 사항이었다. 즉 빈민들을 작업장이나 구빈원에 입소시키고 이 시설들의 처우를 열악하게 개악함으로써 구제를 덜 매력적인 것으로 만들 수 있었기 때문이다.

이러한 열등처우의 원칙은 오늘날에도 공공부조의 암묵적인 원칙으로 작용하고 있다. 공공부조 수급자의 생활수준이 최저임금 노동자의 생활수준보다 높아지지 않게 부조의 수준을 설정하는 것이 형평성에 부합한다는 것이다.

3 19세기 후반 민간영역에서의 변화: 전문적 사회복지실천의 출발

기출회차				
1	2	3	4	5
6	7	8	9	10
11	12	13	14	15
16	17	18	19	20
21	22			

강의로 복습하는 기출회독 시리즈

19세기에 들어서 영국에서는 사회개량운동(챠티스트 운동 등), 사회조사운동 등이 활발하게 일어나면서 빈민구제에 대한 사회 철학과 실천에 큰 변화가 나타났다. 이 시기 민간영역에서는 자선조직협회(COS)의 활동, 인보관 운동 등이 등장하면서 현대 사회사업의 토대가 놓이기 시작하였다.

1. 사회개량운동

(1) 챠티스트 운동

- 1830년경 노동자들이 보통 선거권을 비롯하여 무기명 투표, 의원들의 재산 자격 및 세비지급의 폐지, 평등선거구 등의 정치적 요구를 관철시키기 위해 전개한 운동이었으나 실패로 돌아갔다.
- 챠티스트 운동을 계기로 노동자들은 그들의 관심을 정치적 목적에서 경제적 조건 개선의 구체적인 수단으로 옮기게 되었다.
- 노동자들의 선거권은 1867년 도시 노동자에게, 1884년 농촌의 가장에게 부여되었다.

(2) 오웬의 공동체 운동

- 오웬은 충분한 임금과 좋은 근로조건으로도 수익성 있는 공장 운영이 가능하다고 생각하고 자신의 뉴 라나크(New Lanark) 지역 공장에서 자신이 고용한 노동자와 가족들을 위한 공동체 사업을 시도했다.
- 작업환경의 개선과 노동자를 위한 기숙사 및 교육시설 등을 제공함으로써 산업복지 영역에서 생활조건과 근로조건 개선 요구에 큰 영향을 미쳤다.
- 19세기 중반에는 이러한 영향으로 아동노동 금지운동과 노동자의 위생 상태와 건강 개선, 근로조건 개선, 교육 제공 등을 위한 일련의 법률 제정 요구가 등장하며 사회개혁, 국가의 복지 개입 등이 확산되었다.

2. 자선조직협회(COS)

자선조직협회(Charity Organization Society)는 그 이전에 무계획적, 무차별적, 비조직적, 비전문적으로 이루어졌던 사적 자선행위의 문제점들을 극복하여, 서비스 제공의 효과성을 향상시키기 위해 창설된 조직이다. 자선조직협회는 방문원(우애방문원)을 통해 개별적 조사를 행하였으며, 이를 통해 적절한 도움을 주게 되었고 구호신청자들로 하여금 협회에 등록하도록 하여 구호의 중복을 방지하고자 하였다.

(1) COS의 창립

- COS는 1869년 영국에서 최초로 창립되었으며, 미국에서는 1877년 뉴욕주 버팔로에서 창립했다.
- 여러 자선단체로부터 중복구제를 받으려는 직업적인 클라이언트들을 방지하고자 클라이언트를 자선단체에 등록시켰으며 또한 연락기관을 설치하였는데 이는 오늘날의 지역사회사업으로 발전하는 계기가 되었다.
- 환경조사 및 적절한 원조제공을 통해 자력으로 빈곤을 탈피하고자 하였는데, 자선조직협회의 철저한 환경조사는 오늘날 가족사회사업 또는 개별사회사업으로 발전하는 데 영향을 주었다.
- 원조의 대상을 '도와줄 가치가 있는 자'로 한정하고, 도덕적 · 종교적 교화를 통해 빈곤의 문제에 대처하였다.

(2) COS의 활동

- 기본 4요소: 우애방문원(Friendly Visitor), 조사(Investigation), 등록(Registration), 협력(Cooperation)
- 자선조직협회의 슬로건인 "빈민에게 물고기를 주지 말고 물고기 잡는 법을 가르쳐주자"에 잘 나타나 있듯이 빈곤문제에 있어서 개인적 책임을 강조하여 공공의 구빈정책에 대해서는 반대했다.
- 구호신청자들을 체계적으로 조사하기 위해 유급 사무원(최초의 사회사업가)을 채용하였다.
- 방문구제를 통해 현대적 의미의 사회사업방법론(개별사회사업) 확립에 커다란 영향을 미쳤으며, 자선활동을 전문적인 사회사업으로 승화시켰다.
- 빈곤을 개개인의 도덕적 결함으로만 간주함으로써 그 사회경제적 뿌리를 무시하였다는 점에서 보수주의적이었다는 비판을 받고 있다.

3. 인보관 운동(Settlement House Movement)

이 운동은 실업자의 증가와 인구의 도시 집중화에 따라 슬럼지역이 생기는 등 사회가 새로운 도시문제로 시달리게 되자 이러한 도시문제를 해결하기 위해 일어난 운동이었다. 대학생들을 포함한 지식층이 빈민지역에 거주하면서 가난한 사람들에 대한 교육을 통해 빈민의 인간적 성장을 돕는 활동을 전개하기도 하였고, 사회개혁을 강조하였다.

(1) 인보관의 설립

토인비 홀과 헐 하우스가 대표적인 인보관이다.

- 영국 런던교구 목사인 바네트(Samuel Barnett)가 1884년 런던에 토인비 홀(Toynbee Hall)을 설립하면서 시작되었다.
- 미국에서는 코이트(Stanton Coit)가 1886년에 뉴욕에서 미국 최초의 인보관인 "근린길드"(Neighborhood Guild, 현재 University Settlement)를 설립하고, 1889년에 애덤스(Jane Addams)와 스타(Ellen Gates Starr)가 시카고에 헐 하우스(Hull-House)를 설립했다.

(2) 인보관 운동의 활동내용

- 인보관 운동은 빈민지역을 실제로 조사하여 생활실태를 파악하고, 빈민과 함께 거주하기도 하며 구제의 필요가 있는 사람에게 원조를 해주는 사업을 직접 전개하였다.
- 사회조사를 통해 여러 가지 통계자료를 구함으로써 이를 법률제정에 활용하도록 하였고 또한 교육적 사업으로서 지역주민에 대한 아동위생, 보건교육, 소년소녀들에 대한 기술교육, 문맹퇴치 및 성인교육을 하였다.
- 인보관을 설립하여 주택, 도서관, 시민회관 등으로 활용하였으며 체육관을 설치하여 옥외활동을 장려하였다.
- 집단 레크리에이션 방법을 사용하였으며 오늘날 현대적 의미의 사회사업방법론(집단사회사업, 지역사회조직) 확립에 큰 영향을 미쳤다.

4 사회복지정책의 기틀: 사회보험 도입과 베버리지 보고서

기출회차

1	2	3	4	5
6	7	8	9	10
11	12	13	14	15
16	17	18	19	20
21	22			

강의로 복습하는 기출회독 시리즈

Keyword 166, 167

19세기 말 영국에서 나타난 자선조직협회와 인보관 운동이 사회복지실천의 중요한 토대가 되었다면, 같은 시기 사회복지정책에 있어서는 사회보험의 성립이라는 중요한 변화가 등장하였다.

1. 독일 비스마르크 사회보험의 도입

중요도 ★★

독일 사회보험의 도입 배경과 내용은 출제빈도가 높으니 반드시 정리해두자. 비스마르크 사회보험의 경우 사회보험이 도입된 역사적 배경과 도입 과정에서의 자유주의 대 사회주의 정치세력들의 갈등, 입장 차이 등을 이해하는 것이 필요하다.

19세기 말 독일에서 사회보험이 최초로 형성되면서 사회복지 정책은 이전과는 다른 양식으로 급속히 확대되기 시작한다. 공제조합적 성격이 강한 비스마르크의 사회보험은 국가 주도하에 역사상 처음으로 실시한 것이다. 이는 국가와 기업체들에 의한 노동력 보호의 차원에서 시작했으며, 독일과 프랑스 등의 사회보장의 개념을 대표한다.[12]

(1) 사회보험 제도의 도입(1880년대) 꼭!

- 사회보험 도입에 결정적으로 중요한 역할을 했던 사람은 비스마르크이다. 그는 확대되고 있던 사회주의운동을 탄압하면서 한편으로는 노동자의 국가에 대한 충성심을 확보하기 위하여 사회보험 제도의 도입을 적극적으로 추진하였다.
- 비스마르크의 사회보험 도입은 격렬한 반발에 직면하였다. 자조나 사적 자선을 강조하는 자유주의자와 보수주의자들은 사회보험의 강제성을 받아들일 수 없었고 국가의 권력 강화와 관료화를 초래할 것이라며 우려를 나타냈다. 반면에 사회주의자들은 사회보험이 노동자들을 국가복지의 노예로 만들 수 있으며 근본적인 개혁을 가로막는다는 점에서 도입에 반대하였다.
- 1883년 제정된 질병(건강)보험은 세계 최초의 사회보험이며 육체노동자와 저임금 화이트칼라 노동자를 대상으로 하였다. 질병(건강)보험은 다양한 공제조합(상호부조 조직)이 토대가 되었으며 기존의 임의조직, 자조조직을 활용하여 국가적인 감독 하에 운영되었다.
- 1884년 산재보험은 사용자만의 보험료 부담으로 운영되었다.

• 1889년 노령폐질연금이 육체노동자와 저임금 화이트칼라 노동자를 대상으로 시행되었으며 노동자와 사용자가 동일한 보험료를 지불하였다.

한걸음 더

비스마르크 시대의 사회보험

• 질병보험법(1883): 근로자의 질병보험에 관한 이 법률은, 비스마르크의 사회보험 입법 가운데 가장 먼저 제정된 사회보험으로, 질병에 걸린 노동자에 대한 무료치료와 질병수당을 지급하는 의료보험제도였다. 세계 최초의 사회보험으로 볼 수 있는 이 법은 광산, 공장, 철도, 수공업 등에 종사하는 모든 저소득 노동자를 강제 적용 대상으로 하였다.
• 재해보험법(1884): 이 법은 광산, 공장, 건설업 등에 종사하는 저소득 노동자를 의무가입 대상으로 하여 업무상 노동자에게 발생하는 재해에 대해 사용자가 전적으로 책임질 것을 규정함으로써 업무상 재해에 대한 사용자 책임 제도를 확립하였다.
• 폐질 및 노령보험법(1889): 이 법은 공무원과 일부 직종의 도제를 제외한 연간소득 2천 마르크 미만인 모든 저소득 노동자를 의무가입 대상으로 하였다. 이들 중 70세가 된 노동자에게는 노령연금을 지급하고, 자신의 과실이 아닌 이유로 노동불능자가 된 노동자에게는 폐질연금을 지급하도록 하였다. 연금 재원은 노동자와 사용자가 각각 절반씩 부담하는 기여금과 정부가 부담하는 약간의 보조금으로 충당하였다.

(2) 사회보험 도입의 의의

빈민법을 통해 빈민통제와 구제를 실시하던 과거의 국가와는 달리 사회보험제도를 통해 국민의 삶의 위험을 집합적으로 완충하려는 사회보험의 도입 의의는 다음과 같다.

• 비상사태에 처한 빈민들을 임시적 · 응급적으로 지원하고자 한 빈민법적 구제와는 달리 사회보험은 제도화된 일상적 수단을 통해 빈곤을 예방하는 데 초점을 둔다.
• 사회보험은 특정의 위기(산업재해나 질병)가 발생했을 때 가입자의 소득을 보장하는 데 중점을 둔다.
• 여성과 아동들이 과거의 빈민구제의 주요 수혜자였던 것과는 달리 사회보험의 주요 수혜자는 취업한 남성 노동자들이다.
• 일방적 혜택을 제공하던 빈민법적 빈민구제와는 달리 사회보험의 경우 수혜자는 보험료를 납부하기 때문에 혜택의 수혜는 상호성을 띠게 되고 또 수혜자는 혜택에 대한 법적 청구권을 가지게 된다. 그러므로 사회보험은 자선이 아니라 권리로서의 복지개념에 더 잘 부합한다.

한걸음 더

독일 사회보험 도입 과정에서 사회주의 세력의 입장

독일의 사회보험 도입 과정에서 당시 강력한 세력으로 부상하던, 사회민주노동당으로 대표되는 사회주의 세력이 비스마르크의 사회보험 도입에 대해 취했던 입장은 복지이데올로기로서 마르크스주의의 복지국가에 대한 입장과 비교해서 이해할 수 있는 사례를 제공한다.

당시 사회민주노동당은 비스마르크의 사회보험 도입이 독일 노동자계급의 정치적 급진화와 확대를 제어하고 노동자들의 국가에 대한 충성심을 확보하기 위한 목적을 가지고 있다고 보았다. 사회주의 세력들은 사회보험 도입 자체에 반대했다기보다는 비스마르크가 제안한 사회보험 도입안에 반대했다고 볼 수 있다. 사회주의 세력들은 노동자들이 보험료를 부담하는 것이 아니라 국가와 자본가계급이 부담하는 방식을 요구하였으며, 노동자계급이 정치적 투쟁을 통해 쟁취한 사회복지정책의 확대를 지지하였다. 또한 이러한 제도적 개선만으로는 자본주의 체제 내에서 노동자들의 생활을 근본적으로 변화시킬 수 없다는 점을 강조했다. 이는 복지국가의 확대만으로는 자본주의 체제를 근본적으로 변화시킬 수 없다는 한계를 비판하면서도 노동자들의 사회적 권리를 확대하기 위한 복지정책에 대한 요구를 적극적으로 지지했던 입장과 유사하다고 볼 수 있다.

중요도 ★★★

영국 베버리지 보고서의 주요 내용과 원칙에 관한 문제가 주로 출제되었다. 특히, 베버리지 보고서의 사회보험체계와 관련한 기본원칙과 그 내용을 정확하게 이해하는 것이 필요하다. 22회 시험에서는 영국 사회복지정책의 역사를 묻는 문제에서 베버리지 보고서에 관한 내용이 선택지로 출제되었다.

2. 영국 사회복지정책의 변화 22회 기출

(1) 빈민법 보고서와 자유당의 개혁

① 왕립 빈민법 위원회의 구성(1905년)

20세기 초 실업을 비롯한 빈곤문제가 심화되면서 이를 다루기 위한 왕립위원회를 구성하였다. 보수주의자, 자유주의자, 페이비언 사회주의자 등 다양한 이념적 배경을 가진 위원들이 참여했다.

② 빈민법 보고서 제출(1909년)

왕립 위원회의 위원들이 의견 차이를 좁히지 못하고 2개의 보고서, 즉 다수파 보고서와 소수파 보고서를 제출하였으며, 두 보고서의 주요 차이점은 다음과 같다.

구분	다수파 보고서	소수파 보고서
이념적 배경	보수주의	페이비언 사회주의
빈곤원인 진단	빈민의 나태와 무책임(개인적 원인)	불합리하고 불건전한 사회질서(사회구조적 원인)
빈곤해결	관대한 동정보다는 가혹한 조치	공공지출의 확대
빈민법 운영방식	현행 구빈제도의 개혁을 통한 유지 · 존속	현행 구빈제도의 완전한 폐지

잠깐!

페이비언 사회주의

- 점진적 제도 개혁을 통한 사회주의적 개혁 전략
- 1884년 영국 런던, 웹(Webb) 부부가 중심이 된 페이비언협회에서 태동한 이념이다. 페이비언협회는 영국 노동당의 기초가 되었고, 산업 국유화, NHS 구축, 빈민법 개혁 등에 영향을 끼쳤다.

③ **자유당 정부의 사회개혁 및 사회보험 도입**

영국에서 집권한 자유당은 자유주의적 개혁의 일환으로 일련의 사회복지정책들을 도입함으로써 영국 복지국가의 기반을 마련하였다. 1908년에는 노령연금법, 1911년에는 건강(의료)보험과 실업보험으로 구성된 국민보험법을 도입하였다.

- 노령연금법(1908년): 무기여 연금, 70세 이상 빈곤노인 대상, 자산조사 및 도덕성조사 실시
- 직업소개소법, 최저임금법(1909년)
- 국민보험법(1911년): 국민건강보험(1부) + 실업보험(2부)으로 구성. 영국 최초의 사회보험

한걸음 더

빈곤조사

- 찰스 부스(Charles Booth)가 런던시 빈민들의 생활실태를 실증적으로 조사, 그 결과를 『런던 시민의 생활과 노동』(1889)이라는 책으로 발표
- 씨봄 라운트리(Seebohm Rowntree)가 요크시 빈민들의 생활실태를 조사하여 『빈곤: 도시 생활 연구』(1901)라는 책으로 발간, 빈곤을 1차 빈곤과 2차 빈곤으로 구분

(2) 베버리지 보고서(Beveridge Report of 1942) 꼭!

1941년 6월 당시의 사회적 서비스의 구조와 그 효율성을 조사하고 필요한 개혁을 실시하기 위해서 '사회보험 및 관련 사업에 관한 각 부처 연락위원회'가 의회의 만장일치로 구성, 베버리지(William Beveridge) 경이 위원장으로 임명되었다. 이 위원회는 공공부조와 산발적으로 존재하는 사회보험제도로는 전후 영국의 사회진보와 번영을 보장할 수 없다고 보고, 기존의 복지 프로그램들을 전면 검토하여 포괄적이고 통합적인 사회보험 시스템을 설계할 것을 제안한다. 이러한 획기적인 개혁내용이 담긴 보고서를 1942년 11월에 발표하였다. 이것이 이른바 "베버리지 보고서"이다.

① **5대 사회악**

영국의 사회문제를 5대악, 즉 궁핍(want), 질병(disease), 무지(ignorance), 불결(squalor), 나태(idleness)로 규정하고, 이를 해결하기 위해 사회보험 및 관련서비스의 필요성을 주장했다.

② **3대 전제**

사회보험의 성공을 위한 전제로서 완전고용, 포괄적 보건의료서비스, 가족

(아동)수당의 필요성을 강조했다.

③ 사회보장의 정의

베버리지 보고서에 의하면 사회보장이란 실업, 질병 및 재해로 인한 소득의 중단 또는 노령, 은퇴, 부양자의 사망, 출산, 결혼 및 사망 등의 예외적 지출에 대비할 수 있는 일정 소득의 보장을 의미한다.

④ 사회보험 운영의 기본원칙(6대원칙)

베버리지 보고서에서의 사회보험은 현재의 사회보험과 같이 여러 위험별로 나누어진 사회보험이 아닌 모든 위험과 대상을 포괄하는 하나의 사회보험 시스템으로, 다음의 원칙에 의해 운영할 것을 주장하였다.

- 행정의 통합화(행정책임의 통일): 사회보험의 체계를 통일하고 행정 운영의 낭비를 최소화
- 포괄성의 원칙(적용범위의 포괄화): 전 국민을 사회보험의 대상으로 포괄
- 정액보험료(균일 기여): 사회경제적 수준(소득수준, 직업, 재산 등)과 인구학적 차이(연령, 성별 등)에 관계없이 동일한 액수의 보험료를 부담
- 정액급여(균일 급여): 사회경제적 수준과 인구학적 차이에 관계없이 동일한 액수의 급여를 제공
- 급여의 적절화(급여의 충분성): 급여액과 지급기간의 충분성
- 대상의 분류화: 사회보험의 대상자를 다양한 집단별로 분류

⑤ 베버리지 보고서의 영향

베버리지 보고서를 근거로 하여 1944년 사회보장청이 설치되었으며, 그 후 가족수당법(1945), 국민보험법(1946), 산업재해법(1946), 국민보건서비스법(1946), 국민부조법(1948) 등이 제정 및 보충되었다. 특히 1948년 국민부조법이 도입되면서 실질적으로 구빈법이 폐지되었다.

⑥ 베버리지 보고서의 평가

베버리지는 국민 연대성에 기초한 국민 최저선(National Minimum)의 보장을 기초로 하는 사회보장 원칙을 제시하였다. 베버리지는 전 국민에게 정액으로 부과하는 보험료 수입만으로 인간다운 삶을 보장하는 적절한 수준의 정액급여 비용을 충당할 수 없을 때 그 부족분을 전액 국고 부담으로 할 것을 주장하였다. 그러나 재무성의 반대로 보험급여 지출에 대한 국고보조에 제한이 생기게 되자 사회보험 급여수준의 적절성이 희생되었다. 따라서 사회보험 급여를 받는 사람도 공공부조를 신청하여야 하는 경우가 늘어나게 되어 당초 사

회보험제도가 성숙하면 공공부조는 사라질 것이라는 예측과는 달리 공공부조의 대상은 오히려 늘어났고, 보고서의 구상이 그대로 적용되지는 못했지만 전후 복지국가의 사상적 기반이 된 보고서로 평가된다.

3. 미국 사회복지정책의 성립

중요도 ★

앞선 독일과 영국의 역사적 변화에 관한 내용보다는 출제비중이 낮지만, 미국 사회복지정책의 내용은 역사적 변화에 관한 전반적인 내용을 묻는 문제에서 선택지로 출제될 가능성이 있으므로 반드시 정리해두어야 한다.

(1) 뉴딜(New Deal) 정책

미국은 1929년 10월 경제대공황이 일어나자 사회복지의 원칙이나 실천에 큰 변화가 일어났으며, 1932년 11월 경제 불황이 극에 이르자 국민들은 새로 선출된 루즈벨트 대통령에게 1,500만 명의 실업자 구제를 요구하였다. 이에 루즈벨트는 전문 자문단(Brain Trust)을 조직하여 구제(Relief), 부흥(Recovery) 및 개혁(Reform)의 과업(3R)을 목적으로 하는 뉴딜정책을 발표하였다. 뉴딜정책은 자유방임주의가 아닌 적극적인 국가개입을 주장하였다. 대규모 공공사업을 통하여 일자리를 확충하고 실업을 줄이며, 소득과 소비를 확대시키기 위한 뉴딜정책은 케인스주의를 사상적 배경으로 한다.

(2) 사회보장법(Social Security Act of 1935) ★꼭!

이러한 뉴딜정책의 일환으로 미국은 1935년 8월 14일 사회보장법을 제정 · 공포하였는데 이는 미국 최초의 전국적인 복지 프로그램으로서, 광의의 사회보장 용어와 범위가 최초로 제시되었다는 점에서 의의가 있다. 또한 연방정부의 책임이 확대되었으며, 사회보험(노령연금과 실업보험) 제도가 도입되었다. 사회보장법은 연방정부가 재정과 운영을 담당하는 노령연금과 주정부가 운영하고 연방정부가 재정을 지원하는 실업보험, 그리고 주정부가 운영하고 연방정부가 재정을 지원하는 공공부조와 사회복지서비스로 구성되었다. 또한 빈곤에 대한 국가 책임이 명시되었으며 국민의 생활을 보장하는 데 있어서 연방정부의 책임을 규정하였다.

잠깐!

미국의 사회보장법

미국의 사회보장법(1935)은 최초로 사회보장(Social Security)이라는 용어를 공식화했다는 데에 의의가 있다.

① 사회보험 프로그램

연방 노령보험체계와 연방과 주가 함께하는 실업보험

② 공공부조 프로그램

노령부조, 요보호맹인부조, 요보호아동부조 등을 포함하는 3개 집단을 위한 프로그램으로 연방의 지원을 받는 제도

③ 보건 및 복지 서비스 프로그램

모자보건 서비스, 절름발이 아동을 위한 서비스, 아동복지 서비스, 직업재활 및 공중보건 서비스 등을 제정

한걸음 더

미국의 의료보장제도

미국에서는 2010년 오바마 정부에 의한 의료보험 개혁안이 통과되기 전까지 전국민을 대상으로 하는 공적 의료보험제도가 없었다. 다만, 65세 이상의 노인 및 장애인 등을 대상으로 하는 메디케어(Medicare)와 저소득층에 대한 일종의 의료부조제도인 메디케이드(Medicaid)가 공적 의료보장제도로 존재했다. 일반 국민들은 민간의료보험에 가입했고, 보험에 전혀 가입되어 있지 않은 사람도 전국민의 약 20%에 달해 사회문제로 지적되어 왔다.

5 복지국가 시대: 복지국가의 팽창기 (1945~1970년대 중반)

기출회차

1	2	3	4	5
6	7	8	9	10
11	12	13	14	15
16	17	18	19	20
21	22			

강의로 복습하는 기출회독 시리즈

Keyword 168

1. 복지국가의 팽창

중요도 ★

복지국가의 팽창기가 가능했던 시대적 배경을 이해해야 하며, 복지국가 팽창기의 성과는 어떠했는지 살펴보아야 한다.

(1) 복지국가 팽창의 원동력

복지국가의 확대는 정치적으로는 복지국가에 대한 대중적 지지와 경제적으로는 자본주의 경제의 급속한 성장이라는 2가지 축을 바탕으로 하였다. 또한 사회적 연대의식의 확대와 코포라티즘(corporatism)에 기반한 국가-노동-자본의 사회협약에 의해 공고화되었다. 이를 바탕으로 제2차 세계대전 이후 1945년부터 1970년대 중반까지 복지국가의 황금기라고 불린 팽창의 시기가 전개되었다.

(2) 팽창기의 성과

- 인류 역사상 가장 획기적인 시기였던 복지국가의 팽창기에는 복지국가 정착기 동안 구축된 다양한 복지제도들이 나라마다 빠르게 확산하여 발달하였고 제반 복지제도를 갖추었으며, 개인적 사회서비스와 공공부조는 더욱 확충되었다. 복지는 이제 자비나 시혜가 아닌 시민의 권리(citizenship)로 인정받게 되었고, 사회문제의 해결을 넘어서 다양한 욕구를 충족시키기 위한 제도로 만들어져 갔다.
- 종합적으로 이 시기는 복지 제도의 포괄성, 복지 수혜자의 보편성, 복지 혜택의 절정기로 볼 수 있다. 완전고용의 증대와 높은 수준의 사회복지서비스 실시, 소득재분배를 특징으로 하는 복지국가와 혼합경제의 확산은 자본주의 체제의 성격을 근본적으로 변화시킨 20세기의 중요한 사건이라고 볼 수 있다.
- 한편, 이 시기 복지국가의 발전 양상은 국가별로 상이한 모습을 보인다. 독일 · 영국을 비롯한 유럽 국가들은 사회보험의 혜택을 노동자 집단에서 화이트칼라와 자영자 집단까지 확대하고, 소득보장은 물론 보건의료, 주택, 교육 등 여러 가지 부문의 서비스를 국가가 보편적으로 보장하게 된다.
- 미국도 1960년대 '풍요 속의 빈곤', 즉 '빈곤의 재발견' 이후 존슨 대통령이 "빈곤과의 전쟁(War on Poverty)"을 선언하고 AFDC프로그램을 만들었다.

잠깐!

AFDC

미국의 대표적 공공부조 제도로 아동을 양육하는 빈곤한 한부모들에게 경제적 지원. 1996년 복지개혁 이후 급여기간을 5년 이내로 단축하는 TANF로 바뀌었음

1962년에 '개인적 사회서비스(personal social service)'에 관한 조항을 만들고, 1965년에는 고령자 의료보장 프로그램인 메디케어(Medicare)와 장애인 및 빈곤층의 의료보장 프로그램인 메디케이드(Medicaid) 프로그램을 도입하는 등 미국식 복지국가 체제를 만들어 간다.

• 서구 유럽에서 복지국가의 황금기를 이룬 정치 · 경제적인 바탕은 사회민주주의 체제이다. 사회민주주의는 제2차 세계대전 이후 유럽에서 널리 퍼졌으며, 19세기 말 이래 마르크스주의 정치이론을 비판하고 수정한 결과 등장하였다. 노동자계급의 현실타협과 의회진출이라는 큰 줄기를 가진 사회민주주의는 서구 노동자들에게 복지와 경제적 혜택을 제공하고 자본주의를 안정화하는 데 공헌하였다.

2. 복지국가 발전의 개념

(1) 복지혜택의 포괄성

전 국민의 전 생애 과정에 대한 다양한 욕구와 사회적 위험에 대해 국가가 얼마나 많은 복지제도를 통해 보호할 수 있는가?

예 노령 → 연금제도, 실업 → 실업보험

(2) 적용범위의 보편성

다양한 욕구를 충족하고 각종 사회적 위험으로부터 보호하기 위한 각각의 복지제도의 적용범위는 어디까지인가?

예 사회보험의 적용대상을 근로자에서 모든 국민으로 확대

(3) 복지혜택의 적절성

각각의 복지혜택은 소득이 중단되더라도 생활이 가능할 정도의 적절한 수준으로 제공되는가?

(4) 복지혜택의 재분배 효과

전체 복지혜택의 결과가 가져 오는 소득재분배 효과는 어느 정도인가?

6 복지국가의 위기와 재편기 (1970년대 중반~현재)

기출회차				
1	2	3	4	5
6	7	8	9	10
11	12	13	14	15
16	17	18	19	20
21	22			

강의로 복습하는 기출회독 시리즈

Keyword 168

1. 복지국가의 위기

중요도 ★★

1970년대 중반 이후 복지국가가 위기를 맞게 된 사회경제적 배경(스태그플레이션, 신자유주의 확산 등)이 자주 출제된다.

1970년대 오일쇼크 → 물가 · 실업률의 상승(스태그플레이션) → 영국(대처의 보수당), 미국(레이건의 공화당): 복지 축소, 신보수주의 등장 → 변화: 수급요건의 강화, 급여수준 하향조정, 급여기간의 단축, 공공부조를 받기 위한 각종 조건 부과

(1) 복지국가 위기의 발생

1973년의 유가폭등을 불러온 오일쇼크는 제2차 세계대전 이후 30년간 지속되어 온 복지국가의 안정체제를 뒤흔드는 결정적인 계기가 되었다. 오일쇼크 이후 경제성장률은 떨어지고 물가는 빠르게 상승했으며 실업률도 상승하였다. 이러한 경제혼란은 국가-자본-노동 간의 화해적 정치구조에 치명적인 균열을 가져왔다.

(2) 복지국가 위기의 결과

- 이러한 균열의 결과로 영국에서는 1979년 노동당 정부가 실각하고 대처의 보수당 정부가 들어섰으며, 미국은 1980년 민주당 정부가 실각하고 레이건 공화당 정부가 수립되었다.[13)]
- 복지국가 황금기 동안의 진보정당들은 제2의 정당으로 물러나고 1975년 오일쇼크 이후 오늘날까지 복지국가는 재편기에 접어든다.
- 이러한 보수 회귀의 흐름은 하나의 사회운동이며 정치세력인 신우파의 신보수주의를 등장시키는데, 이들은 국가의 경제개입과 복지개입을 모두 비판하고 복지국가의 해체를 통해 자유시장 체제를 확고히 하려는 이데올로기적 공세를 전개했다. 오일쇼크를 기점으로 한 경제위기는, 유가상승과 국가의 경제개입 및 복지개입의 확대라는 두 가지 요인에 의해 비롯되었다고 주장하면서, 경제성장과 고용증대를 이루기 위해 국가개입의 축소를 주장했다.
- 보수 세력이 새로운 정권을 잡은 구미 각 나라들은 대대적으로 복지예산을 삭감하고 복지국가라는 구조를 축소하기 시작하였다.

- 그러나 보수정권에 의한 복지삭감은 복지비 지출의 증가율을 둔화시켰을 뿐 복지비의 절대액을 감축시키지는 못했다. 그 결과 1970년대 오일쇼크와 보수정권에 의한 복지삭감이 있었지만 복지비의 증가율은 경제성장률보다 크게 앞섰다.[14)]

한걸음 더

신우파의 복지국가에 대한 비판

첫째, 복지국가는 성공에 대한 보상을 줄이고 실패에 대한 부담을 덜어줌으로써 시장 규율을 약화시켰다고 주장한다. 자본은 높은 수준의 세금과 규제로 인해 투자할 유인을 느끼지 못하고, 사람들은 열심히 일하면 그만큼 세금을 더 많이 내게 될 것이고, 열심히 일하지 않아도 국가로부터 관대한 혜택을 받을 것이기 때문에 열심히 일해야 한다는 의욕을 느끼지 못할 것이라고 주장한다. 따라서 복지국가는 경쟁을 약화시키고 사람들을 나태하게 만들며 국가가 모든 것을 해결해주기를 바라는 분위기를 조장한다고 비판한다.

둘째, 공공부문이 확장될수록 민간부문이 축소되며 이는 민간부문에 필요한 자원이 축소되는 것을 의미하며, 경제성장을 저해한다고 주장한다.

셋째, 복지국가는 복지서비스 제공에서 실질적인 독점권을 가지고 있으며, 이로 인해 시장이 왜곡되고 소비자의 선택권은 무시되며 비효율성이 확산된다고 주장한다.

넷째, 복지국가는 의무와 책임보다는 권리를 더 강조하며, 이는 사회에 무임승차자가 증가하게 만들며, 도덕적 · 문화적 · 사회적 권위를 약화시킨다고 주장한다.

(3) 복지국가 위기의 경제적, 사회적, 정치적인 측면

- 복지국가는 1970년대에 접어들면서 심각한 위기와 도전에 직면한다. 이러한 위기와 도전을 경제적, 사회적, 정치적인 측면에서 살펴보도록 하겠다.
- 우선 경제적 측면에서는 고도성장이 끝나고 경제위기와 불황이 시작되면서 확대된 사회복지지출은 경제에 부담이 되기 시작했다. 경제 상황의 악화는 사회복지지출이 급격하게 팽창한 가운데 재정수입이 감소되면서 복지국가의 재정 위기를 초래하기도 하였다.
- 사회적 측면에서는 인구와 가족, 그리고 노동시장의 구조변화와 함께 복지수요가 크게 증대하기 시작했다. 복지수요의 증대는 노령, 실업, 질병, 장애로 인한 소득상실의 위험이라는 전통적인 사회적 위험뿐만 아니라 탈산업사회로의 이행에 따른 사회적 변화의 결과로 인한 새로운 사회적 위험도 원인으로 작용했다. 새로운 사회적 위험은 인구고령화, 가족의 변화, 노동시장의 구조변화와 관련이 있다.
  - 첫째, 인구고령화이다. 이러한 인구구조의 변화가 연금, 의료, 돌봄서비스 비용의 증가를 가져올 수 있으며, 복지국가의 재정적인 부담의 원천이 될 수 있다.

– 둘째, 가족의 변화이다. 가족의 변화는 남성생계부양자 모델(남성이 일을 통해 소득을 벌고, 여성은 집에서 무급으로 돌봄노동을 제공하는 형태)을 규범으로 하는 근대 복지국가가 제대로 대응하기 어려운 새로운 복지욕구를 만들어 내고 있다. 여성의 경제활동 참여가 증가하면서 여성들이 전통적으로 가족 내에서 담당하던 돌봄노동의 역할을 사회적으로 해결해야 한다는 것을 의미한다. 1인 가구의 증가, 이혼과 혼외출산의 증대에 따른 한부모 가구의 증가 등 가족구조의 변화 역시 새로운 복지수요를 발생시킨다.

– 셋째, 노동시장의 변화이다. 제조업의 쇠퇴와 지식기반경제, 서비스경제로의 이행, 세계화로 인한 경쟁이 심화되면서 대부분의 국가에서 고용률은 낮아지고, 실업률은 증가하였다. 고용형태는 불안정해지고 다양화되었으며, 새롭게 창출된 일자리들 중 상당수는 저임금과 낮은 안정성을 특징으로 하는 취약한 일자리였다. 이는 일을 하면서도 빈곤한 상태에 머무는 근로빈곤층의 증가로 이어졌다. 이는 복지국가의 재정적인 기반이 되는 조세 및 사회보험료 납부의 감소를 의미하기도 한다. 새로운 복지수요의 증가에 비해 이를 위해 필요한 재정적인 기반은 축소되는 현상이 나타났다.

• 정치적 측면에서는 전통적으로 복지국가를 지지해온 대표적인 집단인 노동자계급의 구성이 다양해지면서 노동조합과 사민주의 정당으로 대표되는 복지국가의 정치적 기반이 약화되었다.

한걸음 더

세계화와 복지국가

세계화란 경제적인 측면에 초점을 맞춘다면 국제무역과 국제적 자본이동의 증가에 의한 경제활동의 전 세계적 통합을 의미한다. 1970년대 이후 세계경제에서는 국제 무역과 해외 직접투자 그리고 금융 투자가 급속히 증가해 경제활동이 세계화되고 있다. 세계 각국의 적극적인 경제개방정책이 세계화의 발전에 중요한 역할을 했다.

세계화는 두 측면에서 복지국가의 기반을 약화시키는 원인으로 작용했다. 첫째, 금융자본의 국가간 이동의 자유화는 각국 정부의 재정적 자율성을 약화시켰고 케인스주의적 수요관리를 어렵게 만들었다. 둘째, 생산의 세계화는 임금과 더불어 복지지출을 줄이라는 압력으로 작용했다. 또한 생산의 세계화는 복지국가 황금기의 특징이었던 성장-고용-복지의 밀접한 관계를 붕괴시켰다.

세계화(특히 신자유주의적 세계화)가 복지국가에 미치는 영향은 개별국가별로 차이가 있다. 세계화는 국민국가의 역할에 일정한 변화를 가져왔으며, 초국적 기업의 성장과 금융시장의 세계화 등으로 인해 금융위기와 경제적 불안정을 가져왔다는 주장도 제기되고 있다. 세계은행과 IMF 등의 국제기구들과 많은 경제학자들은 세계화의 발전이 경제성장과 빈곤의 해결을 촉진할 수 있을 것이라 주장하며 많은 국가들에게 개방과 구조조정을 제안했다. 그러나 현실에서 세계화의 성과는 실망스럽다는 주장이 여전히 높다. 세계화의 경제성장 효과는 뚜렷하지 않고 국가 간, 그리고 국가 내의 임금과 노동조건의 불평등 심화, 빈곤의 확산, 소득불평등을 확대시키고 있다는 비판이 제기되고 있다. 특히 무역자유화와 금융개방의 추진은 여러 국가들의 소득분배를 악화시키고 양극화를 심화시켜 빈곤의 해결에 도움이 되지 않을 수 있다는 우려가 높아지고 있다.

2. 복지국가 위기론에 관한 관점의 차이

복지국가가 위기를 맞게 된 원인에 대해서는 크게 2가지 진단이 있다.

첫째, 복지국가를 둘러싼 경제적 환경의 변화로 위기가 초래되었다고 보는 것이다. 1970년대 초반의 석유파동과 환율체계의 붕괴로 인해 스태그플레이션 현상이 나타났으며, 이로 인해 노동계급의 정치세력화가 큰 타격을 입게 되고, 복지국가 발달과 확대에 대한 국가-자본-노동의 합의가 붕괴되어, 결국 복지국가의 위기가 도래하였다는 것이다.

둘째, 복지국가의 사회복지제도가 위기를 초래하였다고 보는 것이다. 그동안 복지국가가 투입한 것만큼 국민들의 복지상태가 나아지지 않았으며(빈곤과 불평등의 심화), 오히려 사회복지제도가 의존문화를 양산하고 경제성장을 저해하여, 결국 복지국가의 위기가 도래하였다는 것이다.

하지만 이념적 성향에 따라 복지국가 위기의 원인에 대한 진단과 그 처방은 조금씩 다르다.

(1) 신보수주의적 관점

- 국가의 사회복지프로그램에 대한 지나친 지출에서 위기를 초래했다고 본다.
- 위기에 대한 해결방안은 국가의 개입을 줄이고 자유경쟁 시장체제로 돌아가야 한다고 주장한다.

(2) 신마르크스주의적 관점

이윤의 극대화를 지향하는 자본축적과 사회적 조화를 추구하는 정당화의 기능은 상호 모순관계에 있다. 자본축적을 강조하면 정당화 기능이 약화되고, 반대로 정당화 기능의 확대를 위해 복지재정을 확충하면 자본축적에 투여할 수 있는 재원이 줄어들어 자본축적이 약화된다. 신마르크스주의적 관점에서는 복지국가의 위기는 이러한 자본축적과 정당화 기능의 모순 관계에서 비롯된다고 설명한다.

(3) 실용주의적 관점

- 위기는 복지국가가 발전하는 과정에서 나타난 시행착오와 상황의 변화로 인한 일시적인 현상이라고 보고 기존 복지국가의 정치적 · 경제적 체제 내에서 해결될 수 있다고 본다. 위기의 원인을 다음과 같이 분석하였다.
  - 첫째, 복지국가의 위기는 70년대 나빠진 경제상황 때문이다.
  - 둘째, 위기는 복지국가 프로그램의 형태나 그것의 운영방법이 잘못되었기 때문에 발생하였다고 본다.
- 이 관점에서는 복지국가 프로그램들이 지방분권화나 민영화라는 방법을 통해 효율적으로 운영되면 위기를 극복할 수 있다고 본다.

3. 복지국가의 재편

중요도

1970년대 중반 이후의 변화 내용들(수급요건 강화, 급여수준 하향 조정, 급여기간 단축, 근로연계복지 등)에 관한 문제가 주로 출제된다. 복지국가 황금기와 위기 및 재편시기의 특징을 잘 비교하여 이해해두자.

(1) 1970년대 중반 이후의 변화

1970년 후반 이후 현재까지 OECD 주요 국가들은 기초보장에 대한 사회적 · 국가적 지지가 후퇴되는 뚜렷한 현상을 보인다. 그 유형과 특성을 살펴보면 다음과 같다.

① 수급요건의 강화

장애심사를 엄격히 하거나 기존의 장애인을 재심사하여 장애 정도를 낮춤으로써 장애급여를 축소하거나 제한하는 경우, 연금의 완전급여를 받을 수 있는 퇴직연령을 상향조정하거나, 질병수당 또는 실업보험의 대기기간을 연장하는 경우 등 복지의 혜택을 받을 수 있는 자격을 강화하였다.

잠깐!

최근 복지국가 변화

근로연계복지(workfare) 강화, 복지제공 주체의 다양화(민영화), 지방정부 역할 및 권한 강화, 권리와 의무 조화 강조, 적극적 노동시장정책(직업훈련, 구직 장려) 강조, 사회투자(인적자본 투자) 강조 등

② 급여수준(소득대체율)의 하향 조정

미국의 AFDC 프로그램의 경우 1996년 달러 가치로 환산한 가구당 AFDC 평균 급여수준이 1970년에는 $734였으나, 1980년에 $533, 1990년에는 $470, 1996년에 $374로 하락하여[15] 26년 사이에 급여수준이 절반 이하로 줄어들었다.

③ 급여기간의 단축

실업자에 대한 실업급여 기간을 단축하는 것이 가장 전형적인 방법이며, 독일, 이탈리아, 덴마크에서 그 예를 찾아볼 수 있다. 극단의 경우로서 미국 AFDC 프로그램은 연방정부 재원에 의한 수급기간을 평생에 걸쳐 5년 이내로 제한한다(TANF).

④ 수급 조건

공공부조를 받기 위해서는 이행하여야 하는 각종 조건을 부과한다. 즉 다양한 형태의 노동을 요구하는 근로연계복지(Workfare), 일정 수준의 학교교육 이수를 요구하는 Learnfare, 적극적 구직활동을 요구하는 적극적 노동시장정책(Active Labor Market Policy) 등의 명칭을 가진 프로그램이 있다. 이들의 내용은 서로 다르지만, 이들의 공통적인 목적은 수급 대상자가 공공부조를 수급할 때 번잡한 과정과 조건이행을 요구함으로써 가능한 한 복지 수급을 기피하도록 유도하는 방법이다.

(2) 복지국가의 재편

① 배경

- 위기를 맞은 복지국가는 이전과는 다른 성격으로 재편된다. 복지국가는 스태그플레이션으로 인한 고실업과 물가상승의 문제, 그리고 이로 인한 정치구조의 균열 이외에도 다양한 도전에 직면한다. 우선 인구사회학적으로는 이혼 · 낮은 출산율 등으로 인한 가족체계의 불안정성이 증가하고 인구노령화가 진행되었다. 이는 사회복지정책의 지속가능성을 위협하는 부담으로 작용하였다.
- 하지만, 이보다 더욱 근본적인 것은 복지국가의 경제적 기반인 생산체제(축적체제)가 포디즘에서 포스트포디즘으로 변화한 것이다. 위기 이전의 베버리지 · 케인지언 복지국가의 생산체제는 포디즘(Fordism, 포드주의)이다. 포디즘은 포드 자동차회사에서 비롯된 용어로서 과학적 관리방법인 테일러주의(Taylorism)에 컨베이어 시스템(conveyor system)을 결합시킨 대량생산체제를 그 특징으로 한다. 보다 거시적으로는 대량생산과 대량소비의 결합에 기초한 자본축적체제를 의미한다. 대량생산체제는 대규모의 저숙련 노동자를 필요로 했으며, 이로 인해 노동계급은 안정적인 일자리를 확보함과 동시에 상당히 동질적인 집단으로 존재하였다. 이처럼 동질적인 노동계급이 복지국가 확대에 의견을 같이 함으로써 성장과 고용 그리고 복지국가는 동시에 발전하게 된다. 베버리지 보고서의 전제조건 중 하나가 바로 완전고용이었으며, 케인스주의는 국가개입(사회복지정책을 포함하여)의 확대를 지지하는 경제이론이었음을 고려해 볼 때 이는 완벽한 조합이었던 것이다.
- 그런데 위기 이후 생산체제가 포디즘에서 포스트포디즘(Post-Fordism, 포스트포드주의)으로 변화하게 된다. 포디즘이 대량생산 체제였다면 포스트포디즘은 다품종 소량생산 체제이다. 저숙련 노동력을 대량 투입하여 획

일적인 상품을 생산하는 것이 아니라 시장 변화에 적절히 대처할 수 있도록 노동시장을 유연화하고 소수의 숙련 노동자를 필요로 하게 된다. 이로 인해 노동계급은 숙련 정도에 따라 서로 다른 이해관계를 갖게 되면서 상당히 이질적인 집단으로 변모하게 된다. 이러한 경향은 산업구조가 제조업 중심에서 서비스업 중심으로 재편되면서 더욱 심화된다. 서비스업은 제조업과 달리 고숙련 · 고부가가치산업과 저숙련 · 저부가가치산업으로 크게 양극화된 부문이기 때문이다. 이러한 포스트포디즘 생산체제는 성장과 고용, 복지를 동시에 추구해 온 기존의 베버리지 · 케인지언 복지국가의 기반을 동요시켰다. 동시에 신자유주의 · 신보수주의의 영향으로 국가개입과 복지급여의 축소가 강조되고 노동시장에서의 근로를 강조하는 새로운 슘페테리언 경제이론이 힘을 얻으면서 슘페테리언 워크페어 체제가 구축되었다.[16]

한걸음 더

케인지언 복지체제, 슘페테리언 워크페어 체제

제솝이라는 학자는 복지국가 재편기의 복지체제를 슘페테리언 워크페어 체제로 규정하였다. 그는 1970년대 이후 자본주의 국가의 변화를 케인지언 복지체제에서 슘페테리언 워크페어 체제로의 전략적 재편으로 설명한다. 이러한 변화의 핵심에는 생산과 복지의 연계가 자리잡고 있다고 주장한다. 즉 기여기반 보험원칙, 시민권에 기초한 소득이전, 집합적 소비형태를 강조하는 케인지언 복지체제에서 혁신과 경쟁, 노동과 복지를 연계하는 슘페테리언 워크페어 체제로 변화되면서 사회정책과 경제정책에서의 역할이 재검토되고 있다는 것이다.

케인지언 복지체제의 경제정책은 완전고용과 수요관리정책을 통해 자본축적의 기초를 마련하는 전략에 집중되어 있었고, 사회정책은 복지권의 확대를 통해 노동자들의 탈상품화 수준을 향상시키는 역할을 하였다. 그러나 그는 복지정책과 경제정책이 독립적으로 존재한다고 보지 않았다. 사회정책을 통한 복지권의 확대는 노동자들의 소득을 보장함으로써 유효수요를 창출하고, 노동자들이 대량생산된 재화를 대량 소비할 수 있게 하는 기능을 함으로써 자본주의 체제의 유지에 기여하였다. 그리고 자본은 이러한 과정에서 노동과의 타협을 통해, 또는 적극적인 사회정책에 대한 개입을 통해 수요관리정책을 유지하였다. 이러한 방식으로 케인지언 복지체제에서 생산과 복지의 연계가 이루어졌다는 것이다. 반면 슘페테리언 워크페어 체제에서는 자본 주도의 경제정책이 혁신과 경쟁을 강조하는 공급관리정책에 집중되었고, 노동 계급의 분화, 실업의 증가 등으로 케인지언 복지체제 시대의 복지정책을 유지할 수 있는 기반이 상실되었다. 결과적으로 복지의 생산적 역할을 강조하고, 노동비용을 축소하는 사회정책들이 강조되었고, 이를 통해 국가경쟁력을 확보하는 방식으로 생산과 복지의 연계가 진행되었다는 것이다.

② 세 가지 재편 방식(에스핑-앤더슨)

- 복지국가의 재편은 국가마다 다양한 차이를 나타냈다. 에스핑-앤더슨은 세계화와 복지국가의 위기 이후 복지국가의 재편 방식을 세 가지 유형으로 구분한다.
- 자유주의 복지국가 유형의 경우 신자유주의 정치 이념을 주장하는 정당들

이 선거를 통해 집권하면서 경제에 대한 과도한 국가 개입을 철회하고 국가 복지를 축소하면서 시장경제의 효율성을 강화시켜 경제 불황을 극복해야 한다고 주장했다. 또한 복지지출을 축소하고, 노동시장의 유연성을 확대하였다. 영국의 대처 정부와 미국의 레이건 정부가 대표적인 경우에 해당한다. 이러한 전략의 경우 고소득층과 저소득층의 격차가 점점 증가하는 문제점과 일을 해도 빈곤에서 벗어나지 못하는 문제를 증가시키기도 하였다.

보충자료

노동 감축의 길

- 조합주의 복지국가 유형의 경우 노동공급을 줄여 실업률을 낮추기 위한 노동 감축형 접근법을 채택하였는데, 실업률이 증가하는 이유는 일자리의 수에 비해 일을 하려고 하는 사람들이 많은 상태에 있기 때문이며 노동공급을 줄여 일자리의 부족 문제를 완화하려는 전략이다. 즉 남성 노동자들을 제외한 여성, 중고령 노동자들을 줄이는 전략이다. 이러한 전략은 여성들이 노동시장에 참여하는 것을 억제하며, 고령노동자들의 조기 퇴직을 장려하는 방식을 강조한다. 이는 보육 등의 사회서비스가 제대로 발전하지 않아서 여성이 취업보다는 가사노동에 종사하는 것이 더 유리하도록 판단하게 만든다. 이러한 전략의 경우 조기 퇴직으로 인한 사회보험의 재정 부담을 가중시킨다는 문제가 있다.
- 사민주의 복지국가 유형의 경우 공공부문의 고용을 적극적으로 확대하는 전략을 채택하였다. 국민에게 제공하는 사회서비스를 확대하면서 동시에 공공부문의 일자리를 확대하는 전략이라고 볼 수 있다. 이러한 전략의 경우 장기적인 지속 가능성의 문제가 제기된다.

③ 우리나라의 복지재편

- 우리나라도 다른 국가들과 마찬가지로 재편양상을 보이고 있는데 크게 두 가지 흐름으로 정리할 수 있다.
- 첫째, 생산적 복지국가와 근로연계복지(workfare)를 강조하는 흐름이 있다. 가장 대표적인 근로연계복지 정책으로는 국민기초생활보장제도의 자활사업과 근로장려세제(EITC)의 도입을 들 수 있다. 기존의 생활보호제도를 대체하는 국민기초생활보장제도는 근로능력이 있는 이들까지 공공부조로 포괄하는 대신 자활사업에의 참여를 요구하고 있다. 그리고 근로장려세제는 근로빈곤층을 주요 대상으로 하는 제도로서 근로소득이 높을수록 더 많은 급여를 받을 수 있도록 제도를 구성하여 경제적 자활을 도모하고 있다.
- 이는 어느 정도 신자유주의적인 흐름이라고 할 수도 있지만 미국과 영국 등에서 나타나고 있는 신자유주의의 길과는 다소 다르다. 이들 국가에서는 급여삭감과 긴축재정을 강조하지만 우리나라는 아직 복지국가의 규모가 크

지 않기 때문에 급여삭감보다는 급여를 확충하되 워크페어적인 성격을 가미하는 양상으로 나타나고 있다.

- 둘째, 사회서비스의 확대이다. 이는 생산적 복지국가와도 맥이 닿아 있는 것으로서 복지국가의 확대를 도모하되 현금이나 재화보다는 서비스 영역의 확대라는 전략을 택한 것이다. 이는 프로그램의 대상자 확대와 더불어 서비스 영역에서의 일자리 창출이라는 두 가지 목적을 동시에 달성할 수 있다는 장점도 갖는다. 그리고 사회서비스 전달체계로 바우처 제도를 도입한 것 역시 공공부문을 확대함으로써 발생할 수 있는 비효율의 문제를 예방하고 시장에서의 경쟁체계를 이용함으로써 서비스의 질을 확보하고 시장을 활성화하겠다는 의지가 반영된 것으로 보인다.

한걸음 더

외환위기 이후 한국 사회복지의 제도적 변화

- 국민기초생활보장법 제정(1999) 및 시행(2000)
- 긴급복지지원제도 시행(2006)
- 국민연금법 개정(2007)
- 기초노령연금제도 시행(2008)
- 노인장기요양보험제도 시행(2008)
- 근로장려세제 시행(2008)

3장 사회복지정책 관련 이론과 사상

한눈에 쏙!		중요도	
❶ 사회복지제도의 발달 관련 이론	1. 사회양심론	★★	
	2. 산업화이론	★★★	22회 기출
	3. 시민권론	★★	22회 기출
	4. 음모이론		
	5. 근대화론	★★	
	6. 종속이론		
	7. 엘리트이론		
	8. 독점자본이론		
❷ 사회복지와 복지국가를 유형화하는 이론	1. 윌렌스키와 르보의 2분 모형		22회 기출
	2. 티트머스의 3분 모형		
	3. 에스핑-앤더슨의 복지국가 유형화	★★★	22회 기출
❸ 복지국가 분석에 관한 이론	1. 신마르크스주의 이론		
	2. 조합주의 이론		
	3. 사회민주주의 이론	★★★	22회 기출
	4. 국가중심이론		22회 기출
	5. 이익집단이론		22회 기출
❹ 사회복지정책과 관련된 이데올로기와 사상적 조류	1. 조지와 윌딩의 이데올로기 모형	★★★	
	2. 케인스주의		
	3. 신자유주의와 신보수주의	★★	
	4. 제3의 길		
	5. 새로운 사회적 위험		
	6. 사회투자국가		

기출경향 살펴보기

이 장의 기출 포인트

다양한 이론과 모형이 다뤄지므로 비교를 통해 명확히 정리해야 한다. 주로 사회복지정책 발달이론에 관한 문제, 조지와 윌딩의 이데올로기 모형에 관한 문제, 에스핑-앤더슨의 복지국가 유형과 같은 복지국가 유형화 이론에 관한 문제가 출제되고 있다. 그 밖에 케인스주의, 새로운 사회적 위험, 신자유주의와 신보수주의, 사회투자국가, 제3의 길 등에 관한 문제도 종종 출제된다.

최근 5개년 출제 분포도

연도별 그래프

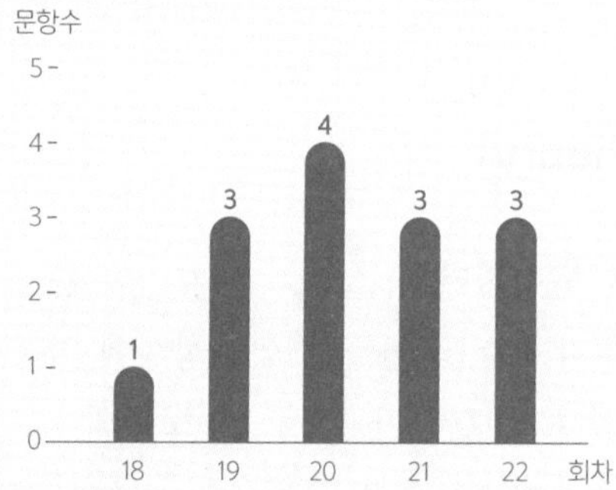

평균출제문항수

2.8 문항

2단계 학습전략

데이터의 힘을 믿으세요!
강의로 복습하는 **기출회독 시리즈**

3회독 복습과정을 통해
최신 기출경향 파악

최근 10개년 핵심 키워드

기출회독 **169**	사회복지정책 발달이론 및 복지국가 분석이론	9문항
기출회독 **170**	복지국가 유형화이론	12문항
기출회독 **171**	사회복지정책 이데올로기	11문항

기본개념 완성을 위한 **학습자료 제공**

기본개념 강의, 기본쌓기 문제, O X 퀴즈, 기출문제, 정오표, 묻고답하기, 지식창고, 보충자료 등을 **아임패스**를 통해 만나실 수 있습니다.

1 사회복지제도의 발달 관련 이론

기출회차				
1	2	3	4	5
6	7	8	9	10
11	12	13	14	15
16	17	18	19	20
21	22			

강의로 복습하는 기출회독 시리즈

Keyword 169

근대에 들어서 사회복지제도는 빠르게 성장하였다. 과연 어떠한 요인이 사회복지의 빠른 성장을 가능하게 하였는지에 대해서 주요 원인들에 대한 논의가 다양하다. 어떤 한 가지 이론은 특정 상황을 잘 설명해주지만, 그 이론이 어떤 상황에 대해서는 들어맞지 않기도 한다. 다시 말해 사회복지발달을 완벽하게 설명해주는 유일한 이론은 없다는 것이다.

중요도 ★★

사회복지제도 발달과 관련된 이론들은 매회 빠짐없이 출제되고 있다. 사회양심론의 주요 특징과 한계를 정확하게 숙지하자.

1. 사회양심론(social conscience theory)

- 1950년대 영국 사회정책학에서 주로 받아들여졌던 이론으로 각 개인이 가지고 있는 타인에 대한 사랑, 사회적 의무감 등이 국민들의 지식 향상에 의해 점차 증대되면서 사회정책이 발전되었다고 보는 이론으로, 인도주의에 기초한다.
- 사회복지정책을 국가의 자선활동으로 간주한다. 사회적 맥락이나 사회정책의 제반 여건에 대해서는 협소한 시각을 가졌다고 평가할 수 있으며, 국가가 일정하게 책임져야 할 사회구조적 문제를 간과하며 사회문제의 해결을 양심에만 맡길 수는 없다는 비판도 있다.

중요도 ★★★

사회복지제도 발달과 관련된 이론 중 가장 많이 언급되는 이론이 산업화이론이다. 주요 특징과 한계를 정확하게 숙지하자. 22회 시험에서는 사회복지정책의 발달 관련 이론의 내용을 묻는 문제에서 수렴이론에 관한 내용이 선택지로 출제되었다.

2. 산업화이론(industrialization theory) 22회 기출

- 산업화 과정에서 사회경제적 변화를 통해 새로운 욕구와 사회문제가 생겨났고, 산업화가 촉진한 경제성장을 통해 사회복지 재원이 증가하게 되었다. 산업화로 인한 사회문제 및 사회적 욕구에 대응하기 위해 사회복지제도가 확대 · 발달되었다.
- 대표적인 학자로는 윌렌스키(Wilensky)와 르보(Lebeaux)가 있다.
- 산업화 사회에서는 사회적 위험의 증가, 도시화, 가족구조의 해체, 평균수명의 연장 등 여러 가지 욕구가 발생하는 동시에 이를 해결할 가족 및 지역

사회의 기능은 약화되었다.
- 특히 취약계층은 이로 인해 어려움을 겪게 되고 결국 국가가 이들을 지원하게 되었다.
- 동시에 산업화는 경제성장을 가져와 문제해결에 동원할 수 있는 자원을 마련해 주며, 높은 수준의 노동력을 필요로 한다는 점에서 사회복지정책의 필요성도 가지고 있다.

(1) 산업화로 인하여 발생한 욕구(need)
- 산업화는 산업재해, 실업, 빈곤문제 등 이전에 없던 새로운 문제를 발생시켰다.
- 산업화는 노인과 아동 인구의 노동력으로서의 가치 감소, 여성의 역할 변화 등 가족구조와 인구구조의 변화를 초래하였다.
- 산업화는 건강한 노동력의 지속적인 공급을 필요로 하지만 산업화된 사회에서 더 이상 가족이 이러한 역할을 맡기가 어렵게 되었다.

(2) 산업화로 인하여 가능해진 자원(resource)
- 산업화는 경제성장을 가져와 국가가 사회복지에 사용할 수 있는 자원이 확대되었다.
- 경제성장을 통하여 국민들의 실질소득이 올라가고 조세부담능력이 커지게 되어 국가재원이 증가하였다.

(3) 수렴이론
- 이 이론은 수렴이론이라고도 한다. 경제발전 수준과 사회복지지출 수준 간에 강한 상관관계가 존재한다고 본다(경제성장의 수준이 유사하면 사회복지의 수준도 비슷하다).
- 복지국가 간 차이점보다는 유사성을 강조한다.

(4) 특징 및 한계 꼭!
- 특정한 수준의 산업화 단계에서 특정한 수준의 복지국가가 나타난다고 본다는 점에서 경제결정론이라는 비판도 일었다. 경제성장, 경제구조의 변화와 같은 경제적 변수를 중시하지만, 이데올로기나 정치적 변수의 역할을 중요하게 고려하지 않는다.
- 선진 국가 간의 복지정책의 차이, 사회복지 형태의 차이에 대해서는 제대로 설명하지 못한다는 비판이 있으며, 산업화로 인해 발생한 새로운 욕구가 구체적인 사회복지제도로 형성되는 과정을 제대로 설명하지 못하는 한

계가 있다.

한걸음 더

산업화이론에 대한 비판에서 정치적 변수의 의미

산업화이론에서는 '산업화'에 강조점을 두고 있지만, 어느 정도 산업화가 이루어진 비슷한 수준의 국가들에서 동일한 복지제도가 나타나지 않는다는 사실이 밝혀졌다. 각 국가의 민주화 수준, 정당구조 등과 같은 정치적 변수들이 복지제도에 더 큰 영향을 미칠 수 있다는 것이다. 산업화 변수가 경제성장과 같은 경제의 발전정도에 큰 관심을 기울인 것에 반해 일정 수준의 산업화가 이루어진 후에는 정치적 변수가 더 중요할 수도 있다.

3. 시민권론(citizenship theory) 22회 기출

중요도 ★★

시민권론의 대표적인 학자 마샬에 관한 문제가 단독 문제로 출제된 바 있다. 시민권론의 주요 특징과 한계를 정확하게 숙지하자. 22회 시험에서는 사회복지 정책의 발달 관련 이론의 내용을 묻는 문제에서 시민권론에 관한 내용이 선택지로 출제되었다.

- 이 이론의 대표적인 학자인 마샬(Marshall)에 따르면, 시민권(citizenship)은 한 사회의 구성원에게 부여되는 지위로 그 지위를 지니는 모든 이들은 그것이 부여하는 권리와 의무의 측면에서 동등하다고 본다.
- 마샬은 시민권을 개인의 자유와 법 앞에서의 평등과 같은 공민권(civil right) → 참정권과 같은 정치권(political right) → 복지권과 같은 사회권(social right)으로 발전하는 진화적인 과정으로 설명하였다.
  - 첫째, 공민권은 계약을 맺을 자유와 재산을 소유할 자유, 집회 · 결사의 자유와 언론의 자유, 양심의 자유 등을 의미한다. 마샬에 의하면, 공민권은 법률체계의 발전과 함께 18세기에 등장하였다.
  - 둘째, 정치권은 정치적 과정에 참여할 권리를 말한다. 투표권 및 참정권이 이에 해당한다. 이는 의회제도의 발전과 함께 19세기에 성립하였다.
  - 셋째, 사회권은 최소한의 경제적 · 사회적 복지를 누릴 권리를 말한다. 마샬은 사회권이 20세기에 등장하였다고 주장한다. 사회권이 확립되면서 사회복지도 권리의 차원으로 발전할 수 있었다고 설명하였다.
- 마샬은 자본주의 사회는 불평등한 체제이지만, 시민권이 확대되면서 이러한 불평등이 완화될 수 있다고 보았다. 즉 불평등한 계급구조와 평등주의적 시민권이 양립할 수 있다고 보았다.

4. 음모이론(conspiracy theory)

- 사회복지 정책의 주목적이 인도주의나 양심의 실현이 아니라 사회안정 및

사회질서의 유지와 사회통제라는 관점의 이론이다.
- 사회양심론과 정반대의 입장이다.
- 피븐(Piven)과 클로와드(Cloward)는 미국의 사회복지 발전을 분석한 결과, 대량실업에서 파생되는 시민들의 소요사태가 발생하면 공공 복지제도가 시작되거나 확장되며, 반대로 정치적 안정이 회복되면 그러한 프로그램은 폐지되거나 감축된다는 사실을 발견했다.
- 이 입장에서 비스마르크 사회보험 입법을 보면 당시 극심하던 사회운동을 저지시켜 사회질서를 유지하기 위한 속셈이라고 평가할 수도 있다.[17)]

5. 근대화론(확산이론)

중요도 ★★

근대화론의 주요 특징과 한계를 정확하게 숙지하자. 주로 전반적인 발달관련 이론 중 옳은 것(옳지 않은 것)을 묻는 유형으로 출제되기 때문에 다른 이론과 비교하여 그 특성을 구분할 수 있어야 한다.

- 근대화론(확산이론)은 근대 국가들이 발전하면서 그 발전이 확산되어 전통적 국가들에게 영향을 미친다고 보았다. 서구사회의 발전모형을 기초로 근대화를 사회발전의 가장 중요한 요소로 강조하며, 진화론적인 입장을 취한다.
- 서로 지리상으로 인접한 국가나 긴밀한 관계에 있는 국가 간에 정책이 확산되어 간다는 이론이다. 예를 들어 독일에서 처음 도입된 사회보험이 빠른 시일 내에 유럽의 인접 국가로 퍼져나간 경우나, 일본에서 도입된 여러 제도들이 우리나라로 도입된 경우 등을 예로 들 수 있다.
- 복합적이고 다양한 세계적 차원의 요인들이 어떻게 특정한 한 국가의 사회복지정책의 도입과 발전 과정에 영향을 미치는지를 제대로 설명하지 못한다는 비판이 있다.

6. 종속이론(dependency theory)

- 근대화론에 대한 비판으로 세계경제의 중심부 국가(선진 자본주의 국가)의 발전과 주변부 국가(제3세계 저개발 국가, 특히 라틴 아메리카)의 저발전 사이의 관계를 분석하고 저발전의 원인을 설명하려고 시도하였다. 제3세계의 저발전과 빈곤은 국가 내부의 문제라기보다는 중심부 국가들과의 불균등 교환이나 착취 관계에 기인한 것으로 보고 종속관계의 단절을 주장한다.
- 중심부 국가의 속성으로 인해 제3세계의 경제성장과 사회변화는 개선되지 않으며, 특히 사회부문에서 불평등이 심화되는 것은 제3세계의 사회정책이 국민의 욕구에 의해 결정되지 않고 중심부 국가적인 경제구조와 사회형태의 불가피성에 의해 결정되기 때문에 지속적으로 저개발 상태에 머무른다

고 보았다.

• 이와 유사하게 제3세계 국가의 사회정책을 설명한 이론으로 제3세계론이 있는데, 제3세계는 아시아, 아프리카, 라틴아메리카 지역의 개발도상국들로서 이들의 발전 경로는 개발국가의 발전과정과 동일하지 않다는 것을 설명하는 개념이다. 이에 따르면 특히 제3세계 군부 권위주의 국가에서는 민주적인 정책의 시행을 기대하기 어렵다고 보았다.

7. 엘리트이론(위인론)

• 사회는 소수의 엘리트 집단을 정점으로 한 피라미드 구조로 이루어져 있으며, 정책은 엘리트로부터 대중에게 일방적 · 하향적으로 전달되고 집행될 뿐 대중들의 요구와 비판은 수용되지 않는다는 입장의 이론이다.[18)]

• 행정관료, 입법가, 부자, 지식인 등의 엘리트들은 사회적으로 권력을 갖고 정책결정자가 되거나 정책결정에 영향을 미치는 위치에 있게 된다. 이러한 엘리트들은 공식적인 정책결정에 있어 대중들의 입장을 살피고 수용하는 것처럼 보이기도 하지만 이는 단지 형식적인 차원에 불과하며 실질적으로는 자신들의 선호나 가치에 따라 결정한다는 것이다.

8. 독점자본이론

• 전통적인 마르크스주의에 이론적 뿌리를 두고 있으며, 고도화된 독점자본주의에 대한 분석을 통해 복지국가의 발전을 설명하고 있다.

• 독점자본이론은 세 가지 관점으로 구분해 볼 수 있는데, 도구주의적 관점에서는 국가는 자본가계급의 이익을 결정하는 도구에 지나지 않기 때문에 주요 복지정책은 자본가계급에 의해 제안되고 결정된다고 본다. 구조주의적 관점에서는 국가는 자본가계급의 단기적인 이익을 희생하더라도 장기적인 경제안정을 위해 국가가 어느 정도의 자율성을 갖고 자본가계급에 반하는 복지정책을 추구하기도 하지만, 결국 국가의 정책은 자본가계급에 이익이 되는 결과를 낳을 수 있다는 것이다. 계급투쟁의 관점에서는 복지국가가 장기적이든 단기적이든 자본가계급의 이익만을 위해 존재하는 것이 아니라, 자본가계급과 노동자계급의 정치적, 계급적 투쟁에 따라 그 성격이 결정된다고 본다. 즉 이 관점에서는 노동자계급의 세력이 강해지면 국가는 노동자계급을 위한 복지국가의 형태를 갖게 될 수 있다는 것이다.

기출회차				
1	2	3	4	5
6	7	8	9	10
11	12	13	14	15
16	17	18	19	20
21	22			

강의로 복습하는 기출회독 시리즈

Keyword 170

2 사회복지와 복지국가를 유형화하는 이론

사회복지라는 포괄적 개념에 해당되는 다양한 제도와 프로그램들은 모두 그 성격이 동일한 것이 아니다. 공공부조와 같이 소수의 어려운 사람들을 돕는 프로그램도 있지만, 아동수당과 같이 아동을 양육한다는 조건이 동일한 다수의 사람들에게 보편적으로 급여를 제공하는 프로그램도 있다. 따라서 성격이 상이한 프로그램들을 유형화하는 것이 사회복지의 다양한 범주를 이해하는 데 도움이 된다.

한걸음 더

복지국가의 특징

복지국가의 개념이나 특징에 대해서는 학자들마다 다양한 견해를 나타내지만, 몇 가지 공통적인 특징을 정리해볼 수 있다.

- 첫째, 복지국가의 성립에 있어서 필수적인 조건으로 정치적 민주주의를 전제하고 있다. 선거권 확대를 통한 민주주의의 확장은 복지개혁을 통한 복지국가 형성에 중요한 역할을 해왔다. 노동계급에게 노동 3권(단결권, 단체교섭권, 단체행동권)을 보장함으로써 노동계급의 조직화와 집단행동을 보장하고, 민주적 제도와 절차를 통해 노동계급의 이익을 대변하는 정당을 결성하고 합법적인 정치활동을 할 수 있도록 보장한다.
- 둘째, 베버리지 보고서를 통해 표명한 '국민 최저선의 보장'이라는 원칙은 복지국가의 일차적인 목표에 해당한다. 복지국가가 모든 국민들의 최소한의 생활을 보장하고 기본적인 욕구를 충족시킨다고 하는 것은 기존의 국가들과 복지국가를 구별하는 기준이 되며, 복지국가를 정의하는 데 있어서 하나의 근거가 된다.
- 셋째, 정도와 방식에 있어서는 다양한 차이가 있지만, 복지국가의 형성과 발전에 있어서 국가의 개입과 역할이 중요하다. 복지국가는 자본주의 체제의 문제점과 부작용을 해결하기 위한 국가 개입의 산물이라고 할 수 있다.

하지만 복지국가의 특징과 정의와 관련해서 차이점도 발견할 수 있다. 평등의 종류와 내용과 관련한 부분이 그것이다. 복지국가가 기회의 평등에 초점을 둔다고 주장하는 사람들도 있고, 복지국가가 단순히 기회의 평등을 보장하는 데 그치지 않고 궁극적으로 결과의 평등을 가져오는 중요한 수단이 되어야 한다고 주장하는 사람들도 있다.

1. 윌렌스키와 르보의 2분 모형 22회 기출

윌렌스키(Wilensky)와 르보(Lebeaux)는 초기 유형화의 대표적인 학자로 사회복지의 개념을 잔여적 개념과 제도적 개념의 두 가지로 나눈 2분법을 제시했다. 이 모형은 가장 기본적인 모형으로 사회복지를 포괄하는 상반된 두 가지 입장을 비교하고 있다.

잠깐!

잔여적 · 제도적 개념

- 잔여적 개념: 복지제공의 일차적 책임은 가족 등 1차집단이 부담, 취약집단에 국한된 잔여 부분을 국가가 제공
- 제도적 개념: 복지제공의 일차적 책임을 국가가 담당하고, 다양한 복지제도를 통해 보편적으로 실현하는 경우

(1) 잔여적(보충적 · 선별적) 모형 꼭!

- 잔여적 모형에서 사회복지는 제1차 집단(가족, 교회, 공동체 등)이 제 기능을 발휘하지 못하는 경우에 활동한다고 본다.
- 초기 산업사회와 자유주의 국가에서 나타난다.
- 빈민과 같은 요보호 대상자를 대상으로 하여 사회적으로 최저한의 급부를 주는 역할만을 수행한다.

(2) 제도적(보편적) 모형 꼭!

제1차 집단(가족, 교회, 공동체)이 사회적 위험에 처한 구성원들을 보호하거나, 사회를 재생산하는 데 있어서 담당했던 기능과 역할을 국가의 사회적 개입을 통해서 해결한다고 본다.

윌렌스키와 르보의 2분 모형

구분	잔여적 모형	제도적 모형
사회복지의 목표	가족과 시장체계에서 제 기능을 하지 못하는 사람 또는 탈락한 사람들을 일시적, 한정적, 보완적으로 보호하고 지원함	사회복지제도는 항시적으로 소득의 재분배기능을 수행하여 전체 국민들이 최적의 삶을 영위하도록 함
대상	사회적 취약계층	전체 사회구성원
실천주체	민간의 자발적인 활동을 장려	국가의 보다 많은 역할을 강조
빈곤의 책임	개인 책임	사회의 책임
복지욕구 충족기제	가족이나 시장 우선	국가의 사회복지제도
이념	선별주의(자산조사 등에 의거)	보편주의

2. 티트머스의 3분 모형

티트머스(Titmuss)는 사회복지 모형을 사회정책의 맥락에서 3가지 유형으로 분류하여 제시하였는데, 윌렌스키와 르보의 두 유형에 산업성취 모형이라는

새로운 유형을 추가하였다. 티트머스는 산업성취 모형에 해당되는 사회보험 제도가 시장에서의 지위를 수정하는 것이 아니라 유지시키는 기능을 하고 있기 때문에 재분배 기능이 더 강한 보편적 프로그램과는 그 성격이 다르다는 점을 강조하고 있다.

한걸음 더

티트머스의 복지의 사회적 분화

티트머스는 복지가 제공되는 형태를 사회복지(국가복지), 재정복지, 기업(직업)복지로 구분하였다. 티트머스는 이 세 가지 형태를 사회적 욕구를 충족시키기 위한 집합적 개입의 주요 영역이라고 보았다. 사회복지(국가복지)는 정부의 직접적인 지출에 의해서 제공되는 국민기초생활보장제도와 같은 복지제도를 말한다. 재정복지는 조세감면, 세제혜택 등을 의미하며, 기업(직업)복지는 기업 차원에서 노동자에게 제공하는 임금 이외의 다양한 형태의 서비스나 부가급여(혜택) 등을 의미한다.

티트머스는 복지의 사회적 분화라는 개념을 통해 복지의 범위가 매우 광범위하며 복지를 정부의 지출로만 제한하는 접근의 문제점을 지적하였다. 예를 들어 직업(기업)복지는 민간영역에 속한 것처럼 보이지만, 실제로는 정부 정책에 의해 크게 영향을 받는다. 티트머스는 복지의 세 가지 형태 간의 상호작용에 대한 이해와 함께 복지의 전체적인 성격을 파악하는 것이 필요하다고 주장하였다.

(1) 보충적(잔여적) 모형 꼭!

- 윌렌스키와 르보의 잔여적 개념과 동일하다.
- 시장과 가족이 붕괴되었을 때에만 사회복지 제도가 활동을 시작하게 되지만 어디까지나 잠정적인 역할에 그친다.
- 이 모형에서의 사회복지는 단지 사회의 최저한의 경계선상에서 헤매는 빈곤층과 요보호자들에게 급부를 주는 역할을 한다.
- 공공부조 프로그램을 강조한다.

(2) 산업(업적)성취(industrial achievement performance) 모형 꼭!

- 이 모형은 사회복지 제도의 중요한 역할을 경제의 종속물로서 통합 · 구체화하고 있다.
- 시장경제 원리에서의 생산성을 중심으로 한 사회구성(업적, 신분향상, 작업수행 등)을 목표로 한다.
- 이 모형은 동기, 노력, 보수 및 계급의 형성과 집단의 충성 등에 관심을 두는 다양한 경제적 · 심리적 이론 등에서 도출된다.
- 사회복지를 경제성장의 수단으로 활용하고자 하기 때문에 시녀적 모형이라고도 한다.
- 사회보험이 주요 프로그램이다.

(3) 제도적 재분배(institutional redistributive) 모형 꼭!

- 이 모형은 주로 보편적 욕구 충족을 기반으로 하여 시장경제 메커니즘 밖에서 보편적 서비스를 제공하는 기본적이고 종합적인 제도이다.
- 보편적 프로그램을 강조한다.

티트머스의 3분 모형

잔여적 모형	산업(업적)성취 모형	제도적 재분배 모형
• 시장을 통한 분배정책에 관심 • 빈민구제 정책은 자립의지를 전제로 최저수준으로만 제공 • 빈곤의 책임은 개인에게 있음 • 국가는 가족과 시장이 사회복지 욕구를 충족하지 못할 때만 개입 • 복지욕구는 일차적으로 가족과 시장을 통해 충족 • 선별주의 • 공공부조 프로그램을 강조함	• 잔여적 모형과 제도적 재분배 모형의 중간 • 개인의 자유를 강조하면서 시장을 통한 분배정책을 강조함 • 국민생활수준과 기회의 평등에 관심을 가짐 • 사회복지급여는 시장에서의 지위를 반영하여 직업별, 계층별로 제공 • 사회보험을 강조함	• 개인의 자유는 인간다운 생활을 할 자유 • 분배정책은 개인의 능력이 아니라 욕구에 따라 이루어져야 함 • 평등과 재분배정책을 강조 • 빈곤을 완전히 퇴치할 수 있다고 주장 • 국가는 사회복지의 욕구를 충족시키는 주요 제도로서, 복지급여는 보편적으로 제공 • 보편적 프로그램을 강조함

중요도 ★★★

학자마다 복지국가를 유형화하는 기준이 다르기 때문에 어떤 학자가 어떻게 유형화했는지를 구분하여 살펴보아야 한다. 그 중에서도 에스핑-앤더슨의 유형화는 최근 시험에서 빠짐없이 출제되고 있다. 에스핑-앤더슨의 분류에 따른 복지국가 유형의 특징에 대해 꼼꼼하게 정리해두자. 22회 시험에서는 에스핑-앤더슨의 복지국가 유형의 주요 내용을 묻는 문제가 출제되었다.

3. 에스핑-앤더슨의 복지국가 유형화 22회 기출

복지국가 유형화에 관한 가장 체계적이고 논리적인 연구로 사회복지정책 학자들에게 가장 주목받고 있는 모형이다. 에스핑-앤더슨의 연구에서 그가 제시한 탈상품화라는 기준은 그 자체로도 중요한 의미를 담고 있다.

(1) 유형화의 기준 - 탈상품화와 계층화 꼭!

① 탈상품화(de-commodification)

- 노동자가 자신의 노동력을 상품으로 시장에 내다 팔지 않고도 살 수 있는 정도, 즉 자신이 노동시장에서 일을 할 수 없는 여러 가지 상황에 처했을 때 국가가 어느 정도 수준의 급여를 제공해주는가의 정도를 의미한다. 탈상품화가 높을수록 복지선진국이라고 할 수 있다.
- 에스핑-앤더슨은 탈상품화 지수를 고안하기 위해 연금, 질병급여, 실업급여 제도에서의 5가지 변수들을 측정했다.
  - 최저급여액의 평균근로자 임금에 대한 비율
  - 평균급여액의 평균근로자 임금에 대한 비율
  - 급여를 받을 수 있는 자격조건(기여연수)
  - 전체 프로그램 재원에서 수급자가 지불한 비용의 비율

– 실제 수급자의 비율

② 계층화(stratification)

- 계층화란 계급과 신분을 분열시키고 계층구조를 유지 · 강화시킨다는 의미이다. 복지국가의 사회정책이 이 계층화에 영향을 미칠 수 있다.
- 에스핑-앤더슨은 국가군별 계층화의 특성을 분석하기 위해 직업별 연금제도의 수, GDP 대비 정부 부문 종사자에 대한 연금지출의 비율, 사회지출 중 자산조사에 기초한 복지급여의 비율, 민간부문연금의 비율, 민간부문 의료보호의 비중, 보편주의 프로그램의 정도, 급부구조의 평등성 정도 등으로 지수화했다.

(2) 에스핑-앤더슨의 분류

① 자유주의적 복지국가

- 공공부조 프로그램을 강조하고, 탈상품화 효과와 복지의 재분배 효과가 미약하다.
- 소득조사에 의한 공공부조 프로그램이 상대적으로 중시된다. 적극적 노동시장정책은 발달하지 않았다.
- 급여는 저소득층에 초점을 두며, 자격기준은 까다롭고 엄격하여 낙인을 부여하는 방식으로 이루어진다. 이에 따라 탈상품화의 효과는 최소화되며 복지정책은 다차원의 사회계층체제(공공부조 수급자, 사회보험 가입자, 민간보험 구매자)를 만들어낸다.
- 공공부문의 사회복지서비스의 역할은 미미한 편이며, 민간부문의 역할을 강조한다.
- 미국, 캐나다, 호주 등이 해당된다.

② 조합주의적(보수주의적) 복지국가

- 기존의 계층/지위 구조를 유지한다는 의미에서 보수적 복지국가로 명명한다.
- 주로 사회보험 프로그램을 강조하는데, 사회보험 프로그램은 직업별로 분리되어 직업에 따라 급여수준의 차이가 크기 때문에 재분배 효과가 낮다.
- 전통적으로 가부장제가 강하며 남성생계부양자 모형에 속한다.
- 높은 사회보장세로 인한 높은 노동비용 때문에 민간부문의 일자리 창출이 어렵고, 높은 재정 부담 때문에 공공부문의 일자리 창출도 어려워 실업률이 높은 수준이다. 실업률이 높고 노동시장 참여율이 낮은 상황에서 복지재정이 악화되는 상황이 발생한다. 젊은 층의 취업을 늘리기 위해 고령노

합격자의 한마디

자유주의 복지국가 유형은 빈곤층을 중심으로 한 자산조사에 의한 공공부조제도와 낮은 수준의 사회보험제도를 특징으로 합니다. 또한 시장을 통한 배분이 큰 영향을 미칩니다. 이런 특성으로 인해 공공부조 수급자, 낮은 수준의 사회보험 가입자, 민간보험 등을 이용하는 집단 등으로 분화되면서 계층화체제를 만들어냅니다. 보수주의 복지국가 유형은 기존의 차별적인 지위를 유지시키는 경향이 있습니다. 따라서 사회복지제도도 기존의 사회적 지위를 유지하는 형태로 도입됩니다. 즉, 소득재분배를 통해 기존의 사회적 지위를 수정하기보다는 직업별, 계층별로 상이한 복지급여를 제공하는 것입니다. 예를 들어 공무원 집단이 수급자격이나 급여수준에 있어 유리하게 되어 있습니다.

동자들을 노동시장에서 퇴출할 경우 연금을 비롯한 사회복지 급여를 증가시키기 때문에 복지재정을 더욱 악화시키는 상황이 추가되기도 한다.

- 오스트리아, 프랑스, 독일 등 유럽 대륙의 국가들이 해당된다.

③ 사회민주주의적 복지국가

- 보편주의적 원칙과 사회권을 통한 탈상품화 효과가 가장 크고 새로운 중산층까지 확대되는 국가이다.
- 복지의 재분배적 기능이 강력하다.
- 사회민주주의적 복지국가에서는 보편주의 원칙을 통하여 탈상품화 효과가 극대화되며 복지급여는 취약계층뿐만 아니라 중간계급까지 주요 대상으로 포섭한다.
- 여성의 경제활동을 촉진하며, 사회서비스의 비중이 높다.
- 이들 국가에서는 최소한의 생활수준 보장을 넘어 평등을 추구한다. 이에 따라 복지국가 추구를 위한 보편적인 결속이 이루어진다.
- 스웨덴, 덴마크, 핀란드, 노르웨이 등 주로 스칸디나비아 국가들이 해당된다.

한걸음 더

복지국가 유형화 연구의 유형

1. 퍼니스와 틸톤(N. Furniss & T. Tilton)

적극적 국가, 사회보장국가, 사회복지국가로 구분하였다. 사회복지를 경제적 효율성이라는 원칙에 종속시키면서 사회보험제도를 위주로 하는 적극적 국가, 경제성장과 완전고용을 위한 경제정책과 사회보험 및 공공부조를 제공하는 사회복지정책을 결합하여 전 국민에게 최저한의 생활을 보장하는 사회보장국가, 그리고 보편적 복지서비스를 제공하며 평등을 확대하는 국가를 사회복지국가로 규정하고 있다.

2. 미쉬라(R. Mishra)

경제정책과 사회복지정책이 분리되어 있으며 사회복지정책은 잔여적인 역할에 국한되는 '분화된 복지국가'와 경제정책과 사회복지정책이 결합되어 있으며 국가, 사용자, 노동자 간에 협력과 합의를 토대로 이루어지는 '통합된 복지국가'로 구분하였다.

3 복지국가 분석에 관한 이론

기출회차				
1	2	3	4	5
6	7	8	9	10
11	12	13	14	15
16	17	18	19	20
21	22			

강의로 복습하는 기출회독 시리즈

Keyword 169

여기서는 복지국가가 어떤 요인들에 의하여 변화하고 발전하는가에 대한 다양한 이론들을 소개하는 것이 목적이다. 특히 각 이론들이 현대 복지국가를 설명함에 있어 가지는 장점과 한계를 비교해서 이해하는 것이 필요하다.

합격자의 한마디

앞서 학습한 사회복지 발달이론과 복지국가 분석에 관한 이론을 꼭 구분해서 정리해야 하는 것은 아닙니다. 즉, 어떤 이론은 사회복지 발달이론에 속하고, 어떤 이론은 복지국가 분석에 관한 이론에 속하는지가 중요한 것은 아닙니다. 실제 시험에서는 특별히 구분하지 않고 대부분 그냥 사회복지 발달이론이라고 명칭하여 출제되며, 교재에서는 학습을 위해 구분한 것일 뿐입니다. 따라서 사회복지 발달이론과 복지국가 분석에 관한 이론을 반드시 구분할 필요는 없으며, 이 둘에 속하는 각각의 개별 이론들 모두를 꼼꼼하게 정리하는 것에 집중하세요.

1. 신마르크스주의(Neo-Marxism) 이론

- 전통적인 마르크스주의는 "국가란 특정 생산관계 · 계급관계에서 나타나는 계급지배와 계급투쟁의 과정에서 출현하였고, 지배계급의 이익을 대변하는 계급지배의 도구"라고 주장했다.
- 전통적인 마르크스주의는 복지국가를 직접적으로 분석하거나 설명하지는 않는다. 하지만 대공황과 두 차례의 세계대전을 거치면서 자본주의 사회는 커다란 변화를 겪게 되었고 자본주의에 개입하는 국가의 역할이 부각되기도 했다. 이러한 가운데 복지국가의 발전을 자본주의의 변화와 연관해서 설명하려는 시도가 나타났다.
- 신마르크스주의는 전통적 마르크스주의가 설명하지 못하는 발전한 자본주의의 다양한 현상들을 분석하고 기존의 마르크스주의의 한계를 극복하기 위해 노력하는 가운데 나타났다.
- 신마르크스주의는 복지국가의 위기와 재편의 필연성을 복지국가의 모순에서 찾는다. 이 모순은 독점자본주의 단계의 국가가 수행해야 할 두 가지 기능, 즉 자본 축적(accumulation)과 정당화(legitimation)라는 모순적인 기능에서 비롯된다. 자본주의 체제의 재생산을 기본적인 임무로 하는 자본주의 국가는 자본의 이윤과 자본축적이 가능한 조건을 보장해야 한다. 그러나 다른 한편으로는 축적의 대가로 고통 받는 피지배계급의 다양한 요구를 충족시킴으로써 자본주의 체제에 대한 대중의 충성심을 확보하고 정당성을 유지해야 한다.
- 자본축적과 정당화를 위한 국가지출의 유형을 사회적 자본과 사회적 비용으로 구분하며, 사회적 자본은 다시 사회적 투자와 사회적 소비로 구분한

다. 사회적 투자는 노동생산성을 증가시키는 역할을 한다. 예를 들어 교육에 투여되는 지출이 해당한다. 사회적 소비는 노동력을 재생산하는 데 드는 비용을 낮추는 역할을 한다. 예를 들어 사회보험이 해당한다. 이것은 기업 차원의 노동 비용을 낮추면서 노동력 재생산 비용을 줄이는 효과를 갖는다. 사회적 비용은 국가가 정당성을 획득하고 사회통합을 유지하는 역할을 수행한다. 빈곤층에 대한 공공부조제도를 예로 들 수 있다.

- 그러나 이러한 모순적인 기능을 가진 복지국가는 장기적으로 유지되기 어려우며 필연적으로 위기에 처하게 된다. 즉 복지국가의 모순된 두 가지 기능은 불가피하게 재정위기를 초래한다고 주장한다. 국가가 떠맡는 두 가지 기능으로 인해 한편에서는 각종 사회적 인프라나 연구개발에 대한 투자 등 자본의 축적을 보장하기 위한 '사회적 투자'가 점점 증대하고, 다른 한편에서는 정당화를 위한 복지제공, 즉 '사회적 지출'이 점차 증대한다. 재정위기의 상황에서 자본은 축적에 장애가 되는 비생산적인 복지비용을 삭감할 것을 요구하게 되고 이는 대중의 광범위한 반발에 부딪히게 됨으로써 축적과 정당화의 모순이 폭발적 형태로 표출되는 것이다.
- 신마르크스주의는 복지국가 발전을 독점자본주의의 속성과 관련시켜 분석하였다. 복지정책은 자본축적의 위기나 정치적 도전을 수정하기 위한 수단으로 본다. 국가는 계급지배의 도구 이상의 것으로서 상대적 자율성을 갖는다고 보았으며, 국가의 역할에 대한 이해에 기여했다.
- 이런 신마르크스주의의 한계 중에 한 가지는 먼저 복지국가가 위기에 빠지게 된 원인에 대한 설명이다. 이들은 축적과 정당화의 모순이 복지국가의 위기의 원인이라고 주장한다. 하지만, 이러한 모순적인 기능을 갖는 복지국가가 어떻게 1950~60년대 동안 안정적으로 확대되다가 1970년대 초에 이르러서야 위기에 처하게 되는지를 설명하기 어렵다. 축적과 정당화의 모순은 왜 70년대 이후가 돼서야 날카롭게 표출되었는지 그 필연성을 설명하기 어렵다. 70년대 이후 선진 자본주의 국가들은 공통적으로 복지국가의 위기를 경험했으나 위기의 심도는 국가마다 달랐고, 복지국가의 정당성 약화 정도 역시 국가마다 차이가 존재했다.
- 또 다른 문제점은 재편의 전망과 관련된 것이다. 신마르크스주의자들은 복지국가가 노동자계급의 분배상태를 개선하는 데 도움이 된다는 점을 인식하고 있고, 따라서 경제침체와 재정위기로 복지국가가 위기에 처하게 될 때 노동자계급을 비롯한 피지배계급의 역량이 복지국가의 방어에 중요한 요소가 됨을 인정한다. 즉 이들은 복지국가의 위기가 곧바로 파국으로 연결된다고 보지 않으며, 해당 사회의 계급 역학관계에 따라 상이한 재편이 이루어질 수 있음을 부정하지 않는다.

- 신마르크스주의자들이 복지국가 재편이 실제로 어떻게 진행되는지 복지국가 재편의 역동적 과정과 그 결과에 대해 연구한 것은 많지 않다. 또한 신마르크스주의자들의 주장은 복지국가 형성을 가능하게 했던 기반의 차이와 국가별 위기의 차이를 간과하는 경향이 있다.
- 신마르크스주의를 국가의 역할과 국가의 자율성이라는 측면에서 도구주의 관점과 구조주의 관점으로 구분하기도 한다.

한걸음 더

마르크스주의

마르크스주의는 자본주의가 노동자들로 하여금 그들이 얼마나 착취당하고 있는지를 알지 못하도록 허위의식에 길들여지도록 끊임없이 노력해왔다고 주장한다. 이러한 점에서 복지국가는 피지배집단으로 하여금 그들의 진정한 욕구와 이해관계를 알지 못하게 함으로써 지배집단이 자신들의 권력을 유지하려는 수단으로 본다.

마르크스는 역사를 억압하는 자와 억압받는 자들 사이의 계급투쟁의 역사로 이해해야 한다고 주장하였다. 봉건시대에 억압하는 자는 토지를 소유한 영주였으며, 억압받는 자는 토지를 소유하지 못한 농노였다. 자본주의 시대에 근본적인 갈등은 자본을 소유한 부르주아와 그렇지 못한 프롤레타리아 사이의 갈등이었다. 이윤과 착취를 통해 증가하는 사회의 부를 독점하려는 자본가의 필요에 의해 점점 궁핍해지고 결핍된 프롤레타리아는 그들의 공통적 조건과 그 원인을 인식하게 될 것이며, 혁명적 행위를 통해 사회경제적 질서를 바꿀 수 있는 주체가 될 것이라고 보았다. 마르크스주의는 계급은 객관적인 요소와 주관적인 요소를 모두 갖고 있다고 보았다. 계급은 우리의 인식 여부와 무관하게 우리 모두가 속하게 되는 객관적 현상이다. 또한 자본주의가 노동계급에게 가장 이익이 될 것이라고 믿는 노동자의 잘못된 의식과 같은 주관적인 요소를 갖고 있다.

따라서 프롤레타리아는 자신들을 억압하는 자본주의 체제를 전복시키기 위해서 계급의식을 발전시켜야 한다. 마르크스는 계급사회는 생산수단의 불평등에 기반을 둔 사회라고 보았으며, 계급이 없는 사회는 공적인 소유의 확립이 필요하다고 주장하였다. 마르크스주의자는 자본주의 내에서는 평등의 실현이 불가능하다고 보며 사회주의로의 이행을 통해서만 가능하다는 점을 강조한다.

2. 조합주의 이론

- 조합주의(코포라티즘, corporatism)는 정부와 이익집단이 갖는 정책 과정상의 역할 분담에 대해 설명하는 것으로, 정책결정 주체로서의 국가의 능동적인 성격과 국가의 이익집단에 대한 통제 기능을 중점적으로 분석한다. 조합주의 이론에서는 주로 국가가 특정 거대 이익집단을 적절히 통제하는 동시에 정치적인 결합관계를 형성해서 국가의 지배체제를 이끌어간다고 주장한다.
- 과거의 조합주의는 '권위주의적 코포라티즘', '국가적 조합주의'라고 하고, 최근의 조합주의는 신조합주의(neo-corporatism)라고 하며, 이를 '자유주

잠깐!

조합주의

- 자본-노동-국가 3자가 협력하여 국가와 사회경제 정책 결정
- 자본가는 높은 임금을, 국가는 복지혜택을 제공하는 대신 노동자로부터 산업평화를 보장받는 협동적 정책 추구

의적 조합주의', '사회적 조합주의'라고 부르는 경우도 있다.

(1) 국가 조합주의

- 국가 조합주의(state corporation)는 국가가 통치력을 강화하기 위해 강제적으로 편성한 이익대표 체계이다.
- 국가의 권위에 의해 위로부터 사회집단이 조직되고, 이 집단들은 국가에 종속적 · 보조적 관계에 있다.
- 이익집단의 상향적 투입 기능보다는 정부가 이익집단에 대해 하향적으로 동원하고 통제하는 측면이 강하다.

(2) 신조합주의

- 자본주의 발달 이후, 1970년대 석유파동으로 인해 야기된 자본주의적 고도성장의 종언과 국가의 경제적 · 정치적 위기에 대한 대응책으로서 중요한 이익집단을 국가의 정책 결정 · 집행과정에 참여시켜 위기를 극복하기 위해 제기된 현상을 분석한 접근법이다.
- 스태그플레이션, 생산성의 급격한 저하, 재정위기 심화 같은 경제적 고민과 통치력의 저하, 복지국가의 정체 같은 정치적 고민을 해결하기 위해 구상하게 되었다.
- 선진 자본주의 국가의 통치력 강화 의도와 이익집단의 욕구가 절충되어 발생했다고 본다.
- 주요 결정은 정부와 이익집단 간의 합의에 의하여 결정되고, 이익집단은 상향적 투입을 보장받으며, 이 대가로 정부와 합의된 내용의 집행을 보조하는 형태로 나타난다.
- 국가가 통제보다는 유인을 통해 이익집단의 협조를 끌어내고, 이익집단은 자율적으로 국가에 협조하는 특징이 있다.
- 예를 들면, 노동자의 임금인상 공세를 처리하기 위해 노동조합 같은 집단을 정부의 정책 결정 · 집행 과정에 참여시켜 완전고용과 사회복지를 충실히 하고자 하는 현상을 들 수 있다.

중요도 ★★★

복지국가 성격, 발전의 주요 동인을 설명하는 이론들의 핵심 내용을 서로 비교하여 살펴보아야 한다. 특히, 사회민주주의에 관한 내용이 가장 많이 다뤄진다. 22회 시험에서는 사회복지정책의 발달 관련 이론의 내용을 묻는 문제에서 권력자원이론에 관한 내용이 선택지로 출제되었다.

3. 사회민주주의 이론 22회 기출

- 사회민주주의는 조합주의와 비슷하나, 이데올로기적인 바탕이 다르다. 사회민주주의 이론에 따르면 기능적인 필요성보다 노동계급을 대변하는 정치적 세력이 커질수록 복지국가가 발전한다는 점을 강조한다. 즉 복지국가는

자본과 노동의 계급투쟁에서 노동자 계급이 얻어낸 성과물이라고 볼 수 있다.

- 복지국가의 발전의 원인으로 정치적 요소들에 대한 분석을 중요하게 고려한다. 복지국가는 노동자 계급을 대변하는 정치적 집단의 세력이 확대될수록 발전한다고 본다. 특히, 강력하고 중앙집권화된 노동조합운동과 지속적인 사회민주주의 정당의 집권을 중요한 요인으로 제시한다.
- 이념적으로 볼 때 사회민주주의는 사회주의로의 혁명적 이행을 거부하고, 민주주의의 확대 · 심화를 통해 사회주의에 이르고자 하는 점진적인 방법이다. 여기서 사회주의의 달성은 정치적 힘을 얻어서 보다 평등한 정책을 확대시켜 갈 때 달성될 수 있는 목표이며, 복지국가에서의 사회복지정책의 확대는 사회주의로 향하는 과정이라고 평가될 수 있다.
- 역사적으로 볼 때 복지국가 초기에 사회복지정책의 확대를 강하게 주장했던 정당들은 대부분 사회민주주의를 기반으로 한 정당들이라고 할 수 있고, 이들 정당이 정치적 힘을 얻어감에 따라 복지국가가 성장한 측면도 있다. 영국의 노동당이나 독일의 사민당, 프랑스 사회당, 스웨덴 사민당 등이 이러한 이념과 노동자계급을 토대로 출발한 정당들이다.
- 이들 중 스웨덴은 사회민주주의 세력이 오랜 기간 집권하였고, 이를 바탕으로 고유한 사회민주주의 체제를 확립하는 데 성공한 국가로 꼽히고 있다.

(1) 권력자원이론 ★꼭!

사회민주주의 이론 중에서 특히 복지국가의 발전을 설명하는 데 중요한 흐름을 차지하고 있는 것은 권력자원이론(power resource theory)이다. 복지국가의 발전을 노동자계급의 정치적 권력이 확대된 결과로 본다. 자본과 노동의 계급 갈등에 초점을 맞추며, 복지국가의 발전 요인으로 좌파정당, 노동조합의 성장 등 정치적 변수에 주목한다.

(2) 사회민주주의 이론에 대한 평가[19)]

- 정치적 요소에 대한 분석이 중요함을 보여주어 설명의 폭을 넓혔으며, 실증적인 연구에 의하여 뒷받침되는 장점이 있다.
- 노동자 계급이 아니라 보수주의자에 의하여 복지 프로그램이 도입된 국가들의 상황을 설명하기 어려워 북유럽 국가들에만 적합하다는 비판을 받고 있다.

4. 국가중심이론 22회 기출

국가중심이론은 사회복지의 수요(사회문제의 발생이나 노동자계급의 요구 등) 측면보다 사회복지를 제공하는 공급자로서의 국가 역할을 더 강조하는 이론이다.

(1) 국가중심이론

- 국가중심적 이론은 집단의 역할을 강조하는 사회중심적인 이론과 달리, 국가 자체의 독특한 내적 논리나 구조를 더 강조하거나 국가 자체를 독특한 이해관계를 가진 행위자로 보는 입장이다. 즉 국가의 자율성을 강조한다.
- 국가중심 이론은 사회복지의 수요 증대에 초점을 맞춘 이론들과 달리, 사회복지의 공급 측면에 초점을 두고 복지국가 발전을 설명하는 이론이다. 복지국가의 발전에 있어서 국가조직의 형태(중앙집권적/지방분권적 또는 조합주의적/다원주의적), 사회복지정책을 담당하는 정부부처, 전문관료의 개혁성 등과 같은 사회복지를 제공하는 주체(국가)의 측면에 주목한다. 이 이론에서는 국가의 적극적인 역할을 강조한다.[20]
- 대표적인 학자로는 크라스너(Krasner), 스카치폴(Skocpol), 올로프(Orloff) 등이 있다.

(2) 국가중심이론의 특징

- 복지국가의 발전을 설명하는 데 있어서 국가조직의 형태(중앙집권적/지방분권적 또는 조합주의적/다원주의적), 정치인/관료들의 개혁성, 정책형성과정 등 국가와 관련된 변수들을 중시한다.
- 중앙집권적이고 조합주의적인 국가형태에서 복지국가의 발달이 상대적으로 용이하다고 본다. 복지국가의 사회복지정책 발전에 있어 국가관료와 개혁적인 정치가들이 일정한 역할을 수행했다고 본다. 정부관료기구들이 각각의 이익을 극대화하기 위해서 기구를 확대하려는 경향이 존재하며, 이러한 경향이 복지국가의 확대에 영향을 미친다고 보았다.

(3) 국가중심이론에 대한 평가

- 국가중심이론의 장점은 복지국가 발전에 있어 공급자로서, 행위자로서 국가의 역할에 주목했으며, 각국의 역사적인 발전과정의 맥락을 중시한다는 점이다.
- 국가의 차별성을 강조하는 이 이론은 일반화하기 어렵다는 단점이 있으며, 사회복지에 대한 욕구의 발생에는 초점을 두지 않아 복지국가 발전의 본질

적인 원인을 간과할 수 있다는 한계가 있다.[21]

5. 이익집단이론[22] 22회 기출

- 이익집단이론은 복지국가의 발달이 다양한 이익집단들의 이익추구 과정에서 나타났다고 보는 입장이다.
- 현대사회에 들어오면서 전통적인 계급의 차이에 의한 정치적 구분이 약해졌다. 성, 인종, 종교, 언어, 문화, 연령 등에 따른 집단의 정치적 행위가 커지며, 하나의 계급 내에도 다양한 이익추구 집단들이 생겨났다. 집단의 크기가 작고 동질적일수록 집단의 이익을 위한 집단행동에 대한 동기가 커지며, 정당은 선거에 이기는 것을 목표로 하는 연합체로서 이익집단의 행동을 반영하게 된다.
- 이익집단이론에 따르면 정부의 공공정책은 선거에서의 득표를 위한 경쟁에서 비롯된다고 본다. 이때 정당은 일반국민의 이익을 대변하는 이익집단들의 연합체로서 이익집단은 자신들의 이익을 지지하는 정치가들과 표를 거래함으로써 자신들에게 유리한 프로그램을 증대시키고자 한다.
- 사회복지와 관련해서는 특히 노인집단이 수의 증대와 높은 투표율, 이익의 강한 동질화로 인하여 정치적 영향력이 매우 크며, 이로 인해 복지국가 발달에서 중요한 역할을 해왔다고 본다.
- 이익집단이론은 전통적인 계급관계뿐 아니라 다양한 집단의 정치적 경쟁에 초점을 맞추었고 정당정치의 현실을 파악할 수 있게 했으며, 특히 노인들을 위한 프로그램의 발달을 설명하는 데 적합하다.
- 민주주의 제도가 발달되지 않았거나 이익집단보다 계급의 힘이 중요한 국가들의 경우에는 적합하지 않은 단점이 있다.
- 주로 미국과 같이 다원화된 민주국가에 적용하기에 적합한 이론이라고 평가되고 있다.

한걸음 더

다원주의 이론

사회복지정책과 관련한 다양한 정치적 행위자들의 행위의 결과로서 복지국가의 발전이 이루어진다고 본다. 권력이 소수집단에 한정되는 것이 아니라 다수의 이익집단들 사이에 분산된 상태에서 복지정치가 이루어지는 상황을 상정하다. 다양한 이익집단, 압력집단의 요구와 그에 대한 국가의 대응에 의해 복지국가가 발전한다고 본다. 이익집단이론과 유사한 특징이 있다.

4 사회복지정책과 관련된 이데올로기와 사상적 조류

기출회차				
1	2	3	4	5
6	7	8	9	10
11	12	13	14	15
16	17	18	19	20
21	22			

강의로 복습하는 기출회독 시리즈

Keyword 171

사회복지정책은 가치의 영향을 크게 받으며, 역사적으로도 다양한 사상적 조류 중 어떤 사상이 사회적으로 크게 자리하는가에 따라 사회복지정책의 양상이 변해왔다. 사회복지와 관련한 이데올로기를 연구한 대표적 학자인 조지와 윌딩의 이데올로기들과 최근까지 영향을 미치는 주요 사상적 조류들을 살펴보자.

중요도 ★★★

조지와 윌딩의 이데올로기 모형에 대한 각각의 특징에 관하여 묻는 문제가 주로 출제되었다. 이데올로기에 따른 복지국가관, 국가의 개입, 중심적 가치에 있어서 어떠한 차이가 있는지 비교해서 이해할 필요가 있다.

잠깐!

복지이데올로기

복지이데올로기란 복지를 바라보는 시각이나 입장을 의미한다고 볼 수 있다. 이를 다양한 기준으로 분류할 수 있는데, 한 가지 방법은 국가와 시장에 대한 태도, 복지국가를 바라보는 입장 등을 중심으로 구분해보는 것이다.

1. 조지와 윌딩의 이데올로기 모형

빅 조지(Vic George)와 폴 윌딩(Paul Wilding)은 1976년 『이데올로기와 사회복지(Ideology and social welfare)』를 펴내면서 사회복지정책 연구에서 이념 연구의 중요성을 크게 부각시켰다. 이 저서에서는 사회복지에 영향을 미치는 이데올로기를 다음과 같이 4가지로 제시하고 있다. 이들은 이 책에서 4가지 연속선상의 이념들이 중심적 사회가치, 사회조직, 정부의 역할, 복지국가 및 빈곤완화에 있어서 국가개입에 대한 입장이 어떻게 다른지를 체계적으로 분석하였다.

(1) 조지와 윌딩의 이데올로기 초기 모형 꼭!

① 반집합주의

- 아담스미스의 고전적 자유주의, 하이예크와 프리드만과 같은 자유주의 현대 철학자들의 신자유주의, 신우파 정책과 신보수 세력의 사회권위주의적 접근의 3가지 형태를 종합하여 지칭한 말이다. 개인의 자유를 신봉하는 것이 특징이다. 자유방임주의에 기반한다.
- 복지국가는 개인의 자유, 독창성, 선택을 제한한다고 보며 복지제공에 있어서 정부의 역할을 최소화시켜야 한다는 입장이다. 곧, 개인의 자유, 시장의 자유, 개인의 선택의 확대를 강조하는 입장이다.
- 국가의 개입이 시장경제의 효율성을 저해하고 개인의 자유를 침해한다고

본다.

② 소극적 집합주의

- 소극적 집합주의자들의 가치는 자유와 개인주의를 강조한다는 점에서 반집합주의자들의 가치와 유사하지만, 이러한 가치가 절대적인 성격을 가진다기보다는 일정하게 제한적인 경향을 보이며, 실용주의적인 경향이 크다. 시장체계의 약점을 보완하고 문제점을 해결한다는 측면에서 어느 정도 정부의 개입을 인정한다.
- 이러한 실용주의적인 경향은 다른 이데올로기와 분명하게 구분되기보다는 혼합적이며 중도적인 성격을 보이는 사실과 연관된다. 소극적 집합주의자들의 경우에는 자본주의가 효율적이고, 공정하게 기능하기 위해서는 규제와 통제가 필요하다는 것을 인정한다는 점에서 반집합주의와는 구별되지만, 그 방식과 범위에 있어서는 상황에 따라 결정되는 것이라고 주장한다. 복지국가를 사회안정과 질서의 유지에 필요한 것으로 간주하여 제한적으로 지지한다.

③ 페이비언 사회주의

- 페이비언 사회주의는 1884년 영국 런던에서 결성된 페이비언 협회(Fabian Society)라는 단체에서 비롯된 이념이다. 이 단체의 주된 이념적 지향은 점진적 사회주의이다. 페이비언 사회주의는 방법적으로는 의회정치를 활용하여 점진적으로 사회개량을 진행하면서 생산수단의 공공적 소유를 실현시켜 나가려 했다는 점에서 당시의 마르크스주의와 일정한 차이가 있었다.
- 이 이념은 혁명적인 변화보다는 점진적인 제도 개혁과 인간의 육성을 동시에 수행해 나갈 때 사회주의라는 목표에 도달할 수 있다는 사회개혁 전략이다. 복지국가의 확대로 자본주의를 변화시킬 수 있다고 본다. 또한 자유주의를 비판하면서 사회는 개인의 합 이상의 유기체이며 사회가 바람직한 상태일 때 개인도 행복할 수 있다고 말한다.
- 페이비언 사회주의는 생산수단, 기업의 점진적인 국유화(nationalisation)를 주장하는 동시에 이른바 경제적 지대(economic rent)를 조세로 모두 징수하여 전 시민을 위해 사용해야 한다고 주장한다.

④ 마르크스주의

자본주의의 생산양식을 비판하며, 자본주의의 수정이나 개혁보다는 전면적인 변혁을 강조한다. 부의 균등한 분배는 사적 수단의 사적 소유가 소멸된 후에 가능하다고 본다(적극적 자유를 중시함). 사회복지가 확대를 통해서만 자본주의의 근본적 모순을 극복할 수는 없다고 본다. 빈곤의 퇴치와 불평등의 해소는 복지국가 확대를 통해 이루어질 수 없다고 본다.

조지와 윌딩의 이데올로기 모형

초기 모형	반집합주의	소극적 집합주의	페이비언 사회주의	마르크스주의
국가의 개입	부정적 입장, 경제적 비효율을 초래한다고 봄	시장체계의 약점을 보완하는 수준에서 제한적/조건부 인정	점진적이고 지속적인 불평등 완화에 대한 국가 책임, 적극적인 역할을 인정	적극적인 역할을 인정
복지국가에 대한 관점	복지국가를 자유로운 시장 활동의 걸림돌로 간주, 반대	제한적 인정, 복지국가를 사회안전망과 질서 유지에 필요한 것으로 간주하여 제한적으로 지지	적극적 지지	모순적 입장, 복지국가의 확대를 통해 자본주의의 근본적인 모순을 극복할 수 없음
특징	사회복지정책의 확대가 경제적 비효율성과 근로동기의 약화를 가져온다고 비판	실용주의적인 경향, 반집합주의와 유사하지만 국가 개입을 제한적으로 인정한다는 점에서 차이	의회정치를 통한 점진적인 사회주의를 지향	자본주의 사회에서 빈곤문제는 필연적으로 발생함

(2) 조지와 윌딩의 수정된 이데올로기 모형 꼭!

조지와 윌딩은 1994년의 새로운 저서 『복지와 이데올로기(Welfare and Ideology)』에서 사회복지 이데올로기를 6가지로 새롭게 분류하였다. 사회복지에 대한 전반적인 이념적 스펙트럼은 거의 유사하지만 주로 쓰이는 최근의 표현으로 바꾸고, 그 내용도 1980년대 이후 논쟁을 주로 소개하고 있다. 이전 저서에서 주장한 4가지 이념적 연속선은 거의 유지되고 있고, 여기에 녹색주의와 페미니즘을 추가하여 새롭게 제기되고 있는 문제의식을 반영하고 있다.

① 신우파

- 1970년대 후반부터 서구의 지식계와 정치계에는 국가활동을 비난하는 고전 자유주의가 부활하기 시작하였다. 신우파는 사회복지정책 확대가 경제적 비효율성과 근로동기 약화를 가져왔다고 비판한다. 이들은 자유를 소극적인(negative) 개념, 즉 강제가 없는 상태로 파악한다. 신우파는 평등보다는 자유를 명백히 우선시하기 때문에 결과적으로 불평등을 옹호하는 입장이 된다. 이들은 상이한 직업에 부가되는 상이한 사회적 평가를 철폐한다면 근로의욕이 상실된다고 주장한다. 더욱이 평등을 이루려면 국가가 강제적으로 개입해야 하는데, 이는 개인의 자유를 침해하는 것과 같다. 유산의 상속도 소득처분의 자유와 공리주의라는 명분 아래 정당화된다.

- 신우파는 정부의 개입이 유해하다고 주장한다. 국가의 개입과 규제가 사회적 비효율을 초래한다고 본다. 복지국가는 개인의 자유를 침해할 수밖에 없다는 것이 그들의 주장이다. 신우파가 생각하는 이상적 복지사회는 국가의 역할이 축소되는 대신 시장이 더 많은 역할을 수행하는 형태이다. 시장이야말로 소비자의 선호를 발견하고 조정하는 최선의 체계라고 주장한다. 시장질서와 개인의 자유를 강조한다. 복지비용의 삭감, 공공부문의 민영화, 기업에 대한 규제 완화 등을 주장한다.

② 중도노선

- 중도노선은 국가 차원의 복지정책을 통해 자본주의의 사회적 폐해를 완화할 필요가 있고, 또한 그것이 가능하다는 생각에 기초하고 있다. 실용적(pragmatic) 성격을 지닌 중도노선은 신우파와 유사하게 자유, 개인주의, 그리고 경쟁적 사기업을 신봉한다.
- 그러나 신우파와의 차이는 중심가치에 대한 신뢰의 강도이다. 중도노선은 중심가치들을 절대적 가치로 믿지 않으며, 조건부로 신봉한다. 즉 가치에 대한 믿음의 정도는 지적 실용주의(intellectual pragmatism)에 의해 제한되며 자본주의의 효율적이고도 공평한 운용을 위해서는 적절한 규정과 통제를 필요로 하기 때문에 정부의 역할을 긍정적으로 보고 있지만 그렇다고 무제한적 또는 만능적 역할을 감당할 수 있다고는 보지 않는다. 정부의 행동이 필연적이거나 효율적일 때로만 국가개입을 제한하며, 근본적으로는 정부의 개입을 최소화시키는 것이 바람직하다는 것이다.
- 사회정책은 사회병리를 개선하고 바람직한 가치를 증진하며 사회결속을 유지하는 경우에만 유용하다고 확신한다.

③ 사회민주주의

- 사회민주주의의 중심적 사회가치는 평등, 자유, 우애(fraternity)이다. 여기에서 평등 개념은 과도한 불평등의 감소를 의미한다. 그것은 국민 최저선(national minimum)의 설정, 기회 평등의 촉진, 취약자에 대한 적극적 차별시정 조치의 시행을 통해 이루어질 수 있다고 본다. 이들에게 자유는 적극적(positive) 자유를 뜻한다.
- 시장체계의 정의롭지 못한 분배를 시정하는 것이 정부의 역할이라고 주장한다. 한편, 경제성장 없이는 사회주의 목표를 성취할 수 없기 때문에 경제성장을 보장하기 위한 정부의 책임은 필수적이다. 즉 경제성장은 국민들에게 선택권을 넓혀주고, 빈부격차를 감소시켜 주며, 사회적 자본을 증대시켜 주기 때문에 꼭 필요하다. 그런데 경제성장에는 내재적으로 불평등이

뒤따르기 때문에 정부는 불평등 완화조치도 함께 취해야 한다는 것이다. 사회통합과 평등 추구를 위한 사회복지 정책의 확대를 지지한다.

- 민주적 사회주의자들이 바라는 사회주의의 핵심적 특징은 점진주의와 민주주의이다. 최근의 민주적 사회주의자는 중앙집권적, 관료주의적, 단일 서비스에 대한 지지는 포기하였다. 대신에 대중참여와 능력고취(empowerment), 소비자 선택 등으로 전향하였다.

④ 마르크스주의

- 마르크스주의자들은 민주적 사회주의자들과 마찬가지로 자유, 평등, 우애를 중시한다. 먼저, 그들이 사용하는 자유는 광의적이며 적극적인 개념이다. 따라서 노동자와 빈민들에게 평등은 허구에 불과하다고 주장한다. 왜냐하면 빈곤과 실업의 공포로부터 해방되는 경제적 자유와 기회의 실존이 뒷받침되지 않기 때문이다. 신우파에게 자유의 개념이 불평등과 동의어라면, 마르크스주의자에게 경제적 평등 없는 자유는 기만이다.
- 마르크스주의에서 말하는 경제적 평등과 계급갈등에 대한 강조는 사회경제적 측면에서 정부의 강력하고 적극적인 역할로 이어진다.

⑤ 페미니즘(Feminism)

- 페미니스트의 복지국가관은 양면적(ambivalent)이다. 복지국가는 성차별체계(gender system)의 현대적 양상에 지나지 않는다는 입장과, 여성친화적 국가라는 호의적 반응이 공존하고 있는 것이다. 사회주의 페미니스트들의 입장은 특히 양면적이다. 즉 복지국가는 자본주의 유지를 위해 남성들의 기득권을 약화시키는 가족정책 또는 양성평등을 지지하는 정책을 실시한다고 인정한다. 그러면서 반대로, 남성들의 권력 및 특권을 유지하는 정책들도 동시에 채택하고 있다는 것이다. 가부장적 복지국가를 비판하지만 양성평등을 위한 사회복지 정책의 역할도 인정한다.
- 페미니스트들은 양면적 복지국가관을 보이면서도, 복지국가가 여성 특유의 욕구에 대한 배려에 실패했음을 강조한다. 빈곤의 여성화(feminization of poverty) 현상에서 볼 수 있듯이 복지국가가 여성에게 적절한 독립적 소득을 보장하지 못했다는 것이다. 그리고 돌봄(care) 역할은 당연히 여성이 해야 하는 것으로 보면서, 이를 개인적이고 사적 영역에 속한 것으로 간주한다고 비판한다.

> 잠깐!
>
> **빈곤의 여성화**
>
> 빈곤 인구의 절대 다수가 여성으로 채워지는 현상을 말한다. 특히 여성가구주 가구가 빈곤가구가 되는 비율이 증가하는 추세를 반영하며, 노동시장에서 여성의 지위가 열악하다는 점, 복지국가가 여성의 욕구에 적절하게 대응하지 못한 점 등이 원인으로 지적된다.

⑥ 녹색주의(Greenism)

녹색주의는 선진 산업사회의 정부 역할에 관해 다섯 가지 기본적 비판을 가한다. 첫째, 경제성장과 소비의 지속 확대가 가능하며 바람직하다는 신념에 입각한 복지국가는 잘못되었다. 둘째, 공업, 농업, 의료 부문이 사용하는 대규모 기술은 유해하다. 셋째, 산업 사회의 탐욕적이고 개인주의적인 정신은 자원 고갈을 촉진시킨다. 넷째, 복지국가의 사회복지 서비스는 사회문제의 원인이 아닌 현상만을 다루고 있다. 다섯째, 경제성장과 소비의 감축과 마찬가지로 공공복지 지출도 축소되어야 한다.

2. 케인스주의

- 19세기 유럽에서 전성기를 구가하던 고전적 자유주의 질서는 국내외적으로 불평등을 심화시키고 세계경제의 침체, 대공황, 세계대전으로 이어지는 위기를 맞았다. 이러한 상황에서 케인스는 실업을 줄이고 경기를 회복시키기 위해서는 생산물 총수요를 증대시켜야 한다고 하며, 이를 위해 공공사업을 일으켜 정부지출을 증대시키고 조세를 감면해 주는 등 적극적인 재정정책이 필요하다고 주장했다. 국가의 적극적인 시장 개입을 통해 시장경제의 위기를 해결할 수 있다는 케인스의 경제이론을 케인스주의라고 한다.
- 케인스는 국가가 적극적으로 경제에 개입하여 유효수요를 창출함으로써 시장의 불완전성을 보완할 수 있다고 보고, 시장에 대한 국가의 적극적인 개입을 주장하였는데, 그의 이론은 복지국가 확장기에 대부분의 선진 자본주의 국가에서 받아들여져서 이른바 혼합경제 시스템을 만들어낸다. 전후 선진국들이 국가의 시장개입 정책으로 복지제도를 확충하면서 자본주의의 위기를 안정화시킨 것은 케인스의 경제이론에 따른 것이다.
- 케인스주의에서 사회복지지출은 사회복지정책 목표의 달성을 위한 수단이면서 소비 수요 증대를 통한 완전고용 및 경제성장 달성을 위한 수단으로서의 의미도 있다.
- 저소득층의 소득 및 소비수준을 높임으로써 유효수요를 창출하고 이를 통해 국민경제의 내수 기반을 안정화시킨다. 케인스에 따르면 소득수준이 높아질수록 한계소비성향은 체감한다. 즉 소득수준이 높아짐에 따라 소득이 한 단위 증가하면 소비지출로 나가는 부문의 비중이 줄어든다. 소득수준이 높은 부유층은 이미 기본적인 소비재를 충분히 소비하고 있는 상태이기 때문에 새롭게 발생한 추가소득을 저축한다는 것이다. 저소득층은 기본적인 소비재도 충분히 소비하지 못하고 있는 상태로 소득이 증가하게 되면 이를 대부분 소비로 지출하게 된다.
- 소득이 소수 부유층에 집중되어 있는 사회에 비해 소득이 균등하게 분배되

어 있는 사회의 경우엔 국민 전체의 한계소비성향이 높아 국민소득 중 소비지출이 차지하는 비중이 높아진다. 이는 기업들이 생산해낸 상품이 더 잘 팔리게 된다는 것을 의미하므로 기업들은 생산규모를 늘리게 되고 이에 따라 고용도 증가하게 된다. 고용증가는 다시 국민소득 수준을 높이고 이는 다시 소비수준을 높이는 선순환이 형성된다는 것이다.

- 케인스는 자본주의 경제체제에서 시장체계가 항상 효율적으로 작동하지는 않으며 시장의 효율성에 문제가 발생했을 때 국가가 적절히 개입해야 한다는 점을 이론적으로 설명했다. 케인스는 기존의 공급의 경제학에서 수요의 경제학으로 이론적 패러다임이 전환되는 계기를 만들었을 뿐만 아니라 복지국가 체제에 중요한 이론적 기반을 제공했다.

한걸음 더

고전파 경제학과 케인스주의 경제학

- 고전파 경제학에서는 '세이의 법칙(Say's Law)'에 입각하여 경제체제를 분석. 세이의 법칙은 생산이 수요를 창출한다는 것
- 케인스주의 경제학에서는 경제불황을 유효수요, 즉 실질적 구매능력의 부족에서 기인한다고 보면서 국가의 개입으로 국민들의 구매력을 늘림으로써 불황을 극복할 수 있다고 제안함

중요도 ★★

신자유주의와 신보수주의에 관한 개념은 매우 중요하다. 신자유주의가 등장하게 된 배경과 신자유주의자들이 복지제도 혹은 국가개입에 대해 어떠한 비판논리를 갖고 있는지를 살펴보아야 한다.

3. 신자유주의와 신보수주의

(1) 신자유주의(neo-liberalism)와 신보수주의(neo-conservatism)의 등장

- 신자유주의와 신보수주의는 모두 넓은 의미의 신우파에 속하는 이념들로 국가의 개입이 최소화되고, 개인의 자유가 중심이 된 사회체제를 지향하는 사상으로 요약할 수 있다.
- 1970년대 초 선진 자본주의 경제체제의 위기 이후 사회민주주의에 대한 정당성이 약화되고, 이른바 복지국가 위기의 현상으로 국가 재정의 적자 누적, 경제성장의 둔화 등이 나타나면서 새롭게 영향력을 얻게 된 주장이라고 할 수 있다.
- 이들은 복지국가에서 발생한 여러 문제들에 대해 국가의 공공 부채와 재정적자를 줄이는 방법은 증세가 아닌 공공 지출의 축소를 통해 수행돼야 한다고 주장하면서 시장의 경쟁력을 높일 수 있는 국가 개입의 축소, 사회보장제도의 축소, 국영기업의 민영화 등을 내세웠다.

(2) 신자유주의자와 신보수주의자들의 복지국가에 대한 태도 꼭!

보충자료

신자유주의와 신보수주의

- 1980년대 이후 기업활동에 대한 정부규제 완화, 시장원리의 활성화로 경제를 회복시키자는 신자유주의 · 신보수주의 주장이 힘을 얻어가면서 미국의 레이건, 영국의 대처 등이 이러한 사상에 기반하여 집권하게 된다.
- 신자유주의는 시장적 자유와 개인의 사적 소유권을 절대적 가치로 파악한다. 이들은 시장 상황과 기술 혁신에 기업이 유연하게 적응하여 경쟁력을 발휘하기 위해서는 신속한 의사결정과 유연한 노동력 관리가 필요하다고 주장하여 노동자보호 입법을 후퇴시키고 노조 활동을 규제하고, 국민경제의 경쟁력 강화를 위해 복지국가의 축소가 반드시 필요하다는 주장을 하였고, 이에 근거하여 여러 사회보장제도들을 축소하기 시작하였다.
- 복지국가의 축소는 국가의 재정지출을 줄여 인플레를 약화시키고, 공공 복지부문에 과다하게 투여되었던 인력과 자원을 민간경제로 돌리며, 복지국가가 약화시켰던 납세자와 복지수혜자 모두의 노동 유인을 강화함으로써 건전한 성장을 유도할 수 있다는 것이다.
- 영국의 대처 정부, 미국의 레이건 정부, 그리고 일본의 나카소네 정부 등이 이러한 흐름에 해당하며, 복지국가에서 자유방임적인 시장경제로 전환시키려는 정책을 추구하였다. 즉 사회적 목표를 달성하고자 하는 사회정책을 경제정책에 종속시키려고 시도했고, 이러한 정책적 전환의 주요 특징은 다음과 같다.
  - 시장경제 체제에 대한 국가의 간섭 자제(정부의 역할 축소)
  - 공급측면 중시
  - 법인세 인하를 통한 기업경쟁력의 강화
  - 개인주의, 경쟁의 원리, 소극적 자유 강조
  - 개인의 자유를 최대한 보장, 창의력을 향상시킬 수 있도록 사회보장제도 개혁
  - 사회보장정책에 있어서 급여조건의 강화, 급여수준의 인하, 급여기간의 단축 등을 시도

(3) 대처리즘과 레이거노믹스

- 대처리즘은 1979년 마가렛 대처가 이끄는 보수당 정부의 출범과 함께 시작된 신자유주의 정책의 흐름을 지칭한다. 이후 18년간의 보수당 장기 집권을 거치면서 제2차 세계대전 이후 합의에 의해 지속되어온 영국 복지국가의 근간을 근본적으로 뒤바꾸어 놓았다.
- 대처 총리는 경제에 대한 국가 개입이 경제의 활력을 떨어뜨린다는 논리 하에 자유경쟁의 원리와 시장적 질서를 강화하였다. 국영기업의 민영화, 공

공부문의 축소, 공공서비스의 시장화, 사회보장급여 수급자격의 엄격화, 급여율의 축소, 감세 등이 핵심적인 조치에 포함되었다. 한편 '작은 국가'를 주장하면서도, 이런 정책에 반발하는 집단들(대표적으로 노동조합)을 억누르기 위해서 법과 질서를 강화하는 '강한 국가'를 내세웠다.

- 제2차 세계대전 이래 유지해왔던 완전고용정책을 폐기하면서, 노동시장의 유연화를 위해 여러 가지 고용보호 조치들을 철폐하였다. 하지만 이 과정에서 떨어져나온 실업 노동자들의 재취업이나, 노동시장에의 신규진입이 막혀 있던 청년 노동자들의 취업을 위한 어떤 훈련 프로그램도 적극적으로 추진하지 않았다. 대처 정부는 실업자들을 일할 능력이 있음에도 불구하고 일하지 않는 자, 국가복지에 기생하려는 복지 의존자들로 공격하면서 집권 기간 내내 실업급여를 삭감하고 통제하는 정책으로 일관했다.
- 통화주의적 접근을 채택하였다. 총수요를 진작하기보다는 통화공급을 조절하는 것이 정책의 우선순위가 되어야 한다고 주장했다. 완전고용을 추구하기보다는 인플레이션을 조절하는 데 강조점을 두었다.
- 모든 복지 프로그램(사회보장 프로그램, NHS, 개인 사회서비스, 교육, 주택 등)에 걸쳐 지출을 줄이고 민영화를 고무하고자 했으나 그 결과는 상이했다.
- 중앙정부의 역할을 지방정부에 이양하는 지방분권화는 보다 많은 책임을 지방정부에 넘기면서도 지방정부에 대한 중앙정부의 보조금을 삭감하거나 지방정부의 재정지출에 대한 통제를 강화함으로써, 특히 주택과 교육부문에서 강한 효과를 미쳤다.
- 레이거노믹스는 미국 대통령 레이건이 1981년부터 1989년까지의 임기 동안 수행한 시장중심 경제정책을 가리킨다.
- 중심내용은 정부지출 축소, 노동과 자본에 대한 소득세 한계세율 인하, 규제철폐, 인플레이션을 줄이기 위한 화폐공급량 조절 등이다.

한걸음 더

공급 중시 경제학(supply-side economics)

세율 인하를 통해 근로자의 노동 공급을 늘리고 기업의 투자 확대를 유도해 경제 전체의 총공급을 늘리려는 경제정책을 '공급 중시 경제학'이라고 한다. 레이건은 재임 기간 중에 세금 구조를 단일화하고 세율을 크게 줄였다. 세금 부담이 줄어든 기업들의 투자가 늘어 경제 전체의 공급이 늘어났고, 물가상승률은 크게 줄이면서 경제성장률을 높이는 데 기여했다. 기업의 이익률 역시 큰 폭으로 성장했다. 하지만 세율 인하에도 불구하고 조세 수입이 줄어들어 정부의 재정 적자 폭은 커져 정부의 부채는 크게 상승하는 부작용이 일기도 했다.

보충자료

공급 위주의 복지와 수요 위주의 복지

(4) 사회복지제도에 대한 신자유주의자들의 비판 논리

- 사회복지제도의 확대는 기업의 조세부담을 증가시키고, 노동비용의 증가로 인한 재화와 서비스의 가격 상승을 불러일으키기 때문에 경쟁력을 약화시킨다.
- 사회복지제도의 확대와 복지지출의 증가는 생산부문의 투자를 위축시켜 경제성장을 저해한다.
- 복지급여 수급이 개인의 저축동기 및 투자 동기를 약화시켜 생산성의 감소를 초래한다.
- 신자유주의자들은 복지급여수급으로 소득효과가 대체효과보다 커져 근로동기가 감소하며, 경제성장을 저해한다고 주장한다.
- 재화나 서비스에 대한 수급자들의 선택을 왜곡시켜 비효율적 배분을 초래한다.
- 사회복지제도의 확대가 노동시장의 경직성을 야기하여 생산성에 따른 노동배분이 효율적으로 이루어지지 않는다.
- 사회복지제도의 확대가 수급자들의 의존성을 증가시킨다.
- 사회복지제도의 확대가 조세 및 사회보험료 부담을 증가시켜 이러한 부담을 피하려는 지하경제가 증가한다.

한걸음 더

소득효과와 대체효과

경제학이론에서 근로동기는 소득과 여가 가운데서 효용을 극대화하려는 합리적 선택에 의해 결정된다고 보며 소득효과와 대체효과로 이 개념을 설명한다.

- 소득효과란 소득이 올라가면 근로동기가 약화되고, 소득이 내려가면 근로동기가 강화되는 것을 말한다.
- 대체효과란 시간당 임금(임금률)이 올라가면 여가에 대한 선호가 낮아져 근로동기가 높아지고, 임금률이 내려가면 근로동기가 낮아지는 것을 말한다.
- 소득효과가 지배하면 근로동기가 낮아지는 반면, 대체효과가 크면 근로동기가 증가한다.

(5) 신자유주의 관점의 문제점

- 신자유주의자들은 사회정책 분야에서 발생하는 문제들은 국가가 개입하기 때문에 생기는 것인데, 이는 시장질서의 회복을 통해서 치유할 수 있다고 본다. 그러나 신자유주의 진영의 주장에 따라 국가가 개입을 자제하고 빈곤의 문제와 노동자 계급의 문제 해결을 시장 기능에 맡긴다고 문제가 해결된다는 보장은 없다. 또한 사회보장의 민영화는 개인적 차원의 해결은 될 수 있을지 몰라도 퇴직노동자 집단 전체의 노후 생활을 보장해 주는 방법은 되지 못한다.

- 국가의 정책대안으로서 사회보장을 시장의 자율에 맡겨두는 것은 성립할 수 없다. 사회정책은 공익에 관한 사항이기 때문이다.

4. 제3의 길[23)]

(1) 제3의 길의 개념

- 제3의 길은 기존의 사회민주주의 복지정책과 신자유주의 복지정책의 틀을 벗어나 변증법적으로 새로운 복지패러다임을 형성하고자 하는 시도이다. 제3의 길은 기존에 정(正)으로서 받아들여졌던 사회민주주의라는 제1의 길의 문제점을 지적하고, 이에 대한 대안으로서 제1의 길의 모순을 지적하며 반(反)으로서 내세웠던 제2의 길인 신자유주의를 추종하는 것이 아니라, 양자의 단점을 배제하고 장점만을 받아들여 융화시킨 합(合)으로서 창안된 새로운 복지정책의 기본 틀을 제시한다.
- 사회민주주의의 동요는 복지국가 위기론을 대두시켰고, 이러한 사회적 비판에 대처하면서 시장경제의 효율성과 자유를 강조하는 신자유주의가 대처리즘과 레이거노믹스 하에서 채택되어 번영을 누리게 되었다. 그러나 신자유주의는 사회적 부의 절대적 크기를 증가시키는 데는 기여하였지만, 빈부간 격차를 심화시키는 등 새로운 문제점을 노출시키게 되었다.
- 신자유주의 이념을 택한 국가들이 신자유주의가 발생시킨 이러한 문제들을 해결하기 위해서 과거의 사회민주주의로 회귀하지 않고, 사회민주주의와 신자유주의의 장점을 결합하고 단점을 시정한 제3의 이념을 추구하기 시작하였는데, 이것이 바로 제3의 길이다.
- 1990년대 후반 유럽에서는 이러한 새로운 좌파 노선을 내세운 젊은 정치가들이 사회적 지지를 얻기 시작하였고, 영국의 블레어나 독일의 슈뢰더와 같은 사람들이 제3의 길이라고 분류할 수 있는 정치노선을 내세워 집권에 성공하였다.

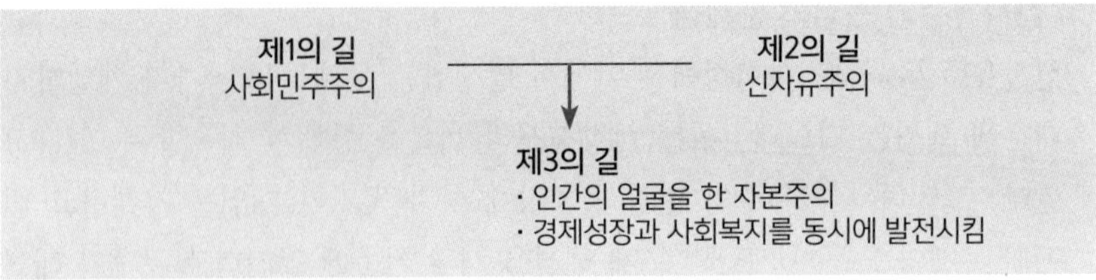

(2) 제3의 길의 지향점

- 제3의 길은 '자본주의 죽이기'가 아닌 '인간의 얼굴을 한 자본주의 만들기'에

나선 유럽 좌파의 부활이라고도 한다. 즉 인도주의적 자본주의 내지 인간 중심적 자본주의를 지향한다.

- 제3의 길은 영국의 '블레어리즘 또는 블레어노믹스'와 독일 슈뢰더의 '새로운 중도' 노선과 맥을 같이 하는데, 정책적 측면에서 살펴보면 시장의 효율과 사회복지의 형평을 동시에 추구하면서 경제성장과 사회복지를 동시에 유지 · 발전시킨다는 것을 기본 정책노선으로 설정하고 추구해 나가고 있다. 이러한 점에서 김대중 정부가 내세웠던 이른바 '생산적 복지'의 지향점도 제3의 길과 유사점이 높다고 할 수 있다.
- 또한, 국민들이 단순히 복지의 수급자만이 아니라 노동시장에서 생산적인 활동에 참여할 의무를 진 개체라는 개인주의, 즉 상품화를 추구하면서 다른 한편에서는 공정한 기회균등과 분배적 정의를 실현함으로써 공동체적 사회연대를 달성하려는 집합주의(collectivism), 즉 탈상품화(de-commodification)를 자본주의 시장경제 체제 내에서 동시에 추구하고 있다. 이러한 측면에서 제3의 길은 '인간의 얼굴을 한 시장경제'를 추구한다.
- 제3의 길의 복지정책은 사회보장과 재분배에 관심을 기울이는 동시에 경제적인 부를 산출하는 주도적인 주체로서의 복지수혜 계층의 역할을 강조하고 있다. 즉 베버리지 시대의 소극적 복지수급자와는 대조적으로 적극적 복지시민의 위상 정립에 정책의 초점을 맞추고 있다.

5. 새로운 사회적 위험

- 노동시장구조를 포함한 경제구조의 변화와 가족 및 인구학적 구조의 변화는 기존의 복지국가를 지탱했던 경제 · 사회적 기반에 균열을 발생시켰다. 상대적으로 안정적인 경제구조와 인구학적 구조를 기반으로 하던 기존의 고전적 복지국가의 프로그램은 실업, 노령, 산업재해 등 소득의 중단을 가져오거나 혹은 질병이 가져오는 예외적인 지출 등 전통적 산업사회에서 발생하는 구사회적 위험에 대한 대응이었고 초점은 소득상실을 보존하는 소득보장 프로그램이었다. 그러나 후기산업사회로의 전환이라는 경제 · 사회구조의 변화는 전통적인 복지국가의 소득보장 프로그램으로 대응하기 어려운 새로운 사회적 위험을 구조화하였다. 한국 사회에서도 노동시장의 구조와 인구 · 가족 구조의 변화가 매우 빠르게 전개되고 있다. 여기서 새로운 사회적 위험이란 후기산업사회로의 전환과 경제 · 사회구조의 변화로 인해 새롭게 발생하는 위험이라고 할 수 있다.
- 새로운 사회적 위험이 등장하게 된 배경은 다음과 같이 설명할 수 있다.

- 첫째, 맞벌이 부부의 증가와 여성의 노동시장 참여 증가로 인한 일·가정 양립 문제가 대두하고 있다.
- 둘째, 저출산·고령화로 인한 생산가능인구의 감소와 노인인구의 증가로 인해 노인 부양부담 문제가 제기되고 있다.
- 셋째, 탈산업화, 지식기반경제로의 이행 속에서 제조업에서 서비스산업으로의 산업구조 변화와 노동시장 구조변화로 인해 고용불안정과 저임금 노동 등이 증가하고 있다. 또한 산업구조가 변화하면서 직업경력 기간이 짧아져 생애주기 동안 다양한 직업을 경험할 가능성이 높아지고 이로 인해 인적 자원 개발과 직업훈련 등이 중요하게 부각된다.

잠깐!

탈산업화의 특징

탈산업화의 핵심적인 특징은 제조업과 생산부문의 고용보다는 서비스 부문의 고용이 증가한다는 점이다. 이것은 제조업의 중요성이 상대적으로 감소했다는 의미이다.

6. 사회투자국가

- 사회투자국가(social investment state)는 영국 노동당 정부가 '제3의 길'의 구체적 실천전략으로 제시한 국가모형에서 비롯되었다. 제3의 길의 이념적 토대를 제공하기도 했던 앤서니 기든스(Anthony Giddens)는 전통적 사민주의의 성과물인 복지국가가 급속한 사회경제적 변화를 제대로 따라가지도 못할 뿐만 아니라 재분배 체계로서의 기능도 제한적이라고 진단하고 사회투자국가를 제시했다. 사회투자국가는 복지의 투자적 성격과 생산적 성격을 강조하며, 복지와 성장, 사회정책과 경제정책의 상호보완성을 강조한다.
- 이 이론이 제기된 사회경제적 배경으로는 1) 고용구조의 변화로 인한 비경제활동 인구의 증대와 일자리 양극화, 2) 가족구조의 변화와 가족구성원의 역할 변화(특히 한부모가구의 증가와 빈곤화), 3) 인구고령화로 인한 재정적 지속가능성의 문제와 노인빈곤의 문제 등이 거론된다. 정치적 배경으로는 노동당에 대한 정치적 지지를 확보하기 위한 것이 있다.
- 전통적 복지국가와 구분되는 사회투자국가의 특징들을 정리하면 다음과 같다.
  - 전통적인 과세와 지출을 강조하기보다는 사회투자를 강조하며, 투자는 수익을 상정하는 것이기 때문에 복지 지출도 수익을 위주로 함
  - 경제정책을 우위에 둔 경제정책과 사회정책의 통합을 강조
  - 사회투자의 핵심은 인적 자본 및 사회적 자본에의 투자 (특히 인적 자본 중 아동에 대한 투자를 강조하며, 좋은 인적 자본을 창출하는 사회적 맥락과 경제활동의 포괄적 기반으로서의 사회적 자본 강조)
  - 사회지출을 소비지출과 투자지출로 구분하고, 소득보장에 사용되는 소

비지출은 되도록 억제하고 자산조사를 통한 표적화된 프로그램을 선호
- 시민권의 권리와 의무의 균형 강조 (경제적 기회의 제공, 복지제공이 국가의 의무라면 유급노동을 통한 자활은 시민의 의무라고 봄)
- 결과의 평등보다는 기회의 평등 강조 (불평등의 해소보다는 사회적 포섭에 관심을 두고, 기회를 재분배함으로써 결과의 불평등은 받아들일 수 있는 것으로 봄. 사회적 배제에는 반대하지만 일단 사회 내로 포섭된 사람들 사이의 불평등에 대해서는 중요하게 다루지 않음)

4장 사회복지정책 형성과정

한눈에 쏙!		중요도
❶ 사회복지정책 형성과정의 주요 개념	1. 사회복지정책의 형성과정	
	2. 사회복지정책의 관련 개념	
❷ 사회복지정책의 형성과정	1. 사회문제의 이슈화	
	2. 정책의제의 형성	
	3. 정책대안의 형성	
	4. 정책의 결정과 집행	
	5. 정책의 평가	★★★
❸ 정책의제 형성 및 정책결정에 관한 이론	1. 정책의제 형성에 관한 이론모형	
	2. 정책결정에 관한 이론모형	★★★

기출경향 살펴보기

이 장의 기출 포인트

사회복지정책의 형성과정에서 '정책평가'에 관한 문제가 출제되거나, 정책결정에 관한 이론모형에 관한 문제가 출제되고 있다. 정책평가와 관련해서는 평가의 필요성, 평가기준, 평가유형 등을 중심으로 출제되며, 정책결정 이론모형과 관련해서는 이론모형을 비교하는 문제가 출제되고 있다. 매년 출제되는 부분이 어느 정도 정해져 있고 유사한 유형으로 출제되고 있다.

최근 5개년 출제 분포도

연도별 그래프

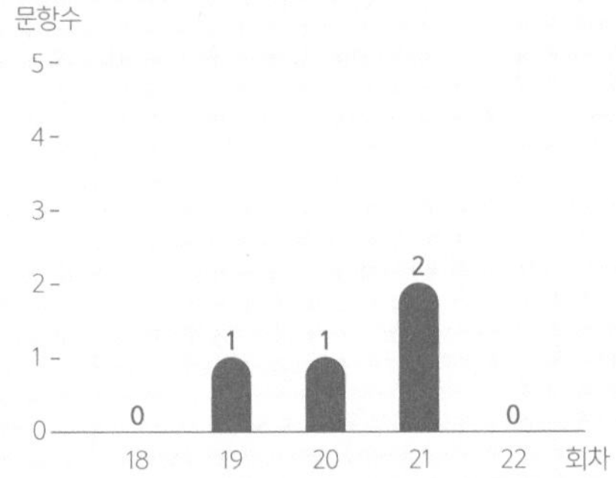

평균출제문항수

0.8 문항

2단계 학습전략

데이터의 힘을 믿으세요!
강의로 복습하는 **기출회독 시리즈**

3회독 복습과정을 통해
최신 기출경향 파악

최근 10개년 핵심 키워드

기출회독 **172**	사회복지정책의 평가	8문항
기출회독 **173**	정책결정 이론모형	6문항

기본개념 완성을 위한 **학습자료 제공**

기본개념 강의, 기본쌓기 문제, O X 퀴즈, 기출문제, 정오표, 묻고답하기, 지식창고, 보충자료 등을 **아임패스**를 통해 만나실 수 있습니다.

1 사회복지정책 형성과정의 주요 개념

기출회차

1 2 3 4 5 6 7 8 9 10 11 12 13 14 15 16 17 18 19 20 21 22

강의로 복습하는 기출회독 시리즈

1. 사회복지정책의 형성과정

- 새로운 사회복지정책이 형성되거나 기존의 정책이 변경되기 위해서는 사회에 정책의 성립과 변화를 요구하는 어떠한 문제들이 존재하여야 한다.
- 아무런 문제가 없는데 새로운 정책이 성립되지는 않는다. 그러나 사회문제들이 발생한다고 해서 특정 정책이 반드시 형성되는 것이 아니다. 그 문제가 이슈로 부각되고, 그것을 진지하게 정책 관련 집단에서 논의하여야 한다. 그렇지 않으면 잠시 사회적 관심을 끌기만 할 뿐 정책으로 연결되지 않는다.
- 이렇게 논의의 주제로 떠오른 것을 정책의제(아젠다)라고 하는데, 아젠다가 되어야 이에 대한 정책적 해결책(대안)을 모색하고, 이 중 적절한 정책을 선택하여 새로운 정책이 시행될 수 있다.

정책의제(아젠다)의 형성과정

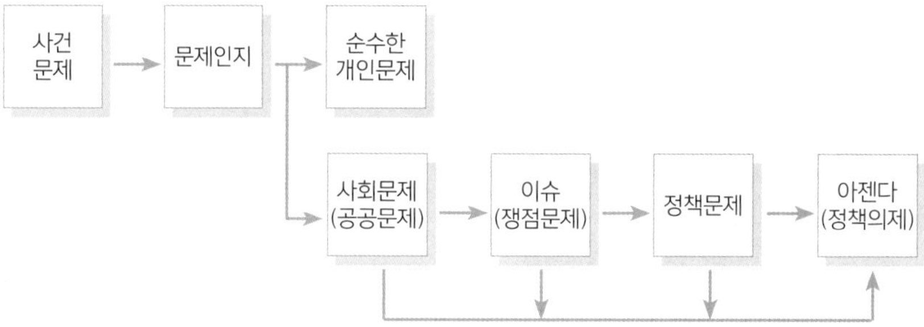

(1) 다이와 디니토의 형성과정

다이(Dye)와 디니토(Dinitto)에 따르면, 사회복지정책 형성과정은 크게 정책문제 확인 → 정책대안 형성 → 공공정책 입법화 → 공공정책 집행 → 정책평가의 과정을 거친다고 한다.

(2) 송근원과 김태성의 형성과정

송근원 · 김태성(1995)은 사회복지 정책문제 형성 → 사회복지 정책아젠다 형성 → 대안 마련 → 사회복지 정책 결정 → 집행 → 평가 및 환류 과정 등 여섯 개의 과정으로 제시했다.

2. 사회복지정책의 관련 개념

(1) 조건(conditions)

문제로 발전할 수 있는 객관적 사실들 자체

(2) 문제

고통을 받고 있는 사람들이 해결에 대한 욕구를 불러일으키는 상황과 조건

(3) 요구(demand)

문제의 해결을 원하는 구체적인 행위

(4) 이슈(issue)

어떤 문제, 요구가 공공의 관심을 끌거나 공공정책의 논의, 논쟁의 중심적인 문제가 되는 경우

(5) 아젠다(agenda)

정책의제의 목록. 문제와 이슈로 구성

(6) 정책

여러 가지 해결방안 중 선택된 대안

2 사회복지정책의 형성과정

기출회차				
1	2	3	4	5
6	7	8	9	10
11	12	13	14	15
16	17	18	19	20
21	22			

강의로 복습하는 기출회독 시리즈

Keyword 172

잠깐!

사회복지정책 형성과정

사회문제의 이슈화 → 정책의제의 형성 → 정책대안 형성 → 정책 결정 → 정책의 집행 → 정책의 평가

1. 사회문제의 이슈화

사회문제는 정책형성의 출발점이다. 사회문제가 있어야 새로운 정책이 형성될 수 있다. 그러나 사회문제는 단순히 존재하는 것만으로 정책 형성의 출발점이 되는 것이 아니라 그 문제에 대해 사회적으로 관심을 갖고 논쟁하도록 하여야 하는데, 이것을 이슈화라고 한다. 사회복지 문제의 경우 어려움을 겪는 클라이언트 집단을 대변하여 사회복지 전문가들이 이슈화에 적극적으로 노력해야 할 필요가 있다.

(1) 사회문제

① 문제의 정의

- 사회에 존재하는 모든 문제들로, 국민이나 시민이 불만을 갖고 있으면서 해결해야 하는 모든 문제를 포괄한다.
- 문제란 단일요소로 구성된 것이 드물고 복합적으로 구성되므로, 어느 것을 문제의 핵심으로 볼 것인지를 파악해야 하며, 문제의 심각성, 문제로 인한 피해집단 등을 파악한 후 인과관계와 결과를 예측해야 한다.
- 객관적 실체로서의 문제와 주관적으로 정의된 문제가 있다.
- 정책 목표와 이해관계자들의 갈등과 경쟁을 고려하여, 해결해야 할 바람직하고 합리적인 문제로 정의해야 한다.

② 의제설정에 영향을 미치는 문제의 성격[24)]

- 구체성: 문제는 구체적일수록 의제화될 가능성이 높다.
- 사회적 유의성: 문제가 사회에 미치는 영향정도인 사회적 유의성이 클수록 의제화될 가능성이 높다.
- 시간성: 기간이 적절할수록 의제화될 가능성이 높다.
- 기술적 실현 가능성: 기술적으로 쉽게 이해될 수 있는 문제가 의제화될 가능성이 높다.

• 선례: 선례가 있는 문제가 의제화될 가능성이 높다.

(2) 사회적 이슈

• 사회문제에 대한 성격, 원인, 해결책에 대해서 집단 간에 의견이 불일치하는 문제가 발생한다.
• 문제정의, 해결책에 대한 논의는 정책에 따른 비용과 편익을 결정하고, 자유와 기본권을 제한하는 내용이기 때문에 집단 간, 개인 간, 계층 간에 이해대립이 발생한다.

(3) 사회적 이슈화

① 사회적 이슈화 단계[25)]

• 어떤 사회문제에 대해 부정적 견해를 가지거나, 해결방법에 대해 다른 견해를 가지는 다수의 집단이 나타나, 문제해결에 합의점을 찾지 못하고 갈등이 야기되는 단계이다.
• 특정 집단에게 혜택을 주면서 타 집단에게는 피해를 주는 경우 특정한 방법으로 문제를 해결한다.
• 사회문제가 사회적 이슈로 전환되기 위해서는 이슈 촉발장치와 이슈 제기자(또는 이슈 주도자)가 있어야 한다.
  – 이슈 촉발장치(issue trigger device): 일반대중의 관심을 유도하는 것들로서, 자연재해나 사회적 사건(대형참사, 정치적 사건) 등이 있다.
  – 이슈 제기자(issue initiator): 특정문제에 대해서 관심과 여론을 환기시키는 행위자로서 정치가, 시민운동가, 국회의원, 특정집단 등이 있다.
• non–issue: 억압된 이슈(depressed issue)라고도 부르며, 공공정책의 논의, 논쟁의 중심적인 문제가 되지 못하는 경우를 말한다.
• pseudo–issue(가짜 이슈): 어떤 문제나 요구에 대해 정책결정자가 형식적으로만 관심을 보이면서 문제해결을 위한 실질적인 노력을 보이지 않고 계속 무시된 상태로 남아있는 이슈를 말한다(대통령선거과정에서 빈부격차해소 문제는 요란스럽게 논의되기는 하지만 실제 근본적인 문제해결을 위해 실천되는 정책은 찾아보기 어려움).

② 사회복지 이슈화 전략에서 고려할 요인[26)]

• 사회복지 문제의 정의: 클라이언트의 입장에서 정의하되 사회복지 이슈의 구체성, 사회적 중요성, 시간적 관련성, 유행가능성, 전파가능성, 이해가능성 등을 고려해야 한다.

- 문제를 정의할 때 이슈를 증폭시키고, 국민의 관심을 집중하는 등 이슈를 확장시키기 위해 이슈 상징을 사용한다. 이슈 상징은 감정에 호소하는 상징과 이성에 호소하는 상징으로 나누는데 전자의 상징이 유리하게 사용된다. 또 새로운 쟁점이 되는 다른 이슈와 연계시켜 이슈화하면 좀 더 쉽게 이슈화할 수 있다.
- 사회복지 문제의 이슈 제기자: 클라이언트, 사회복지사, 언론, 정치인 등이 사회복지와 관련된 문제에 대해 이슈를 제기하지만, 사회복지에 관한 전문성을 가진 사회복지사의 역할이 가장 적절하고 중요하다고 말할 수 있다.
  - 클라이언트: 직접 고통 받고 있는 사람으로서 자신의 문제를 이슈화한다. 무계획적이고 비의도적인 경우가 많다.

    예 자살, 폭동 등의 방법으로 자신의 문제를 이슈화하는 경우
  - 사회복지사: 클라이언트의 문제 및 사회적 필요성에 대한 인식이 높다. 보다 계획적인 접근이 가능하다.
  - 언론: 국민들의 관심을 집중시키는 데 큰 영향력을 발휘하는 집단이다. 그러나 언론은 이슈화에만 관심을 갖고 이슈 제기자로서는 수동적이다. 다른 중요한 문제가 생기면 곧바로 관심이 다른 데로 쏠린다.
  - 정치인: 능동적이고 적극적인 제기자는 아니다. 정치적인 이유에서 관심을 기울일 가능성이 많다.

2. 정책의제의 형성

(1) 이슈의 공공의제화

① 공공의제

공공의제(public agenda)는 체제의제(system agenda)라고도 하며, 많은 사람, 집단들의 관심의 대상이 되며 정부가 그 문제를 해결해야 한다고 당연히 생각하는 문제로서, 정부가 그 문제를 해결하는 것이 정당한 것으로 인정되는 사회문제를 말한다.

② 이슈의 공공의제화

사회문제가 이슈화되어 공공의제로 전환되기 위해서는, 1) 많은 사람들의 관심, 2) 정부의 조치가 필요하다고 생각하는 상당수의 사람, 3) 그 문제해결에 대해서 정부가 적절한 수단과 권한을 가지고 있다는 믿음이 필요하다.

(2) 정부의제

- 공공의제가 정부 내로 진입하면 정부의제라 하고 정부의 의제로 선택된다.
- 정부의제(governmental agenda)는 정부의 공식적인 의사결정에 의해 그 해결을 위해서 심각하게 고려하기로 공식적으로 밝힌 문제이다.[27)]

(3) 정책의제(아젠다) 형성의 참여자

- 공식적 참여자: 공식적인 제도적 권한과 자격을 가진 사람들을 말한다. 대통령, 장차관, 국회의원, 고위공무원 등
- 비공식 참여자: 정당, 이익단체(압력단체, 특정 문제에 대하여 직간접적인 이해관계를 공유하고 있는 사람들의 집단. 전국경제인연합회, 한국경영자총협회, 대한상공회의소, 중소기업중앙회, 한국무역협회, 대한변호사협회, 대한의사협회 등), 전문가와 지식인, 일반시민과 시민단체(NGO, NPO)

(4) 주도집단

정책의제 설정을 좌우하는 주요한 요인 중 하나는 누가 정책의제를 설정하는가이다. 왜냐하면 사회문제나 이슈가 모두 정책의제화 되어서 정책으로 설정되는 것이 아니기 때문이다. 정책을 의제화하는 주도집단은 3가지 형태로 나눈다(Cobb, Ross & Ross).

① 외부주도형(outside initiative model): 사회문제 → 공공의제 → 정부의제

- 정부조직이 아닌 외부의 집단이나 조직에 의해서 이슈가 제기되고, 그 이슈가 일반 대중에게 확산되는 과정을 거쳐 공공의제가 되어 정부의 공식의제로 채택되는 모형을 말한다.

  예 사회문제로 인해 피해를 입고 있는 집단이 정부에 압력을 가하기 위해 사회문제의 심각성에 대한 대중의 관심을 유도하려고 노력하는 경우

- 다원화되고 민주화된 선진국에서 주로 발생한다.
- 언론, 정당 등의 역할이 중요하다.
- 확장 전략: 상징 조작에 의한 대중매체의 역할이 중요하다.
- 진입 전략: 확장에 성공한 의제는 공공의제가 되어 많은 사람의 관심을 끌고, 정부의 관심을 끌어 정부의제가 된다.
- 관계된 집단: 이해관계가 비슷한 귀속집단, 관심집단, 여론주도집단

② 동원모형(mobilization model): 사회문제 → 정부의제 → 공공의제

- 정부 내부에서 이슈가 제기되어 정부의 주도적인 홍보활동에 의해 공공의

제로 확산되는 모형이다.
- 엘리트론으로 해석되며, 정부 내의 엘리트들에 의해 이슈가 창출된다고 보는 모형이다.
- 권력이 분산되어 있지 않은 후진국에서 주로 발생하며, 정치지도자들의 관심과 인지, 이념이 중요한 요소이다.

③ 내부접근모형(inside access model)
- 정부 내부에서 제기되어 공식의제로 설정되는 경우이다.
- 일반 대중에게 알리지 않으려고 한다는 점에 특징이 있다. 정부가 의도적으로 외부의 집단이 정책형성과정에 접근하지 못하도록 차단하거나 배제하는 경우도 있다.
- 국방사업, 이동통신사업자 선정 등이 해당한다.

합격자의 한마디

동원모형과 내부접근모형 모두 정부나 정책담당자에 의해서 정책의제가 형성되는 공통점이 있으나 동원모형은 정부가 일방적으로 정책의제를 형성하는 것이 아니라 일반 대중이나 관련 집단의 지지와 지원을 얻기 위한 노력을 수행한다면, 내부접근모형은 이러한 노력 없이 정부 관료제 내부에서만 정책의제를 형성하는 과정이 진행된다는 점에서 차이가 있습니다.

(5) 정책의제 설정에 영향을 미치는 요인
- 주도집단
- 참여자
- 정치적 요소
- 문제의 특성

3. 정책대안의 형성

(1) 정책대안의 개념

① 협의의 개념

정책대안이란 문제의 해결방법을 말하며, 주어진 목표의 달성을 위한 방법들을 강구하고 비교, 분석하는 과정이다.

② 광의의 개념

정책문제가 무엇인지를 파악하고 그 문제를 둘러싼 상황을 파악하여 정책 목표를 세우고 목표를 달성할 수 있는 정책수단으로서 정책대안을 개발하며 비교, 분석하는 과정이다.

(2) 정책대안 형성의 과정

사회복지 문제와 상황의 파악 → 미래에 대한 예측 및 정책목표 설정 → 정책

대안의 개발 → 정책대안의 비교 분석 → 대안 선택

(3) 미래 예측 방법

예측이란 정책문제에 관한 사전 정보를 바탕으로 미래의 바람직한 상태에 관한 실제적인 정보를 산출하는 과정이다. 미래를 예측하는 목적은 정책집행의 결과로 나타날 미래의 변화에 관한 정보를 제공하는 데 있다. 이를 바탕으로 최선의 정책 대안이 선택될 수 있도록 도움을 줄 수 있다. 미래를 예측하는 과정에는 여러 가지 방법들이 사용된다.

① 유추

비슷한 구조의 사례를 통해 미래 상황이나 문제를 추정하는 방법이다. 기존에 존재하는 선례를 적용해보는 것이다.

② 경향성 분석

과거의 경향이나 추세를 미래에 연장시켜 추측하는 방법이다. 예를 들어 과거 10년간의 출산율 변화나 노령 인구의 증가 추세를 가지고 앞으로의 출산율 변화와 노령화 경향을 예측하는 방법이다.

③ 마르코프 모형

어떤 상황이 시간의 흐름에 따라 일정한 확률에 따라 변해 가는 경우에 최종적 상태를 예측하여 도움을 줄 수 있는 확률적 정보를 제공해주는 방법이다.

④ 회귀분석

변수들 간의 인과관계를 활용하여 만들어낸 회귀방정식을 통해서 미래를 예측하는 방법이다. 독립변수와 종속변수 간의 관계 형태와 크기를 추정하는 방식이다.

⑤ 델파이 기법

어떤 분야의 전문가 한 사람이 아니라 전문가 집단의 의견을 모으고 교환해서 발전시킴으로써 대안이나 미래 예측을 묻는 방법이다. 예측하려는 현상에 대한 선례나 자료가 없는 경우 활용될 수 있다. 전문가를 선정한 다음 전문가들에게 익명으로 의견을 조사하여, 수집된 의견을 되풀이해서 공유하면서 반복하는 과정을 거친다. 미래에 대한 광범위한 지식을 얻을 수 있고 연구자의 주관과 편견을 일정하게 배제할 수 있지만, 한편으로 전문가의 이해관계나 전문가들의 고집에 따라 비합리적으로 의견이 모아질 수 있는 한계도 있다.

(4) 정책대안의 비교분석 방법론

잠깐!

비용편익 분석

정책으로 인해 발생하는 모든 직 · 간접적인 비용과 편익을 현재 가치화한 화폐가치로 계산하여 분석하는 방법

보충자료

비용편익 분석과 비용효과 분석

① 비용편익 분석(cost-benefit analysis)

- 비용편익 분석은 경제학자들에 의해 개발된 것으로 사회정책 및 프로그램의 직 · 간접적인 비용과 그러한 정책의 직 · 간접적 편익을 매개하려는 시도이다. 비용편익 분석의 가장 두드러진 특징은 정책의 비용과 편익(이익 또는 효용이라고도 함)은 모두 현재 가치의 화폐량의 형태로 계산한다는 점이다. 즉 모든 비용과 편익을 화폐 가치로 환산하여 기간별로 추정하고 할인율을 적용하여 전 기간에 걸친 비용과 편익의 현재 가치를 계산하는 방법이다.
- 이러한 분석과정을 통해 한 개의 정책대안에 대해 그것에 투입될 비용과 그 대안이 초래할 편익을 현재 가치로 계산된 하나의 화폐량으로 추정하여 비교한다.
- 그러나 이 방법은 종종 실행상의 난점이 따르는데 그 이유는 사회복지정책에서 얻어지는 편익들을 화폐 가치로 환산하는 것이 불가능하기 때문이다. 예를 들어 인명 구조, 가족지원, 우울감에 빠진 어린아이를 위로하는 것 등의 가치는 돈으로 따질 수 없는 가치를 담고 있다. 즉 사회복지정책에서는 서비스를 화폐 가치로 계량화할 수 없고, 경제적인 합리성에만 치중하므로 사회적 형평성 등의 기준을 적용할 수 없고, 화폐적 가치로 표현하기 힘든 클라이언트 반응성 등의 기준을 적용하기 어렵다.
- 비용편익 분석은 정책이 집행된 후에 실시될 수도 있다.

잠깐!

비용효과 분석

대안의 선택과정에서 총비용과 총효과를 비교 · 분석하여 한 대안을 선택

② 비용효과 분석(cost-effective analysis)

- 원하는 정책 결과를 얻고자 할 때 비용효과 분석은 상이한 정책들 간의 비용을 비교 검토한다. 즉 정책 목표를 달성하기 위한 대안의 선택 과정에서 총비용과 총효과를 비교하여 여러 대안 중에서 하나를 선택할 수 있게 하는 방법이다.
- 비용편익 분석과는 다르게 이러한 방법론은 각 정책의 급여를 화폐로 환산할 필요가 없다. 비용과 편익을 모두 고려하지만, 편익을 화폐 가치로 측정하는 문제를 피하므로 이윤 극대화의 논리를 따르지 않는다.
- 비록 정책분석가들이 특정 급여의 화폐 가치를 알 수 없다고 할지라도 예상되는 급여의 화폐적 가치와는 무관하게 어떠한 정책 혹은 프로그램이 동일한 결과를 얻기 위해 더욱 적은 비용이 드는지 비교할 수 있게 된다.

③ **기타 방법**[28)]

• 줄서기 분석기법

  - 사회복지정책에서 줄서기 문제는 서비스 시설이 한정적이므로 모든 클라이언트에게 즉각적인 서비스가 제공되지 않을 경우이다. 대기 시간을 줄이기 위해서는 더 많은 시설이 필요하지만 시설을 건설하기에는 비용이 엄청나다.
  - 서비스를 받기 위해 대기하는 시간과 사용할 수 있는 시설의 수준에 관한 정보를 제공해 주는 기법이다.

• 모의 실험

  - 정책을 실제 집행하지 않고 비슷한 상황 속에서 분석함으로써 미래를 예측하는 방법이다.
  - 수학적 모형의 적용이 어려운 경우, 실제 상황에서 실행할 때 위험이 수반되는 경우, 실제 행동이 불가능할 경우, 현상의 복잡성 때문에 문제의 구조나 함수관계를 찾기 어려운 경우 유용하다.

• 결정 분석(decision analysis)

  - 나타날 수 있는 확률적 사건을 나뭇가지처럼 그려서 분석하는 방법이다.
  - 결정나무 그림을 통해 결과를 예측한다.

(5) 정책대안의 비교분석 기준

① 기술적 실현 가능성

정책대안의 기술적 문제뿐만 아니라 집행 가능성을 포함한다. 예를 들어 집행기관의 전문화 수준, 재정 능력, 행정 능력에 비추어 정책대안이 제대로 시행될 수 있을 것인가를 비교하는 것이다.

② 정치적 실현 가능성

정책대안의 정치적 수용 가능성과 관련이 있다. 정치세력들의 반대와 반발을 받지 않고 지지와 지원을 받을 가능성을 말한다. 국회 통과 가능성, 주민들의 수용 가능성 등이 고려되어야 한다.

③ 효율성

투입과 산출의 비율을 의미한다. 예를 들어 동원할 수 있는 자원이 한정되어 있다면, 그 자원을 가지고 문제해결을 위한 복지서비스를 최대한으로 창출해내는 것이 효율적인 것이다. 또한 현재 제공되는 복지서비스 수준이 만족스럽다면 복지서비스를 창출해내는 데 소요되는 자원을 최소화하면서 동일한 수준의 복지서비스를 유지하는 것이 효율적인 것이다.

④ 사회적 효과성

정책대안의 시행으로 나타나는 사회적 유대감의 확대 등 사회적 통합의 기능과 관련된다.

⑤ 사회적 형평성

정책대안의 시행으로 사회계층 간 불평등이 어느 정도 수정될 수 있는가와 관련된다. 사회적 약자인 클라이언트에게 좀 더 많은 복지서비스가 제공되는 것이 사회적 형평성을 달성할 수 있는 방법이 될 수 있다.

(6) 정책대안 형성의 한계점

- 예측 능력의 한계: 정보의 부족으로, 정책분석가의 판단에 한계가 있다.
- 계량화의 문제: 사회복지 분야는 계량화가 어려운 부분이 많다.
- 공동 비교척도의 부재: 사회적 가치가 다양하여 비교가 어렵다.
- 한정된 비용과 시간: 한정된 비용과 시간의 범위 내에서 정책대안을 개발해야 한다.
- 국가의 다른 목표와의 관계: 다른 분야의 정책 목표들을 고려할 필요가 있다.

4. 정책의 결정과 집행

(1) 정책집행의 의미

정책의 내용을 실현시키는 과정이며, 정책을 구체화하고 실체화하는 과정이다.

(2) 정책집행의 중요성

- 정책의도를 구현하는 활동으로서 집행은 중요한 의미가 있다.
- 결정의 수정과 보완 과정으로서 활용된다.
- 정치적 갈등과 타협이 현실화되는 과정으로서 집행이 중요하다.
- 비용집단과 편익집단에게 직접적 영향이 발생하여 국민생활과 직결되는 정부 활동으로서 집행은 중요하다.

(3) 정책집행의 특징

① 일반적 특징[29)]

- 정책집행에서 가장 중요한 역할을 담당하는 요소는 정부 관료이다.
- 정책의 모호성, 정치 체제의 복잡성, 상황의 가변성 때문에 다양한 참여자의 기대에 부응할 수 없다. 즉 정책이 성공했다는 가치명제에 대한 분분한 해석이 존재한다.
- 집행되는 정책의 사회적 목표에 따라 집행 유형은 달라지며, 효과적인 집행은 상황에 따라 달라진다.
- 정치 체제의 분권적 성격이 집행에 영향을 미친다.
- 정책집행과정은 여러 참여자들 사이의 상호작용 과정이며, 참여자들의 협상과 타협을 통해 원래의 정책목표를 왜곡, 지연, 무산시키기도 한다.
- 정책의 집행은 여러 사회세력들의 세력 관계를 반영해 주는 과정으로서 정치적 성격을 띤다.
- 재분배 정책인 사회복지서비스 전달사업은 정치적 성격이 강하다. 즉 재분배 목적에 대한 정치적 반대가 심할 수 있다.
- 사회보장제도는 재분배 정책의 성격을 가지는데, 이에 대해 반대하는 집단의 압력, 로비 등으로 인해 원래의 목표를 변질시킬 수 있다. 즉 클라이언트와 사회적 약자 집단은 불리한 입장에 놓이게 된다.
- 사회복지서비스의 대상에 속하는 사회적 약자들이 정책 결정 과정, 집행과정에서 소외되지 않고, 또한 이들을 위한 정책의 목표를 원활히 달성할 수 있도록 적극적으로 참여하고 옹호하는 역할이 필요하다.

② 다양해지는 정책 집행자

- 민간위탁
  - 정책집행 과정에 정부 외에 제3부문, 준정부조직, 비정부조직이 참여하는 현상을 말한다.
  - 연성 사업이라 하는 사회복지 사업에서 민간위탁이 두드러진다.
- 지방위임
  - 지방정부가 집행을 담당하는 현상이 많아진다.
  - 하지만, 지방정부의 순응을 확보하는 일이 어렵다.

(4) 정책집행에 영향을 미치는 요인[30)]

① 정책 내재적 요인

정책이 성공 및 실패하는가는 다음의 요인들이 영향을 미친다.

- 정책목표의 타당성: 사회복지의 문제를 정확히 파악하여 정책 목표를 세웠는가에 관한 것
- 정책목표의 구체성: 정책의 목표가 측정할 수 있을 정도로 뚜렷하고 구체적으로 표명되어 있는가에 관한 것

② 정책수단 및 절차의 확보와 관련된 변수

- 재원의 확보가 분명한가
- 서비스 전달체계가 명확하고 활성화되어 있는가
- 서비스 전달방법이 명확하게 규정되어 있는가

③ 정책 행태적 요인

정책 자체의 규정과는 관련이 없는 변수로서 실제로 정책의 형성이나 집행에 관여하는 정책 참여자들의 정치 행태와 관련된 변수들을 말한다.

- 정치기관의 지지: 대통령, 국회, 법원 등 정치를 담당하는 기관의 의지
- 정책 집행자와 집행 기관의 가치와 이해관계, 능력 등이 정책의 성공 여부에 여향을 미침
- 상급 관청 및 경쟁 부서의 관여 정도
- 문제 해결을 바라는 클라이언트 욕구의 강도, 가치 및 태도, 조직화 등이 영향을 미침
- 이익 집단, 지역사회 주민 및 일반 국민의 적극지지, 저항, 무관심, 압력 등이 있는가

5. 정책의 평가

중요도 ★★★

사회복지정책 형성과정의 전반적인 이해가 필요하다. 정책과정의 순서를 나열하는 문제, 각 과정에 대한 전반적인 내용을 확인하는 문제 등이 출제되고 있다. 특히, 최근 시험에서는 정책평가에 대한 문제가 자주 출제되고 있으므로 정책평가의 성격, 유형, 기준 등과 관련된 내용을 종합적으로 이해할 필요가 있다.

정책은 문제를 탐색하고, 정책을 결정하여 집행하는 것으로 완결되지 않고, 그에 대한 재검토를 하는 평가를 함으로써 올바른 효과를 기대할 수 있다. 사회복지정책에 대한 평가는 사회복지정책 활동에 관한 정보를 수집 · 분석 · 해석함으로써 정책목표 달성과 관련하여 그 가치를 판단하는 것이다.

(1) 정책평가의 개념과 필요성 꼭!

① 정책평가의 개념

- 정책평가는 정책의 집행결과가 애초에 계획 또는 설정했던 의도와 결과를 얼마나 효과적으로 달성했는가를 측정하는 활동으로, 처음 의도를 실현하였는가, 처음 사회문제가 되었던 문제해결에 기여하였는가, 집행의 결과로 어떤 파급효과와 부차적 효과를 야기했는가 등을 체계적으로 조사 · 분석 · 판단하는 활동이다.
- 좁은 의미의 정책평가의 개념은 정책이 원래 해결하고자 했던 문제를 얼마나 해결했는지를 평가하는 것이다. 반면 넓은 의미의 정책평가의 개념은 정책과정 전반에 걸친 평가 활동을 의미한다. 즉 정책의제, 정책대안, 정책집행, 정책결과 등에 대한 평가를 모두 포함한다.[31)]

② 정책평가의 목적

- 정책결정과 집행에 필요한 정보제공: 정책의 중단 혹은 지속, 확대 혹은 축소 등과 관련한 결정에 도움을 주는 정보를 제공하며, 정책목표와 정책수단의 수정 보완에 필요한 정보를 제공한다.
- 책임성 확보: 정책활동에 대한 책임성이나 근거를 확보하기 위하여 필요하다. 정책평가를 통해 정책목표를 어느 정도나 달성하였는지 파악할 수 있고, 그에 대한 책임 소재를 규명할 수 있다.
- 이론 형성을 통해 학문발전에 기여한다.

③ 정책평가의 필요성

- 정책이 처음 의도한 대로 집행되었는지를 파악하기 위해
- 정책과정이 복잡해지고 다양한 변수가 있으므로 이에 참여하는 이해 관계자들을 설득하고 지지 확보를 위한 과학적이고 체계적인 분석 자료가 필요하기 때문에
- 정책에 이용한 자원의 경제적 합리성을 파악하기 위해
- 정부의 정책 활동에 대한 관리적, 윤리적 책임성을 확보해야 하므로
- 자료나 연구의 기초 마련: 정책평가를 통해 제시되는 자료를 기초로 더 향상된 연구를 위한 대안적인 기법을 마련하는 데 기여한다.
- 정책평가의 유용성 논쟁[32)]
  - 정책평가의 질적 문제: 정책평가의 내용이 부실하거나 질적으로 타당성이 높지 못한 경우 피드백될 가능성은 없다.
  - 시간적 적절성의 문제: 정책평가가 정책 시행 이후 실시되기 때문에 다

음 정책의 집행에 보다 효율적으로 쓰여질 피드백의 가능성이 적다.

– 정책 담당자의 의지: 정책평가가 아무리 잘 되었더라도 평가기법에 대한 지식이 없거나 보고서가 난해하거나 또는 정책평가 결과, 실패에 대한 책임을 져야 하는 등의 이유로 정책 담당자가 정책평가 결과를 참고하고 이를 바탕으로 정책을 수행하겠다는 의지가 없다면 그 결과는 무용지물이 될 것이다.

④ 정책평가의 성격[33)]

- 기술적 성격: 정책평가를 위해서 평가기법 등의 기술을 필요로 하며, 통계기법 및 과학적 분석기법 등이 요구된다는 점에서 기술적 성격을 갖는다.
- 실용적 성격: 응용연구로서 정책결정에 유용하게 적용하는 것을 목표로 한다.
- 개별사례적 성격: 구체적인 정책 프로그램이나 그 프로그램이 적용된 개별사례를 연구 대상으로 한다.
- 가치지향적 성격: 결정된 정책 프로그램의 무엇이 잘되고 무엇이 잘못되었는지 혹은 앞으로 어떻게 하는 것이 바람직한가를 포함하고 있다.
- 종합 학문적 성격: 정책결정은 현재의 정치, 사회, 문화 등 현실의 다양성을 반영하며, 통계기법과 같은 실질적 지식은 물론 정책문제에 대한 다양한 이론적 지식이 요구되며 사회복지실천에 대한 지식까지도 포함한다.
- 정치적 성격: 정책평가가 가치중립적인 입장을 보이기는 현실적으로 어려우며, 정책결정자, 집행자, 자금 지원 집단 등 이해집단 및 클라이언트의 영향을 받게 된다.

(2) 정책평가의 기준 ★꼭!

- 정책평가의 기준은 정책평가의 목적에 따라 달라질 수 있다. 정책결정을 위한 정보제공이나 정책의 영향이나 효과 측정 등 정책평가의 목표와 목적에 따라 정책평가자가 결정되고 평가의 기준과 범위에 영향을 미친다.
- 정책의 평가는 정책의 전 과정, 즉 정책문제 평가, 정책의제 평가, 정책설계 평가, 정책결정 평가, 정책집행 평가, 정책영향 평가 등 각 단계마다 이루어질 수 있으며, 이때 다음과 같은 기본적인 평가기준을 만족시켜야 한다.[34)]

① 효과성(effectiveness)

- 목표의 달성 정도, 즉 의도했던 정책효과가 과연 그 정책 때문에 발생했는가를 살피는 것

• 자원의 '투입에 상관없이 최대의 목표를 달성했는가'를 판단

② 효율성(efficiency, 능률성)

• '투입에 대한 산출'의 비율을 토대로 평가하는 것
• 투입이 일정하면 산출을 최대한으로 만들고, 산출이 일정하다면 투입을 최소화하는 것

③ 적정성(adequacy)

문제의 해결 정도, 문제를 일으킨 욕구, 가치, 기회를 만족시키는 효과성의 수준 정도

합격자의 한마디

적절성과 적정성은 어떤 차이가 있을 까요? 쉽게 설명하자면 두통이 있는 사람에게 두통약을 주느냐 배탈약을 주느냐가 적절성의 문제이고 두통약을 얼마만큼 처방하느냐가 적정성의 문제라고 볼 수 있습니다. 문제의 특성에 맞춰 정확하게 적용하는 것이 적절성이고, 이것의 효과성의 정도에 대해서 논하는 것이 적정성이라고 볼 수 있습니다.

④ 적절성(appropriateness)

문제해결을 위해 사용한 수단이나 방법들의 바람직한 정도

⑤ 형평성(equity, 공평성)

효과나 노력이 얼마나 공평하고 공정하게 배분되는지를 평가하는 것

⑥ 대응성(responsiveness, 반응성)

정책이 수혜자 집단의 욕구, 선호, 가치를 반영하는 정도

(3) 정책평가의 절차와 설계

송근원 · 김태성은 정책평가의 과정을 평가의 목표설정 → 평가범위의 설정 → 정책 프로그램의 내용 파악 → 평가 설계, 자료수집, 분석 및 해석 → 평가보고서의 작성 및 제출 등으로 제시하고 있다. 학자들마다 단계가 조금씩 다르지만 전반적으로 일반적인 절차를 정리하면 다음과 같다.

① 정책평가의 일반적인 절차

정책평가 목표 및 대상 설정 → 정책의 내용 · 수단 · 구조 파악 → 평가기준 설정(평가설계) → 자료의 수집 · 분석 → 평가보고서 작성

② 평가기준 설정(평가설계)

• 정책평가의 설계는 정책 프로그램이 어떤 결과를 가져왔으며, 그 결과에 영향을 미친 요인은 무엇인지 인과관계를 추론하기 위한 모형을 설정할 필요가 있다. 모형을 설정함으로써 체계적인 설명과 평가가 가능하다.
• 평가설계에서는 정책평가의 타당성을 획득하기 위한 타당도를 측정한다.

설계의 인과적 강도를 평가하기 위해 조사자가 타당도를 잘 통제할 수 있는지에 대해서도 고려해야 한다. 타당도에는 내적 타당도, 외적 타당도, 원인과 효과에 대한 구성타당도, 통계적 결론 타당도가 있다.

- 실험설계: 실험설계의 목적은 경험적으로 개입과 결과 간의 원인과 효과 관계를 조사하는 것이다. 실험집단과 통제집단으로 나누어 실험집단에만 독립변수(프로그램 집행)를 조작하고 통제집단에는 정책을 집행하지 않아 두 변수 간의 인과관계를 파악하는 방법이다.
- 준실험설계: 변수 간의 인과관계를 밝히는 데 있어 실험집단과 통제집단의 동질성을 확보하기 어렵거나, 사전 검사가 불가능한 경우에 사용하는 방법이다.
- 비실험설계: 클라이언트의 행동변화를 목적으로 하는 사회복지정책의 평가에서 많이 사용되는 방법이다.

(4) 평가유형 꼭!

① 일반적인 평가유형[35)]

- 효율성 평가: '동일한 정책 산출물에 대해 비용을 최소화하였는가' 또는 '동일한 비용으로 산출을 극대화하였는가'에 대한 평가. 투입과 산출의 비율로 표현. 효율성 평가는 주로 비용편익 분석을 사용
- 대상 효율성(target efficiency) 평가: 복지정책이 의도한 목표집단이나 목표상황의 문제해결이나 삶의 질 향상을 비용의 낭비없이 얼마나 절약하여 수행하였는가에 대해 이루어지는 평가
- 효과성 평가: '사회복지정책 목표를 얼마나 달성하였느냐'에 관한 평가. 사회적 효과성은 '사회복지정책을 수행한 결과 얼마나 사회연대, 사회통합 또는 사회적 조화가 이루어졌느냐'에 관한 평가
- 형평성 평가: '사회복지정책이 얼마나 사회계층 간의 소득불평등을 감소시켰느냐'에 관한 평가(이는 지니계수나 10분위 분배율을 통해 파악할 수 있음)
- 반응성 평가: '사회복지정책의 집행결과에 대해 수혜대상자들이 얼마나 만족하는가'에 대한 평가
- 민주성 평가: '복지수혜대상자들이 자신의 행복이 결정되는 사회복지정책 과정에 얼마나 참여하였는가'에 대한 평가
- 합법성 평가: '사회복지정책이 수행되는 과정에서 얼마나 관련 법률을 제대로 준수하였는가'에 대한 평가
- 편의성 평가: '사회복지정책의 급여를 얼마나 편리하게 향유하였는가'에 대

한 평가

- 시의적절성 평가: 사회복지정책의 급여가 적시에 제대로 제공되었는지에 관한 평가
- 실현가능성 평가: '사회복지정책 대안이 정치적으로, 행정적(기술적)으로, 재정적으로, 문화적으로 얼마나 실현 가능한가'에 대한 평가

② 평가대상 · 시간 기준

- 형성평가(과정평가): 정책집행 과정에서 이루어지는 활동이다. 정책집행의 과정 중에 나타난 활동을 분석하여 관리하고, 전략을 수정 · 보완할 목적으로 진행한다. 주로 질적 평가방법을 활용한다.
- 총괄평가(영향평가): 정책집행 후 정책이 사회에 미친 영향, 효과 등을 추정하는 판단활동이다. 직접적인 효과뿐만 아니라 부수적인 효과나 부작용 등도 함께 파악한다. 주로 양적 평가방법을 활용한다.

③ 평가주체에 따른 분류

- 내부평가: 자체평가. 정책결정, 정책 집행당사자들이나 체제 내부의 구성원들이 하는 평가
- 외부평가: 정책결정, 정책 집행당사자들 외의 외부기관이 하는 평가

④ 커버리지(coverage)와 바이어스(bias)

사회복지정책의 평가분석 중 과정평가의 한 방법인 모니터링(monitoring)은 정책의 대상 집단에 대한 프로그램의 커버리지와 바이어스를 살펴야 한다.

- 커버리지는 어떤 정책프로그램에 대한 대상 집단의 참여가 실제로 얼마나 이루어지고 있는가 하는 정도, 즉 충족(만족)도를 말한다. 정책 대상 집단의 구성원 가운데 어느 정도가 실제로 정책프로그램에 참가하고 있는가 하는 문제는 효과적인 정책프로그램의 집행을 위해서 중요한 의미를 지닌다. 낮은 커버리지는 어떤 정책프로그램에 대한 욕구가 있으나 아직 커버(충족)되지 않고 남아있는 대상의 비율을 말하고, 초과 커버리지는 부적절한 수급자가 많음을 의미하는 것으로 정책의 설계가 잘못되었음을 나타낸다.[36)]

  예 국민연금의 적용대상이지만, 가입을 하지 않는(또는 못하는) 사각지대가 존재하는데, 이러한 사각지대를 해소하려는 노력은 국민연금의 커버리지를 높이기 위한 것

- 바이어스는 지정된 대상집단의 각 하위집단들의 참여가 다를 수 있다는, 즉 다른 참여의 정도를 나타내는 것이다.

  예 공공보육시설의 이용자가 주로 전업주부들에 집중되어 있는 경우 바이어스가 있는 것. 일하는 부모들의 이용이 왜 저조한지 조사하여 이를 반영하는 것은 이러한 바이어스를 시정하기 위한 것

보충자료

커버리지와 바이어스

한걸음 더

커버리지와 바이어스

사회복지정책의 평가분석 중 과정평가의 한 방법인 모니터링(monitoring)은 정책의 대상 집단에 대한 프로그램의 커버리지(coverage)와 바이어스(bias)를 살펴야 한다. 커버리지(coverage)는 어떤 정책 프로그램에 대한 대상 집단의 참여가 실제로 얼마나 이루어지고 있는가 하는 정도, 즉 충족(만족)도를 말한다. 정책 대상 집단의 구성원 가운데 어느 정도가 실제로 정책 프로그램에 참가하고 있는가 하는 문제는 효과적인 정책 프로그램의 집행을 위해서 중요한 의미를 가진다. 낮은 커버리지는 어떤 정책프로그램에 대한 욕구가 있으나 아직 충족되지 않고 남아있는 대상의 비율을 말하고, 초과 커버리지는 부적절한 수급자가 많음을 의미하는 것으로 정책의 설계가 잘못되었음을 나타낸다. 예컨대 육아휴직정책을 평가한다고 해보자. 현재 고용보험 상의 일정 조건을 갖춘 남녀 노동자라면 누구나 자녀가 있을 경우, 육아휴직을 신청할 수 있다. 하지만 실제로 육아휴직을 신청하여 사용하고 있는 사람은 매우 적다고 보고되고 있다. 그렇다면, 정책의 실효성이 상당히 떨어진다고 할 수 있다. 이와 같이 정책이 제대로 시행되고 있는지 평가하기 위해서는 정책에 실제 포괄되어 있는 사람들의 비중, 즉 실제 프로그램 참가율 혹은 정책 적용률에 해당하는 커버리지를 파악할 필요가 있다. 바이어스(bias)는 지정된 대상 집단의 각 하위 집단들의 참여가 다를 수 있다는, 즉 다른 참여의 정도를 나타내는 것이다. 예컨대 공공보육시설 이용자가 주로 전업주부들에 집중되어 있을 경우 바이어스가 있는 것이라 할 수 있다.

(5) 정책평가에 영향을 미치는 요인들

일반 정책이든, 행정이든, 기획이든 평가를 하는 데 있어서 처음의 목적에 맞게, 그리고 공정하게 평가가 이루어지는 것만은 아니다. 사회복지정책의 평가도 다른 요인이 작용하게 되는데 이를 정리하면 다음과 같다.[37)]

① 인적 요인

사회복지정책을 직접 평가하는 정책평가자의 이념이나 신념, 가치, 사회복지 지식, 전문성 등은 평가의 방향을 결정짓는 데 영향을 미친다. 정책집행자는 평가의 결과에 상관없이 자신이 운영하는 프로그램의 정당성을 인정받고 싶어하는 경향이 있어서 종종 정책담당자들이 긍정적인 결과가 나오도록 압력을 행사하기도 한다. 또 클라이언트는 정책 프로그램이 확대되는 방향으로 평가되길 원하기 때문에 이들이 영향력을 행사하기도 하고 지역주민이나 이해집단 등이 평가에 영향을 미칠 수 있다.

② 시간적 요인

충분한 시간적 여유가 없이 이루어지는 정책평가의 경우는 내용이 부정확하고 실패할 가능성이 많고 시간적 여유가 많을 때는 피드백의 시점을 놓치는 경우가 있다.

③ **기술적 요인**

정확한 평가를 위해서는 적절한 분석기법의 개발이 선행되어야 하며 평가목적에 부합하는 자료의 수집과 설계 등의 기술적인 요인이 있다.

④ **제도적 요인**

좋은 결과의 정책평가를 위한 행정적인 지지가 있어야 하고 평가결과가 피드백되어 실제 사용될 수 있는 법적 장치나 제도가 마련되어야 한다.

⑤ **정책 자체 요인**

정책 자체의 목표가 분명하고 수단에 대해 명확하게 제시되어 있어야 하며, 그 내용이 측정 가능하여야 한다. 정책 자체에 이런 요소들이 갖추어져 있지 않다면 평가가 어렵다.

3 정책의제 형성 및 정책결정에 관한 이론

기출회차				
1	2	3	4	5
6	7	8	9	10
11	12	13	14	15
16	17	18	19	20
21	22			

강의로 복습하는 기출회독 시리즈

Keyword 173

1. 정책의제 형성에 관한 이론모형

(1) 존스(C. Jones) 모형[38]

① 사건 인지/문제정의 단계

- 어떤 사건에 관하여 발견, 정보수집 및 파악, 해석하는 단계이다.
- 어떤 사건은 갈등이나 문제를 야기하지 않지만, 어떤 사건은 해결을 필요로 하는 욕구를 불러 일으킨다. 해결을 필요로 하는 욕구를 불러일으키는 상태를 사건 인지라고 한다.
- 문제를 정의하는 것: 문제를 인지한 후 그 문제를 야기하는 사건의 효과를 분석하고 진단하여 무엇이 문제인지 그 문제의 내용을 정확히 밝히는 것이다. 문제에 대한 명확한 정의는 그 문제에 대한 명확한 해결책을 모색하는 데 결정적인 영향을 미친다.

② 결집/조직화 단계

정의된 문제에 대하여 이해관계가 유사한 사람들이 모이고, 문제를 공통적으로 인식하게 되는 단계이다. 문제와 관련된 당사자들이 그 문제를 보다 효과적으로 정책의제가 되도록 조직을 결성하거나 활동을 진행하는 단계이다.

③ 대표 단계

대표란 국민과 국민들의 문제를 정부와 연결시키는 활동으로, 문제가 모두 의제로 다루어지는 것이 아니기 때문에 문제가 어떻게 대표되는가는 대표자와 대표되는 자의 인지에 따라 달라질 수 있다. 사람들과 문제와 정부를 연결하는 연계활동이라고 볼 수 있다. 어떤 문제가 대표되는 것은 여러 통로를 통해 이루어지는 데 이러한 통로에는 국회의원, 신문이나 방송과 같은 언론 등이 있다.

④ 의제채택 단계

문제가 의제의 지위를 얻고 정책의제 목록에 오르게 되는 단계를 말한다. 의제로 채택된다고 해서 모두 정책으로 수립되어 해결되는 것은 아니다.

(2) 아이스톤(R. Eyestone) 모형

- 사회문제가 집단에 의하여 인지되고 다른 견해를 가진 집단들이 계속 관여하게 되면 사회문제가 사회적 이슈로 성립하고 더 많은 집단들이 계속 관여함으로써 공공의제의 이슈가 되고, 공식의제로 발전한다고 보는 견해이다.
- 사회문제의 인식 단계(어떠한 문제가 관련된 개인이나 집단에 의해 사회문제로 인식되는 단계) → 사회적 이슈화 단계(사회문제에 대해 다양한 견해를 가진 개인이나 집단의 논쟁을 야기하는 단계) → 공공의제 단계(정책결정자들의 관심을 불러일으키는 중요한 사회적 이슈로 부각되는 단계) → 공식의제 단계(공공의제들 중에서 정부가 그 해결을 위해 관심과 행동을 집중하는 정부의제로 채택되는 단계)

(3) 아젠다 발전론[39)]

- 하나의 문제가 정책 아젠다에 오르느냐에 관한 관심보다 정책 아젠다가 형성되는 경우 아젠다 자체가 어떻게 발전해 나가는가에 초점을 둔다.
- 아젠다 시작 단계: 이슈의 발견, 표명, 전파, 문제해결을 위한 프로그램이 개발되는 단계
- 아젠다 조정 단계: 이슈들이 정책으로 집행되어 피드백되고 그와 관련된 새로운 이슈들이 표명되고 전파되며 기존의 관련 프로그램들이 수정되는 단계

2. 정책결정에 관한 이론모형

중요도 ★★★

정책결정 관련 이론에 대한 문제는 이론에 대한 설명으로 옳은 것(옳지 않은 것)을 묻는 형태로 출제되기 때문에 전반적인 이론의 특징과 차이를 비교해서 이해해야 한다. 각각의 이론에 대한 특징, 한계, 기본 전제 등을 중심으로 정리해두자.

(1) 합리모형 ★꼭!

① 기본 전제

- 합리모형(rational model)은 인간은 이성과 고도의 합리성에 따라 행동하고 결정한다는 것으로 정책결정자나 정책분석가가 모든 문제, 목표를 완전히 파악하고 가능한 모든 대안을 평가하여 합리적인 대안을 포괄적으로 탐색·선택할 수 있다고 보는 이론이다.
- 사회적 편익을 고려하며, 비용 대비 편익이 큰 대안을 선택한다.

잠깐!

합리모형의 주요 특징

- 인간의 이성과 합리성에 대한 신뢰
- 주어진 목표와 상황에서 최선의 정책대안 제시
- 각 대안들 간 명확한 비교
- 결과에 대한 완벽한 예측

② 평가

- 이 모형은 비판도 많지만 합리적인 대안이 선택되도록 정책결정에 공헌할 수 있다.
- 정책 대안의 선택결과에 대해 현실적 평가가 가능하고, 소수 엘리트의 정치 영향을 배제하여 정책대안 선택에 합리성을 높일 수 있다는 면도 있다.
- 다른 모형에서는 주로 합리모형이 가져오는 시간과 노력의 비용문제, 현실적인 적용 문제 등을 비판한다.
- 합리적인 대안선택이 이루어지도록 노력하는 데 중점을 두고 있다. 정책대안의 선택결과에 대해 보다 현실적 평가가 가능하다.

잠깐!

만족모형의 주요 특징

- 제한된 합리성
- 정책 목표 및 기준의 불확정성
- 제한된 대안의 탐색
- 만족스러운 대안의 선택

(2) 만족모형 꼭!

① 기본전제

- 인간 능력의 한계, 시간, 비용의 문제 등으로 인해 모든 가능한 대안을 검토하고 결정할 수 없다. 따라서 제한된 합리성에 기초하여 어느 정도 만족할만한 수준의 대안을 선택한다는 것이다.
- 정책결정자는 상황이 매우 복잡하고 동태적이므로 문제를 충분히 파악하기에는 제한적이어서 선별적으로 인식 · 선택한다고 본다. 대안을 선택하는 기준은 최적화가 아니라 만족화로 최선의 대안보다는 만족스러운 대안을 선택한다.

② 평가

- 이 모형은 합리모형의 현실적 제약을 극복하기 위해 제시되었으며, 정책결정자가 완전한 합리성이 아닌 제한된 합리성에 기초하여 정책을 결정한다고 본다.
- 정책결정자는 인간으로서 인지능력의 한계, 시간, 비용의 부족 등으로 모든 가능한 대안을 탐색하기 어렵다.
- 복잡하고 불확실한 상황 속에서 대안을 탐색, 예측, 평가해야 하기 때문에 최선 또는 최적의 대안을 선택하기 어렵다.
- 지나치게 주관적이라는 비판이 있다.
- 만족할만한 수준의 대안을 선택한다고 할 때 만족의 정도를 결정할 객관적 척도가 없다.

(3) 점증모형

① 기본전제

- 점증모형(incremental model)에 따르면 현실적인 정책결정 과정은 과거의 정책이나 결정의 부분적 · 점진적 · 순차적 수정이나 약간의 개선 · 향상으로 이루어지며, 그렇게 점진적으로 정책이 결정되는 것이 바람직하다고 강조한다.
- 정치적 효율성을 강조하여 다양한 이해관계자들 사이의 합의로 결정이 이루어진다. 하나의 정책을 둘러싸고 전개되는 정치적, 권력적 작용과 다양한 이해관계자들 간의 경쟁과 대립 등 정책결정 과정의 정치적 성격을 가장 잘 설명함으로써 공공정책의 속성을 적절히 나타낸다.
- 현실적으로는 중앙정부 차원의 사회복지정책의 경우 이미 시행 중인 정책대안들을 위해 많은 예산이 투입되었기 때문에 개혁적인 새로운 대안을 채택하기보다는 일부 문제점을 보완하는 점증적인 정책대안을 선호하는 경우가 많다. 이와 같은 매몰비용(sunk cost)이 점증주의에 입각한 정책대안을 사용하게 하거나 만족스러운 대안을 채택하게 하는 경우도 있다.

잠깐!

점증모형의 주요 특징

- 비합리성
- 수단과 목적 사이의 조정
- 결정자의 능력, 시간, 정치적 제약 등을 고려
- 기존 정책에 대한 소폭의 변화를 통해 점진적 수정 · 보완

② 평가

- 합리모형의 비현실성을 비판한다는 점에서 만족모형과 유사하다.
- 정책결정에 관한 계획성이 결여되어 있으며, 정책결정에 관한 분명한 기준이 없다.
- 이 모형은 사회가 근본적인 재배분을 필요로 하는 정책보다 항상 정치적으로 실현가능한 임기응변적 정책을 모색하는 데 골몰한다는 점, 권력이나 영향력이 강한 개인 및 집단에게는 유리하나 사회적 약자에게는 불리한 정책을 산출할 가능성이 높다는 점, 단기적인 정책에만 관심을 가질 수 있다는 점 등이 약점이다.

(4) 혼합모형

- 혼합모형은 합리모형과 점증모형의 절충적인 형태로 에치오니(Etzioni)가 주장한 모형이다.
- 이 모형은 중요한 문제이거나 위기적 상황인 경우 합리모형에서와 같이 포괄적 관찰을 통해 대안을 탐색하여 기본적 결정을 하고, 이후 점증모형에서와 같이 이를 수정 · 보완하면서 세부적(점증적) 결정을 한다는 논리이다.
- 기본적 결정이 중대한 영향을 미치고 후속적인 세부 결정의 범주와 방향을 제시하는 것이다.

잠깐!

혼합모형의 주요 특징

- 합리성+점증적 결정
- 기본적 결정과 세부적 결정을 구분

잠깐!

최적모형의 주요 특징

- 경제적 합리성+초합리성
- 자원의 합리적 활용을 강조

(5) 최적모형 꼭!

- 최적모형(optimal model)은 정책결정에는 경제적 합리성과 함께 직관, 판단력, 창의력 등 초합리적 요소까지도 동시에 고려해야 한다는 이론이다. 정책결정능력이 최적수준까지 향상될 수 있다는 가능성을 제시하고 있다.
- 이 모형은 계량적 · 경제적 합리성의 측면과 질적이며 초합리적인 요소를 함께 고려한다. 또 제한된 인적 · 물적 자원의 범위 내에서의 정치적 합리성과 경제적 합리성을 동일하게 중요시하며, 정책의 집행, 평가 및 피드백에도 관심을 가져야 한다고 강조한다.

(6) 엘리트모형

이 모형은 정책이 통치엘리트의 가치나 이해관계에 의해 결정된다고 보는 모형이다. 소수의 권력을 가진 자만이 정책을 분배할 수 있고, 대중이 엘리트로부터 영향을 받는다고 주장한다.

(7) 쓰레기통모형 꼭!

- 정책결정이 일정한 규칙에 따라 이루어지는 것이 아니라 쓰레기통처럼 불규칙하게 정책결정이 이루어진다고 본다.
- '조직화된 무정부상태' 속에서 나타나는 정책결정에 필요한 여러 가지 흐름이 우연히 쓰레기통 속에서 만나게 되면 정책결정이 이루어진다고 본다.
- 킹돈(Kingdon)은 정치의 흐름, 문제의 흐름, 정책대안의 흐름이라는 세 가지 흐름이 각각 따로 존재하며, 각 흐름의 주요 참여자도 각각 다르다고 본다. 곧 정치의 흐름은 정치인 및 이익집단들에 의해, 문제의 흐름은 언론 및 클라이언트들에 의하여, 정책대안의 흐름은 관료나 전문가의 참여에 의하여 활성화되며 독자적으로 흘러간다고 본다.
- 정책전문가들은 지속적으로 특정 사회문제에 대한 정책대안들을 연구하고 있으며, 정책대안들이 정치적 흐름과 문제 흐름에 의해 정책 아젠다(agenda)로 등장할 때까지 기다린다.
- 이들 세 개의 흐름이 연결되면 정책의 창(policy window)이 열려 정책대안이 마련되고, 그렇지 않으면 각 흐름은 다시 제각각 본래의 흐름으로 돌아간다.

(8) 공공선택모형

- 공공선택이론(theory of public choice)은 정치경제학적인 입장에서 공공재와 공공 서비스의 공급을 합리적으로 수행하는 것이 매우 중요하다는 전제 하에, 이를 위한 정책결정 방식과 조직 배열에 관심을 두고 있다.

- 모든 다른 사회가치에 손실을 주는 일 없이 특정 가치를 더 많이 성취하는 파레토 최적 기준점에서 가장 합리적인 정책결정이 이루어져 공공정책의 최적 선택이 가능하다고 본다.
- 하나의 정책이 사회의 모든 부문에 미치는 정책의 파급효과를 중시하고, 공공재를 공급하는 정부조직체의 경우 다양한 공공재와 서비스를 제공하기 위해서는 다양한 조직 배열이 있어야 한다고 주장한다.
- 공공선택이론에 따르면 사회복지 재화와 서비스는 증가하는 욕구에 따라 경제적, 합리적으로 제공되는 것이 아니라, 사회복지를 둘러싼 정치적 이해관계에 의해 제공된다.
- 공공선택은 크게 3가지 결과를 낳을 수 있다.
  - 사회 구성원들의 소득이 증가되는 파레토 우위의 결과를 가져올 수 있다.
  - 한 집단에서 다른 집단으로 소득을 재분배시킨다.
  - 어리석은 공공선택이 이루어지면 모든 구성원의 소득이 자유방임 때보다 더 감소된다.

(9) 앨리슨모형

앨리슨(Allison) 모형은 합리적 행위자 모형, 조직과정 모형, 관료정치 모형으로 구성되어 있는데, 정책결정 과정에 참여한 관료들 간에 이루어지는 협상, 타협, 경쟁 등 정치적 게임의 결과로 보는 관료정치 모형을 제시한 점이 눈에 띈다.

5장 사회복지정책의 분석틀

한눈에 쏙!		중요도	
❶ 사회복지정책의 분석틀	1. 사회복지정책 분석의 유형	★★★	
	2. 사회복지정책 분석의 기본틀		
❷ 사회복지정책의 대상	1. 보편주의와 선별주의	★★★	22회 기출
	2. 대상선정 기준	★★★	
❸ 사회복지정책의 급여	1. 현금급여	★★★	22회 기출
	2. 현물급여	★★★	22회 기출
	3. 증서(바우처)	★★	22회 기출
	4. 기회		22회 기출
	5. 권력		
❹ 사회복지정책의 재원	1. 사회복지정책의 재원		
	2. 공공재원	★★★	22회 기출
	3. 민간재원	★★★	22회 기출
❺ 사회복지정책의 전달체계	1. 사회복지 전달체계의 주요 원칙		22회 기출
	2. 공공부문: 중앙정부와 지방정부	★★★	
	3. 민간부문, 혼합 형태		22회 기출
	4. 민영화	★★	

기출경향 살펴보기

이 장의 기출 포인트

평균 6문제 이상 출제되는 매우 중요한 장이다. 정책의 분석틀, 정책의 대상, 정책의 급여, 정책의 재원, 정책의 전달체계 등 5장에 해당하는 내용은 최근 시험에서 사례와 접목시키거나 실제 우리나라의 사회복지제도와 연결하는 까다로운 문제 형태로도 출제되고 있으므로 각각의 기본적인 개념을 이해하는 것은 물론이고, 이 개념들이 실제 사회복지제도에 어떻게 적용되고 있는지도 반드시 정리해야 한다.

최근 5개년 출제 분포도

연도별 그래프

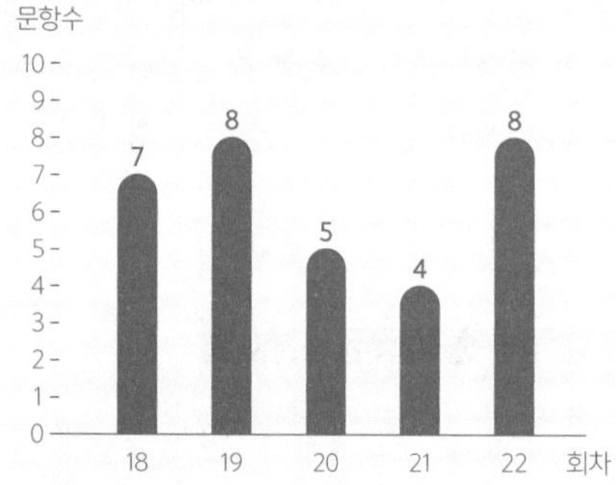

평균출제문항수

6.4 문항

2단계 학습전략

데이터의 힘을 믿으세요!
강의로 복습하는 **기출회독 시리즈**

3회독 복습과정을 통해
최신 기출경향 파악

최근 10개년 핵심 키워드

기출회독 **174**	사회복지정책의 분석틀	6문항
기출회독 **175**	사회복지정책의 대상	11문항
기출회독 **176**	사회복지정책의 급여	10문항
기출회독 **177**	사회복지정책의 재원	12문항
기출회독 **178**	사회복지정책의 전달체계	15문항

기본개념 완성을 위한 **학습자료 제공**

기본개념 강의, 기본쌓기 문제, O X 퀴즈, 기출문제, 정오표, 묻고답하기, 지식창고, 보충자료 등을 **아임패스**를 통해 만나실 수 있습니다.

1 사회복지정책의 분석틀

기출회차				
1	**2**	3	4	**5**
6	**7**	**8**	**9**	**10**
11	**12**	13	**14**	15
16	17	**18**	**19**	**20**
21	22			

강의로 복습하는 기출회독 시리즈

Keyword 174

중요도 ★★★

사회복지정책 분석의 유형과 관련해서는 분석유형에 포함되는 것을 고르는 단순한 유형의 문제부터 분석의 사례를 제시하고 이에 해당하는 분석유형의 내용을 고르는 고난이도 문제까지 다양한 유형으로 출제되었다.

1. 사회복지정책 분석의 유형(3P)

과정분석, 산출분석, 성과분석이라는 세 가지 접근방법 각각은 주로 정책의 계획, 정책의 운영(행정), 정책에 관한 조사연구와 관련된 문제들을 다룬다. 유의할 것은 세 가지 접근방법들은 서로 중첩되며 서로 관련된 것들이라는 점이다. 예를 들어 노후소득보장과 관련된 입법의 전개 과정을 분석(과정분석)하고, 이러한 입법의 결과물로 나타난 다양한 정책 프로그램들을 분석(산물분석)하고, 그 프로그램들의 성과를 평가(성과분석)하는 것이 결합된 형태로 나타날 수 있다.

(1) 과정분석(studies of process) ⇒ 사회복지정책 형성과정 분석

- 사회복지정책 형성의 역동성을 중심으로 하여 분석하는 접근이다.
- 정책의 계획과 관련된 문제들을 다룬다.
- 정책의 계획과 관련된 각종 정보와 다양한 정치조직, 정부기관, 기타 조직들 간의 관계 및 상호작용이 정책형성에 어떻게 영향을 미치는가를 분석하는 것에 가장 큰 관심을 기울인다.
- 과정분석을 통하여 사회복지정책 형성에 영향을 주는 사회적 · 정치적 · 경제적인 배경요인 등을 파악할 수 있다.
- 과정분석은 분석수준에 있어서 사회복지제도 전체를 대상으로 할 수도 있고 특정한 제도 한 가지만을 대상으로 할 수도 있다. 시간적 차원으로 장기간에 걸친 제도의 발달을 다룰 수도 있고 단기간의 변화를 다룰 수도 있다.
- 정책결정에 있어서의 정치적 · 기술적 투입요소에 대한 사례를 연구한다.

(2) 산출분석(studies of product, 산물분석) ⇒ 사회복지정책 내용 분석

- 정책의 운영(행정)과 관련된 문제들을 다룬다.
- 기획 과정을 통해 얻게 되는 산물로서 프로그램 안이나 법률안에 대한 여러 쟁점을 분석한다.
- 특정한 방향으로 설계된 정책에 있어서 그 정책에 포함되어 있는 정책 선택

의 형태와 내용을 분석한다.
- 특정 선택에 따라 배제된 대안을 분석하거나 선택의 근거가 된 가치와 이론, 가정들에 대한 문제를 분석한다.

(3) 성과분석(studies of performance) ⇒ 사회복지정책 평가 분석

- 정책의 조사연구에 관한 문제들을 다룬다.
- 성과분석은 정책프로그램이 실행된 결과나 영향을 평가하는 것이며 다른 두 가지 분석 유형보다 더 객관적이고 체계적인 분석을 요구한다.
- 성과는 질적, 양적 자료의 수집을 통해서 다양한 학문분야에서 개발된 방법론적 도구를 통해서 측정할 수 있다. 조사방법론은 성과를 측정하는 데 관련된 중요한 기술적, 이론적 지식과 기법을 제공하고 있다.
- 프로그램이 얼마나 잘 실행되었는가, 프로그램 실시로 얻은 영향이 무엇인가를 연구한다.

2. 사회복지정책 분석의 기본틀

사회복지정책 산출(내용)분석의 기본틀이며, 정책 선택(Policy Choice)과 관련된다.

(1) 선택의 차원들

- 길버트(N. Gilbert)와 테렐(P. Terrell)은 다음과 같은 4가지 질문으로 사회복지정책 분석의 기본틀을 제시했다.[40]
  - 사회적 할당의 기반은 무엇인가: 누가 급여를 받는가?
  - 사회적 급여의 형태는 무엇인가: 무엇을 받는가?
  - 사회적 급여를 전달하기 위한 전략은 무엇인가: 어떻게 급여를 받는가?
  - 사회적 급여에 필요한 재정을 마련하기 위한 방법은 무엇인가: 누가 급여를 지불하는가?
- 이러한 질문에 대한 대답을 통해 사회복지정책을 분석하는 기준으로 급여대상, 재원, 전달체계, 급여의 형태를 제시하고 있다. 이 4가지 분석틀은 사회복지 정책이 누구에게(급여의 대상), 무엇을(급여의 내용), 어떻게(재원과 전달체계) 제공하는가라는 질문에 대한 응답이라고 할 수 있다. 이 4가지 분석 대상을 각각 할당체계(급여의 대상), 급여체계(급여의 내용), 전달체계, 재정체계라고도 한다.
- 이러한 네 가지 차원은 정책의 기본적인 내용을 분석하는 데 유용한 틀로

잠깐!

길버트와 테렐, 길버트와 스펙트

길버트와 스펙트가 제시한 사회복지 분석에 대한 연구에 테렐(Terrell)이 결합하면서 교재에 따라 길버트 · 스펙트의 분석틀 또는 길버트 · 테렐의 분석틀로 다르게 표현하고 있지만 기본적인 내용은 동일하다.

사용되고 있다.

사회복지정책에 대한 4가지 분석틀

선택의 차원	의미	선택의 대안
할당	수급자격: 대상체계	• 귀속적 욕구 • 사회적 공헌, 보상 • 진단적 차등 • 자산조사
급여	급여종류: 급여체계	현금, 현물서비스, 증서, 기회, 권력 등
전달	전달방법: 전달체계	공공부문(중앙정부와 지방정부), 민간부문, 혼합형태 등
재정	재정마련방법: 재정체계	공공재원(사회보험, 과세), 민간재원(사용자 부담, 민간모금 등), 공공과 민간재원의 혼합 등

(2) 3가지 축

4가지 선택의 차원을 3가지 축(대안, 가치, 이론)에 따라 분석한다.

- 4가지 선택의 차원 각각에 존재하는 대안의 종류
- 각 대안의 근거가 되는 사회적 가치(사회효과성, 비용효과성, 선택의 자유, 사회통제, 지방분권, 중앙집권 등)
- 각 대안에 내재한 이론

2 사회복지정책의 대상

기출회차				
1	2	3	4	5
6	7	8	9	10
11	12	13	14	15
16	17	18	19	20
21	22			

강의로 복습하는 기출회독 시리즈

Keyword 175

1. 보편주의와 선별주의 22회 기출

중요도 ★★★

보편주의와 선별주의의 개념과 특징을 구분하는 것은 매우 중요하므로 반드시 명확하게 정리하고 넘어가야 한다. 또한 실제 제도에서 보편주의와 선별주의가 어떻게 적용되며 어떠한 차이가 있는지를 연결해 볼 수 있어야 한다. 22회 시험에서는 보편주의와 선별주의의 특징을 비교하는 문제가 출제되었다.

(1) 보편주의 꼭!

- 보편주의란 사람들이 그의 지위나 존엄성, 그리고 자존감을 상실하는 굴욕적인 상황에 처하지 않게끔 하면서 사회복지정책의 급여나 서비스를 모든 사람들이 이용하고 접근할 수 있도록 하는 것이다. 즉 공적으로 제공되는 서비스를 사람들이 이용함에 있어서는 그들로 하여금 어떠한 열등감도 가지지 않게끔 해야 하며 어떠한 수치심이나 낙인감도 가지지 않게끔 해야 한다는 것이다. 사회복지정책 급여는 사회적 권리로서 모든 국민에게 주어져야 한다는 관점이다. 사회복지의 권리성, 연대의 가치를 강조한다.
- 보편주의적인 제도에는 사회수당, 사회보험 등이 있다. 보편주의의 정도는 제도들에 따라 차이가 있다.
- 보편주의적인 제도가 선별주의적인 제도에 비해 행정비용이 상대적으로 적게 소요된다. 즉 운영효율성이 높다고 할 수 있다. 물론 전체적인 소요재정을 고려했을 때는 보편주의적인 제도가 선별주의적인 제도에 비해 더 많은 재정을 필요로 할 수 있다.
- 사회통합, 사회효과성을 강조한다.

한걸음 더

비용효과성과 사회효과성

대상선정 기준을 선택할 때 고려해야 할 가치로 비용효과성과 사회효과성을 들 수 있다. 일반적으로 보편주의는 사회효과성을 강조하고, 선별주의는 비용효과성을 강조하는 경향이 있다. 비용효과성은 욕구가 가장 많은 경우, 즉 시장에서 자신들이 필요로 하는 것을 구입할 능력이 가장 적은 사람들에게 어느 정도나 자원이 할당되는가에 의해 측정된다. 즉, 욕구가 가장 큰 저소득층에게 자원을 집중적으로 배분할수록 투입된 자원 대비 빈곤감소 효과가 크기 때문에 비용효과성이 크다고 볼 수 있다. 비용효과성의 가치를 실현하기 위해서는 급여를 받을 자격이 있는 사람들을 선별적으로 구분해야 한다.

(2) 선별주의(선택주의) 꼭!

- 선별주의란 사회복지 대상자를 특정한 조건이나 제한을 두어 선별적으로 결정하는 것을 의미한다. 선별주의적 제도에서는 급여에 대한 욕구에 기초하여 대상자가 결정되며, 욕구의 존재 여부는 자산조사에 의해 판별된다. 낙인이 발생할 수 있다.
- 자원을 욕구가 가장 큰 사람에게 집중할 수 있다. 예를 들어, 공공부조제도는 저소득층에게 자원을 집중적으로 배분한다.
- 비용-효과성을 강조한다.

한걸음 더

낙인(stigma)

급여를 받는 대상자가 느끼는 모멸감, 치욕감 등을 말한다. 이것은 인간의 존엄성이라는 가치를 훼손하는 효과를 미친다. 선별주의의 단점으로 지적되는 것 중에 대표적인 것인 낙인 효과이다. 선별주의에 기반한 제도의 혜택을 받기 위해서는 보통 자산조사나 자격에 대한 조사를 실시하게 되는데, 이러한 과정에서 개인의 재산상태 뿐만 아니라 가족관계 등에 관한 설명을 해야 하는 경우가 발생하기도 한다. 또한 제도의 혜택을 받기 위해 스스로 빈곤층임을 증명하는 과정에서 좌절감이나 굴욕감이 발생하기도 한다. 엄격한 자격요건으로 인하여 사회복지 급여를 제공하는 과정에서 발생할 수 있는 부정적인 효과를 의미하는 낙인은 일종의 심리사회적 현상으로 사회복지 급여를 제공받는 사람들이 무가치한 존재 혹은 사회적으로 인정받지 못하는 사람으로 간주되는 현상을 의미한다.

한걸음 더

보편주의와 선별주의

보편주의는 급여가 사회적 권리로서 모든 사람에게 주어져야 한다는 원리이다. 보편주의자들은 사회정책을 사회구성원 모두가 당면하는 문제에 대한 사회 전체의 대응이라고 생각하여, 시민들을 서로 이질적인 집단으로 구분할 것이 아니라 문제와 욕구에 대응할 수 있는 광범위한 프로그램을 조직해야 한다고 주장한다. 이로써 인간의 존엄성과 사회적 통합을 이룰 수 있다고 보았다.

한편 선별주의는 급여가 개인의 욕구에 기초하여 제공되어야 한다는 원리이다. 선별주의자들은 사회복지로부터 혜택을 받기를 원하는 개인과 가족은 이를 받을 욕구(필요)가 있음을 증명해야 한다고 생각하여, 자산조사를 실시하여 급여자격을 선별해야 한다고 주장한다. 이를 통해 총지출을 감소시키고 가장 욕구가 큰 사람에게 가용재원을 집중시킬 수 있다고 보았다.

이처럼 보편주의의 가장 큰 장점은 사회통합이고 선별주의의 가장 큰 장점은 비용절감과 소득재분배라고 할 수 있다. 하지만, 양 진영은 서로 상대방의 장점을 자신들도 갖고 있다고 주장한다. 보편주의자들은 보편적이고 광범위한 예방 프로그램을 실시함으로써 오히려 장기적으로는 비용을 절감할 수 있으며, 조세를 통한 환수(tax back)를 통해 부자에게 지급된 급여를 세금을 통해 다시 되돌려 받음으로써 소득재분배효과를 높일 수 있다고 주장한다. 한편 선별주의자들은 욕구가 있는 이들에게 표적화된 급여를 제공함으로써 소득불평등뿐만 아니라 사회 전체의 불평등을 감소시켜 사회통합을 이룰 수 있다고 주장한다.

2. 대상선정 기준

중요도 ★★★

길버트와 테렐이 제시한 대상선정 기준에 관한 문제는 최근 지속적으로 출제되고 있다. 대상선정 기준이라는 용어 대신 할당원리 또는 할당원칙이라는 용어로도 출제되고 있다. 각각의 유형에 대한 개념을 명확하게 숙지하고, 반드시 실제 제도와 연결지어서 정리해야 한다.

길버트와 테렐(Gilbert & Terrell)은 사회복지 대상자 선정의 기준을 보편주의와 선별주의의 이분법보다 더 세분화하여 귀속적 욕구, 보상, 등급분류, 자산조사의 4가지로 나누었다. 대상자 선정 기준에 있어서 한 가지 기준만을 적용하는 경우도 있지만, 여러 가지 기준을 동시에 적용하는 경우도 있다. 대상선정 기준을 할당 기준이라고도 하며, 급여를 누구에게 제공할 것인가의 문제와 연관된다.

(1) 귀속적 욕구 ★꼭!

- 시장에 존재하는 기존의 제도에 의해서는 충족되지 않는 욕구를 공통적으로 가진 집단에 속한 경우 급여를 제공하는 것이다. 이때 귀속적 욕구는 규범적 기준에 의해 정해진다.
- 욕구의 귀속범위를 가장 광범위하게 정의하는 것은 욕구가 모든 국민에게 귀속되어 있다고 보는 경우이다. 이때는 시민권이나 국적 여부로 급여를 제공하게 되는데, 영국의 국민보건서비스(NHS)가 대표적이다. 욕구가 인구학적으로 구분되는 집단에 귀속된 것으로 보는 경우에는 각 집단에 특화된 급여를 제공하게 되는데, 대표적으로 노인복지, 아동복지 등을 들 수 있다. 욕구를 보다 제한적인 집단에 귀속된 것으로 한정할 수도 있는데, 예를 들어 지역마다 서로 다른 욕구가 존재한다고 보고 지역별로 특화된 서비스를 제공하는 것이 있다.
- 이런 대상선정 기준을 적용하는 대표적인 제도로 사회수당제도가 있다. 사회수당제도는 특정한 인구학적 조건(출생, 사망, 연령 등)만 충족하면 급여가 주어진다는 점에서 낙인 문제가 발생하지 않는다. 하지만, 급여수준이 높지는 않다. 사회수당제도는 자격조건이 단순하기 때문에 대상자 선별과정 등에 투입되는 행정비용이 상대적으로 적게 소요된다는 점에서 운영효율성이 높다.
- 대부분은 인구학적 조건과 선별주의적 자격조건을 결합하여 운영한다. 한국의 기초연금제도는 65세 이상 노인(인구학적 조건)으로 소득인정액이 선정기준액 이하인 사람(자산조사)에게 급여를 제공한다.

(2) 보상 ★꼭!

- 사회에 특별한 기여를 한 사람들에 대한 보상으로서 급여자격이 주어지는 경우가 있다. 국가유공자나 독립유공자를 대상으로 한 제도가 이런 경우에 해당한다.

- 사회보험의 경우 보험료 기여를 급여를 받기 위한 자격조건으로 하고 있다. 즉 보험료를 납부해야만 급여를 받을 수 있다.
- 국가유공자에 대한 급여와 같이 사회적인 기여를 기준으로 제공하는 프로그램들도 있다.

(3) 진단적 차등 꼭!

전문가의 분류나 판단에 근거하여 급여를 제공하는 것이다. 대표적인 것이 노인장기요양보험제도에서의 요양등급 분류라 할 수 있는데, 각 개인의 요양등급을 전문가가 판단하여 정도에 따라 급여를 차등 지급한다.

(4) 자산조사 꼭!

잠깐!

자산조사

소득 · 재산에 대한 조사를 통해 욕구를 확인하고 특정 개인에게 급여를 제공

- 가장 선별주의적인 자격조건으로, 주로 공공부조 프로그램에서 자격기준으로 사용한다. 자산조사는 각 개인이 재화와 서비스를 스스로 구매할 능력이 없다는 것을 소득과 재산에 대한 조사를 통해 확인하고 급여를 제공하는 것이다. 따라서 사회복지 급여의 수급자는 제한적이며, 개개인의 욕구에 따라 대상자를 선정한다.
- 우리나라에서는 국민기초생활보장 제도나 의료급여 제도 등에서 자산조사를 사용한다.
- 송근원 · 김태성(1995)은 일반적으로 많이 사용되는 급여의 자격조건으로 거주여부와 거주기간, 인구학적 조건, 기여, 근로능력, 자산조사, 전문적 또는 행정적 판단이라는 6가지를 제시하고 있다.

송근원 · 김태성의 급여자격 조건 분류

보편주의 제도적 복지	←―――――	―――――	―――――→	선별주의 잔여적 복지
귀속적 욕구 (attributed need)		보상 (compensation)	진단적 차등 (diagnostic differentiation)	자산조사에 의한 욕구 (mean-tested need)
거주여부	인구학적 속성	사회경제적 기여	전문적 판단	자산조사

한걸음 더

한국의 사회복지제도의 대상선정 기준

제도	대상선정 기준
국민연금	(급여종류에 따라 차이가 있음) 인구학적 기준, 보험료 기여, 진단적 차등 등
건강보험	(급여종류에 따라 차이가 있음) 기여
고용보험	(급여종류에 따라 차이가 있음) 기여
산재보험	(급여종류에 따라 차이가 있음) 기여, 진단적 차등
노인장기요양보험	인구학적 기준, 기여, 진단적 차등
국민기초생활보장제도	중위소득 기준, 부양의무자 기준
기초연금	인구학적 기준(65세 이상), 자산조사(소득인정액 기준)
장애인연금	인구학적 기준, 진단적 차등, 자산조사(소득인정액 기준)
양육수당, 영유아보육료지원	인구학적 기준

기출회차				
1	2	3	4	5
6	7	8	9	10
11	12	13	14	15
16	17	18	19	20
21	22			

강의로 복습하는 기출회독 시리즈

Keyword 176

3 사회복지정책의 급여

사회복지정책을 통해 제공되는 물질적 · 비물질적 지원을 급여라 한다. 이 급여에는 현금, 현물, 증서, 기회, 권력 등이 있는데 현실적으로 현금과 현물의 형태가 거의 대부분이다. 앞서 제시한 길버트와 스펙트의 분석틀 중 '무엇을 받는가?'에 해당하는 급여의 형태를 알아본다.

중요도 ★★★

급여형태는 출제빈도가 매우 높은 영역이다. 현금급여와 현물급여의 특징을 비교하는 형태로 자주 출제되므로 개념과 장단점을 비교하면서 정리할 필요가 있다. 22회 시험에서는 급여의 형태에 관한 문제에서 현금급여에 관한 내용이 선택지로 출제되었다.

1. 현금급여 (22회 기출)

현금급여는 급여 수급자가 자신에게 필요한 재화와 서비스를 직접 시장에서 구매하도록 화폐 형태로 지급하는 급여이다. 대부분의 재화와 서비스를 시장에서 구매할 수 있는 현대 자본주의 사회에서 현금급여는 수급자가 선호하는 급여 형태인 동시에 시장 기제를 통해 소비가 이루어짐으로써 시장에 대한 왜곡이 발생하지 않는다는 점에서 지지받고 있다. 하지만 현금으로 급여를 지급함으로써 원래 정책이 목표했던 바대로 쓰이지 않고 불필요한 소비지출에 사용될 수 있는 한계를 지니고 있다.

(1) 현금급여의 장점[41] 꼭!

- 수급자 효용을 극대화할 수 있다. 수급자는 현금을 받아서 자신이 원하는 재화와 서비스를 선택하여 구매할 때 동일한 자원으로 자신의 만족감(효용)을 극대화할 수 있다.
- 수급자의 존엄성을 유지시켜 줄 수 있다.
- 수급자들의 선택의 자유와 소비자 주권(consumer sovereignty)을 높일 수 있다.
- 프로그램의 운영비용이 적게 들어 운영효율성이 높다.

(2) 현금급여의 단점 꼭!

- 불필요한 부분에 사용하는 것을 막을 수 없어 목표효율성이 떨어진다.
- 개인들의 효용은 높일 수 있어도 사회적 효용이 감소되는 경우도 있다.

2. 현물급여 22회 기출

중요도 ★★★

앞서 언급한 바와 같이 현금급여와 현물급여의 특징을 비교하는 형태로 자주 출제되므로 개념과 장단점을 비교하면서 정리할 필요가 있다. 22회 시험에서는 급여의 형태에 관한 문제에서 현물급여에 관한 내용이 선택지로 출제되었으며, 사회보장 급여 중 현물급여가 아닌 것을 찾는 문제가 단독 문제로 출제되었다.

현물급여는 수급자에게 필요한 물품(product) 또는 서비스(service)를 직접 급여로 제공하는 형태를 말한다. 우리나라에서 예전에 공공부조 수급자들에게 쌀을 직접 나누어주는 것이나 재해 발생 시 필요한 생활필수품을 나누어주는 것과 같이 필요한 물품을 지급하는 경우도 있고, 의료서비스 · 교육서비스 같이 필요한 서비스를 비용을 지불하지 않고 이용하도록 하는 경우도 있다. 이러한 현물급여 중 물품을 직접 급여의 형태로 사용하는 경우는 점차 줄어들고 있지만, 필요한 서비스의 경우 여전히 현물의 형태로 지급되고 있다.

(1) 현물급여의 장점 꼭!

- 정책의 목표효율성을 높일 수 있다. 급여를 받는 사람들이 용도 이외의 부분에 사용할 수 없기 때문에 정책 목표에 맞는 소비가 이루어진다.
- 현물급여를 통해 경제적 필요가 높은 사람들을 구별할 수 있기 때문에 필요한 대상자에게 집중적으로 급여를 할 수 있다. 불필요한 사람들은 현물급여를 적게 신청하게 된다.
- 정치적인 측면에서 세금이 반드시 필요한 곳에 쓰인다는 것을 보여줄 수 있어서 정치적으로 선호되기도 하고, 정부 관료들에 의해서도 권력을 행사할 수 있어서 선호된다.
- 다수의 사람들이 소득의 평등보다 특정한 필수품의 평등에 더 관심을 가지는 물품 평등주의(commodity egalitarianism)를 보이고 있다.

(2) 현물급여의 단점 꼭!

- 수급자에게 낙인감을 줄 수 있다. 현금급여의 경우 수급여부가 노출되지 않는 반면, 현물급여는 수급여부가 노출되어 개인의 존엄성을 해칠 수 있다.
- 현물의 보관 · 유통과정에 추가적인 비용이 들기 때문에 운영효율성이 낮다.

3. 증서(바우처, Voucher) 22회 기출

중요도 ★★

최근 시험에서는 증서(바우처)에 관한 출제비중이 높아지고 있다. 증서의 개념은 물론, 이와 관련된 바우처사업과 전자바우처 제도에 대한 전반적인 내용을 정리해야 한다. 22회 시험에서는 급여의 형태에 관한 문제에서 증서에 관한 내용이 선택지로 출제되었으며, 사회서비스 전자바우처에 관한 문제가 단독 문제로 출제되었다.

- 증서는 정해진 용도 내에서 원하는 재화나 서비스를 자유롭게 선택할 수 있는 일종의 이용권으로서, 현금급여와 현물급여의 중간 성격을 갖고 있다. 증서는 현금급여의 장점인 소비자 선택의 자유를 비록 제한적이지만 살릴 수 있고, 현금급여의 무제한 선택의 자유에서 발생하는 목표효율성의 저하를 어느 정도 막을 수 있다. 그리고 현물급여의 장점인 목표효율성을 살리

고 납세자들의 정치적 지지를 획득하는 데 용이하며, 현물급여보다 수급자의 효용을 증가시키고 운영효율성을 높일 수 있다. 하지만 급여 양에 대한 통제가 있으며, 현금급여의 단점인 오남용 문제를 줄일 수는 있지만 원천적으로 막을 수는 없고, 서비스 공급자가 특정 소비자를 선호, 회피하는 현상이 발생할 수 있다. 가장 대표적인 증서로는 미국의 식료품권(Food Stamp)이 있다.

- 이처럼 현금과 현물의 장점을 두루 가지고 있는 증서는 바로 이 '중간적 성격'으로 인해 확실한 지지 세력이 없던 관계로 그동안 대부분의 국가에서 주요 급여형태로 발달하지 못했다.
- 하지만, 최근 우리나라는 다양한 형태의 증서를 도입하고 있다. 이들 증서는 재화에 대한 증서인 미국의 Food Stamp와 달리 서비스에 대한 증서라는 점에서 다르다. 우리나라는 '사회서비스' 확대를 위한 구체적인 방법으로 기존의 현물급여를 확대하는 대신 새로운 형태의 증서를 도입함으로써 대상자 확대와 서비스 질 개선을 도모하고 있다. 우리나라는 노인, 장애인, 산모 및 신생아, 아동 등을 대상으로 하는 사업들에서 증서(바우처)제도를 실시하고 있다. 기존의 공급기관 지원방식과 비교할 때, 서비스 이용자가 기관을 선택할 수 있게 함으로써 공급자 간에 서비스 질을 높이기 위한 경쟁을 유도하고, 이를 통해 서비스 질을 개선하는 것을 목표로 하고 있다.

잠깐!

우리나라의 전자바우처제도

우리나라는 2007년부터 전자바우처 방식의 사회서비스를 도입했다.

한걸음 더

우리나라 사회서비스 전자바우처제도

- 시 · 군 · 구에서 사회서비스 수혜자로 인정받은 대상자가 제공기관으로 인정받은 기관에서 서비스를 받을 수 있도록 바우처를 제공하는 형태이다.
- 보건복지부는 대상자 선정기준, 서비스 유형 및 바우처 지급방법 등에 대한 기반을 마련한다. 시 · 군 · 구에서는 대상자 신청접수, 선정, 통지 및 제공기관 신청접수, 선정, 통지한다. 사회보장정보원에서는 서비스 결제승인, 자금관리, 결제매체 관리 등을 맡는다.
- 사업의 종류: 장애인활동지원서비스, 산모/신생아건강관리지원사업, 지역사회서비스투자사업, 가사간병방문지원사업, 장애아동가족지원사업, 발달장애인지원사업, 임신출산진료비지원제도, 청소년산모임신출산의료비지원사업, 기저귀/조제분유지원사업, 아이돌봄지원사업, 에너지바우처사업, 여성청소년생리대바우처지원사업, 첫만남이용권지원사업

4. 기회(opportunity) 22회 기출

기회는 무형의 급여 형태로서 어떤 집단이 접근하지 못했던 부분에 접근을 가능하게 만드는 것이다. 대부분의 경우 고용과 교육에서의 기회를 중요시한

다. 이러한 급여형태의 목표는 사회적으로 취약한 위치에 있는 집단이나 불평등한 처우를 받는 집단에게 유리한 기회를 주어 보다 나은 생활을 유지할 수 있도록 하려는 것이다. 주요 대상으로는 여성, 장애인, 노인, 외국인 근로자 등 사회적으로 차별받고 있다는 사회적 인식이 형성되어 있는 집단이 포함된다. 이러한 집단에 대해서는 교육과 고용에 있어서 이 집단에 속하지 않는 사람들에 비해 유리한 조건이 부여된다. 이러한 정책들은 부정적인 의미의 차별과 구별해서 긍정적 차별(positive discrimination) 또는 적극적 차별시정 조치(affirmative action)라고도 부른다.

한걸음 더

긍정적 차별

긍정적 차별 정책은 주로 미국에서 유래한 것이다. 이것은 특정 집단이 차별의 결과로 과거부터 불이익을 받아왔다면 사회는 이 집단에 대한 어떤 특별한 처우를 제공함으로써 그들에게 그동안 가해졌던 부정의를 제거해야 할 의무를 져야 한다는 생각에 바탕을 둔다. 긍정적 차별 정책의 예로는 대학이나 기업에서 여성이나 흑인, 장애인 등을 특정 비율로 받아들이도록 강제하는 정책을 들 수 있다.

5. 권력(power)

- 수급자에게 정책결정에 있어 권력을 부여하여 그들에게 유리하게 결정될 수 있도록 하는 것으로, 권력은 현금이나 증서처럼 쓰일 수 없지만 현물이나 기회보다는 훨씬 더 많은 선택의 여지를 제공할 수도 있다. 예를 들어 사회보장위원회에 수급자 대표를 참여시킨다면 권력이라는 급여를 제공한 것이라고 볼 수 있다.
- 하지만, 이러한 권한이 부여되었다고 해도 실질적인 효과가 나타날지에 대해서는 다소 부정적인 견해들이 많다. 왜냐하면 어떠한 위원회의 의결에 필요한 정족수 이상을 수급자로 채우지 않는 한 다른 집단들의 의견이 통과될 가능성이 높고, 이럴 경우 수급자에게 부여된 권력은 형식에 지나지 않을 수 있다.

잠깐!

권력

- 참여민주주의와 민주적 거버넌스
- 재화나 자원을 통제하는 영향력의 재분배
- 이용자 참여

한걸음 더

급여형태 비교

유형	현금급여	바우처	현물급여	기회	권력
특징	• 수급자의 효용을 극대화할 수 있다. • 수급자의 존엄성을 유지시켜줄 수 있다. • 수급자들의 선택의 자유와 소비자 주권을 높일 수 있다.	• 증서나 상품권을 의미한다. 특정한 재화나 서비스에 대한 쿠폰이나 카드 형태로 제공한다. • 현금급여와 현물급여의 장·단점을 함께 갖고 있다.	• 수급자에게 낙인감을 줄 수 있고, 선택의 자유가 없다. • 가시적인 특성이 있기 때문에 정치적으로 선호되기도 한다. • 대량생산과 대량소비로 인한 규모의 경제효과를 꾀할 수 있다.	• 기회의 평등 가치에 근거한다. • 사회적으로 취약한 위치에 있는 집단이나 불평등한 처우나 차별을 받고 있는 집단에게 기회를 제공한다.	• 서비스 대상자나 급여수급자의 참여를 보장한다. • 재화나 자원을 통제하는 영향력의 재분배이다.
목표효율성	현물급여> 바우처> 현금급여			-	-
운영효율성	현금급여> 바우처> 현물급여			-	-
예	• 국민기초생활보장제도(생계급여, 교육급여, 해산급여, 장제급여) • 건강보험(요양비, 장애인 보조기기 구입비 등) • 국민연금(노령연금, 장애연금, 유족연금) • 고용보험(실업급여) • 산재보험(휴업급여, 장해급여, 상병보상연금, 유족급여) • 장애인연금	• 장애인활동지원서비스 • 산모/신생아건강관리지원사업 • 가사간병방문지원사업	• 노인장기요양보험(재가급여, 시설급여 등) • 건강보험(요양급여, 건강검진) • 산재보험(요양급여)	장애인 의무고용제도, 장애인 특례 입학제도, 여성고용할당제 등	국민기초생활보장제도의 시행과 관련해서 중앙생활보장위원회 참여 등

4 사회복지정책의 재원

기출회차				
1	2	3	4	5
6	7	8	9	10
11	12	13	14	15
16	17	18	19	20
21	22			

강의로 복습하는 기출회독 시리즈

Keyword 177

공공부문이든 민간부문이든 모든 정책들에는 재원이 필요하다. 얼마나 재원을 확보할 수 있는가가 정책의 내용, 즉 누구에게 무엇을 얼마나 어떻게 급여할 것이냐는 것에 크게 영향을 미친다. 특히, 오늘날의 서구 복지국가들에서 보듯이, 사회복지정책은 많은 비용을 필요로 하고 사회복지정책의 도입과, 확대 그리고 축소의 논의에서 늘 문제가 되는 것이 바로 재정 문제이다. 최근 서구 복지국가들이 경제성장의 둔화로 사회복지정책을 위한 재원 마련이 일정한 한계에 다다른 상황에서 사회복지정책에서 재원의 문제가 그 어느 때보다 중요해졌다.

1. 사회복지정책의 재원

사회복지정책에 사용되는 재원은 정책을 집행하는 데 쓰이는 재정 자원을 말한다. 이는 앞서 제시한 길버트와 스펙트의 '누가 급여를 지불하는가?'에 해당하는데, 크게 공공부문과 민간부문의 재원으로 나눌 수 있다.

(1) 공공부문 재원

공공부문을 통해 조달할 수 있는 재원으로는 일반예산, 목적세인 사회보장성 조세, 조세지출(조세비용) 등을 들 수 있다.

(2) 민간부문 재원

민간부문의 재원에는 사용자의 부담(일정한 금액을 본인이 부담), 자발적인 기여, 기업의 복지부문, 비공식 부문(가족, 친척, 이웃) 등이 있다.

(3) 복지 다원주의

복지 다원주의가 중요한 의제로 부각되면서 다양한 재원을 혼합하여 사용하는 프로그램이 점차 늘어나고 있다.

중요도 ★★★

공공재원인 일반예산, 사회보험료, 조세지출의 내용과 특징을 구분하여 이해할 필요가 있다. 조세의 누진성 개념, 사회보험료와 목적세의 차이 등이 출제된 바 있으니 함께 정리해두자. 22회 시험에서는 조세와 사회보험료를 비교하는 문제가 출제되었다.

2. 공공재원 22회 기출

사회복지에 사용되는 공공부문의 재원으로는 일반예산(조세), 사회보험료, 그리고 조세지출(조세비용)이 있다.

(1) 일반예산 꼭!

① 일반예산을 구성하는 조세

- 정부의 일반예산은 정부 및 지방자치단체의 조세수입으로 구성된다.
- 세금(조세)은 과세 주체별로 보면 중앙정부가 징수하는 국세와 지방자치단체가 징수하는 지방세가 있다. 국세는 국가의 수입에 포함되어 국방, 외교, 사회기반시설 구축, 사회보장 등에 사용한다. 지방세는 지방자치단체의 수입에 포함되어 지역 경제발전, 보건위생, 교육 등 주민복리에 사용한다.
- 세금을 사용목적에 따라 구분하면 사용처를 미리 정하지 않고 거둬들이는 보통세와 특정 목적에 사용하기 위해 거둬들이는 목적세로 구분할 수 있다. 국세 중 보통세로는 (종합)소득세, 법인세, 부가가치세, 증여세, 상속세 등이 있고, 목적세로는 교통 · 에너지 · 환경세, 교육세, 농어촌특별세 등이 있다. 지방세 중 보통세로는 주민세, 취득세, 등록면허세, 재산세 등이 있고, 목적세로는 지역자원시설세, 지방교육세 등이 있다.
- 세금을 성질별(납세의무자와 담세자의 일치성 여부)로 구분하면 직접세와 간접세로 구분할 수 있다. 직접세는 납세 의무자와 그 세금을 부담하는 자가 일치하는 세금으로 소득세, 법인세, 주민세 등이 있다. 간접세는 납세 의무자와 그 세금을 부담하는 자가 일치하지 않는 세금으로 부가가치세, 특별소비세 등이 있다.

잠깐!

목적세

목적세란 조세를 징수할 때 해당 조세수입의 사용처가 확정된 조세 및 준조세를 말한다. 사회보험료, 교육세, 교통세, 방위세, 농어촌특별세 등이 목적세에 해당된다.

② 조세의 누진성

- 어떤 조세가 누진적(progressive)이라 함은 경제적 능력이 클수록, 대표적으로 소득이 높을수록 세율(조세부담률)이 높아지는 것을 의미한다. 개인소득세가 대표적인 누진세이다.

예 소득 1,200만원 이하의 세율 6%, 8,800만원 이상의 세율 35%

- 반대로 역진적(regressive) 조세는 경제적 능력이 클수록 세율이 오히려 낮아지는 조세를 의미한다. 소비세인 부가가치세가 대표적인 역진성 조세인데, 소비자의 경제적 능력에 상관없이 상품에 일정액(일정률)이 부과된다.

예 소득이 100만원인 자와 200만원인 자가 모두 부가가치세 2만원이 부과된 상품을 소비하는 경우, 100만원인 자의 세율은 2%, 200만원인 자의 세율은 1%

- 한편, 비례적(proportional) 조세는 경제적 능력과 세율이 정확하게 비례

합격자의 한마디

어떤 조세의 누진성 또는 역진성을 따질 때 주의할 점은 소득이 높아질수록 '세액'이 높아지느냐가 아니라 '세율'이 높아지느냐를 따진다는 것입니다. 예를 들어, 소득이 100만원인 사람은 세금 5만원을 내고 200만원인 사람은 8만원을 낸다고 한다면, 이 조세체계는 역진성을 띤다고 할 수 있어요. 왜냐하면 200만원인 사람이 세액은 높지만, 세율을 따져보면 100만원인 사람은 5%이고 200만원인 사람은 4%이기 때문입니다.

하는 조세를 의미하는데 현실세계에서는 엄밀한 의미의 비례적 조세를 찾아보기 어렵다. 다만 동일한 가치의 재산에 대해 동일한 세율을 적용하는 재산세가 가장 가까운 형태라고 할 수 있다(김태성, 2003). 하지만, 어떤 사람의 경제적 능력과 재산이 정확히 비례하는 것은 아니다.

③ 일반예산의 장점과 필요성

일반조세는 다른 재원에 비해 다음과 같은 장점이 있다.[42]

- 사회복지정책이 추구하는 가장 중요한 가치인 평등(소득재분배)과 사회적 적절성을 구현하는 데 가장 중요한 재원이라는 점이다. 일반조세는 누진적으로 걷는 세금이 상당부분 포함되어 있어서(특히 개인소득세) 소득재분배 효과를 높일 수 있고, 일반조세로 시행하는 사회복지정책들이 더 소득재분배적인 급여를 할 수 있다.
- 정부의 일반조세는 모든 국민의 조세로 이루어졌기 때문에 이것을 재원으로 한 사회복지정책도 급여대상을 전 국민으로 넓힐 수 있고, 또한 급여내용의 보편성을 이룰 수 있다.
- 일반조세를 재원으로 하는 사회복지정책은 안정성과 지속성의 측면에서도 바람직하다.

한걸음 더

부의 소득세(Negative Income Tax)

부의 소득세 아이디어는 1946년 스티글러(Stigler)에 의해 처음으로 제시되었다. 이후 토빈(Tobin)과 같은 유력한 경제학자들의 후원을 받으면서 한때 관심을 모았으나 열기는 차츰 식어갔다.
일반적으로 소득세는 정(+)의 소득세로 소득의 일정부분을 세금으로 내는 형태이다. 부의 소득세는 개인의 소득이 일정수준 이하로 떨어질 경우 부(-)의 세율이 적용되는 것이다. 즉 빈곤한 자에 대해서는 정부가 세금을 거둬들이는 것이 아니라 오히려 나눠 줘야 한다는 것으로, 누진적인 소득세제도의 이론적 연장이라고 할 수 있다. 누진세가 소득수준의 상승에 따라 점차 높은 세율을 적용하는 것을 의미한다면, 반대로 소득이 내려갈 때는 점차 낮은 세율이 적용되고 아주 낮은 소득에 이르러서는 -의 값까지 갖는 것을 요구하는 것이기 때문이다.

- 부의 소득세의 기본구조는 다음과 같다. 첫째, 모든 사람에게 최소한으로 보장되는 소득이란 의미를 갖는 기초수당이 정해진다. 이 제도가 실시됨으로써 다른 소득이 없는 사람이라 할지라도 최소한 이만큼의 가처분소득은 보장되는 것이다. 둘째, 한계세율을 정하여 개인의 (임금)소득이 늘어날 때 얼마만큼씩 지급액을 줄일 것인가를 결정한다. 여기서 한계세율은 추가로 번 돈 중에서 세금을 그만큼 더 내야 하는 것이 아니라 그 비율로 지급액이 줄어드는 것을 의미한다. 아래 그림에서 스스로 번 소득이 0원일 때에는 G에 해당하는 기초수당을 받을 수 있다. 그리고 스스로 번 소득이 증가할수록 이 급여는 조금씩 줄어들고 T점에 이르러서는 급여가 0이 된다. 그리고 T점 이상의 소득을 버는 순간부터 일반적인 소득세가 적용된다.

보충자료

부의 소득세와 조세지출

- 현존하는 사회복지 프로그램은 수급자가 사회적 도움을 필요로 하는 합당한 이유를 제시해야 하지만, 부의 소득세는 (마치 소득이 생기면 당연히 세금을 내야 하는 것과 마찬가지로) 누구나 필요할 때 일종의 권리로서 정부의 도움을 받는다는 점에서 다르다. 또한 부의 소득세는 조세체계 내에서 운영이 가능하므로 행정적으로 매우 단순하고 별도의 자격심사를 필요로 하지 않는다는 장점이 있다. 하지만 부의 소득세는 막대한 양의 예산이 요구되고, 부의 소득세로 혜택을 받는 사람과 받지 않는 사람 모두의 근로의욕이 감소할 수 있다는 단점도 갖고 있다.

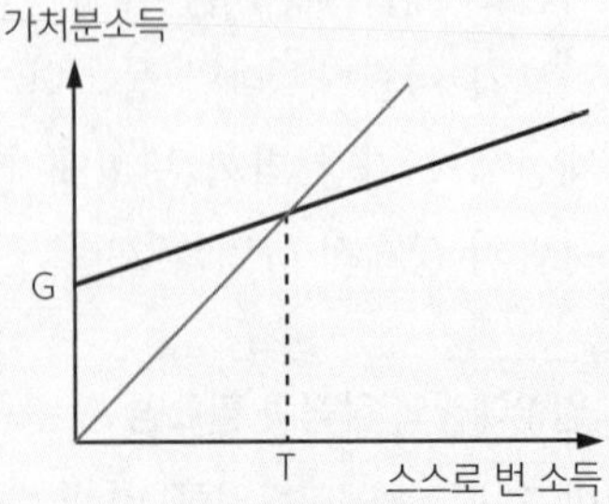

- 지금까지 엄밀한 의미의 부의 소득세가 실현된 적은 없다. 하지만 이러한 아이디어는 미국의 근로소득보전세제(Earned Income Tax Credit, EITC)에 부분적으로 반영된 이후 최근에는 우리나라도 이와 유사한 근로장려세제를 도입하였다. 부의 소득세와 EITC의 가장 큰 차이점은, 부의 소득세는 근로소득이 0원일 때도 기초수당을 받을 수 있지만 EITC에서는 근로소득이 있어야지만 혜택을 받을 수 있다는 것이다. 그리고 부의 소득세에서는 근로소득이 증가할수록 혜택이 줄어들지만 EITC에서는 근로소득이 (어느 한도까지) 증가할수록 혜택이 증가한다는 것이다. 따라서 EITC와 근로장려세제는 부의 소득세와 같이 빈곤한 자를 조세체계를 통해 지원한다는 공통점이 있으나 EITC는 부의 소득세에 비해 근로에 대한 보상차원의 성격이 강하다고 할 수 있다.

(2) 사회보험료: 사회보장성 조세 꼭!

① 사회보험료

- 사회복지에서 중요한 공공부문 재원 중 하나가 5대 사회보험인 국민연금, 건강보험, 고용보험, 산재보험, 그리고 노인장기요양보험에서, 사용자와 근로자, 자영자가 부담하는 보험료이다.
- 보험료임에도 공공부문의 재원으로 분류하는 이유는 사회보험료는 국가에 의하여 조세처럼 강제로 부과하고 또한 관리 · 운영도 공공기관에서 하기 때문이다. 그래서 많은 나라에서 사회보험료의 명칭도 사회보장성 조세(Social security tax) 혹은 pay-roll tax라고 하여 세금이라고 분류하는 경향이 강하며, 또한 조세부담률에 포함시켜 조세수입으로 간주하는 경향이 있다.
- 사회보험료는 보험의 가입자뿐만 아니라 가입자를 고용한 고용주도 부담할 의무가 있다. 사업장에 고용되어 있지 않은 자영자들은 자신이 보험료를 전액 부담하게 된다. 그래서 가입자(근로자), 사용자, 자영자가 실질적인 보험료 납부의 주체가 된다. 유럽 사회보험에서는 여기에 국가도 부담의 주체가 되어야 한다는 주장이 강하게 있어서, 이른바 삼자부담제도(tripartite scheme)로 가입자와 고용주 그리고 국가가 사회보험의 재원을 나누어 부담하는 경우도 있다.

잠깐!

사회보험료 부담주체

- 국민연금: 직장가입자(사용자, 근로자), 지역가입자(자영자)
- 건강보험, 노인장기요양보험: 위와 동일
- 고용보험: 사용자, 근로자
- 산재보험: 사용자

② 사회보험료의 장점과 필요성

- 강제가입을 통해서 '역의 선택(adverse selection)'의 문제를 해결할 수 있고, 위험분산이나 규모의 경제 등으로 보험의 재정안정을 이루는 데 유리하다.
- 사회보험료는 일반조세와 달리 미래에 받을 수 있는 사회보장 급여에 대한 '권리'를 갖는 것으로 생각하여 저항이 상대적으로 적기 때문에 정치적인 측면에서 유리하다.
- 사회보험료는 사용되는 용도가 비교적 명확하기 때문에 상대적으로 거부감이 적다.

③ 사회보험료의 역진성

사회보험료의 경우, 급여 시에는 소득재분배효과를 가지고 있지만 보험료 징수에 있어서는 역진적인 측면도 있다. 사회보험료가 역진적인 이유는 다음과 같다.

- 사회보험료는 모든 근로소득에 동률로 부과하고 있고, 자산소득(이자, 임대료, 주식배당금 등)에는 추가로 보험료가 부과되지 않기 때문에 자산소득이 많은 고소득층이 저소득층에 비해 부담이 상대적으로 적다.
- 사회보험료에는 보험료 부과의 기준이 되는 소득의 상한액(ceiling)이 있어서 고소득층이 유리하다.
- 개인소득세는 다양한 조세감면제도를 통하여 저소득층, 특히 저임금 근로자들의 부담을 줄여주나, 사회보험료는 모든 근로소득에 부과하기 때문에 저소득층의 부담이 크다.

보충자료
사회보장성 조세의 소득재분배

(3) 조세지출(조세비용)

① 조세지출(tax expenditure)

조세지출은 특정한 목적을 위하여 세금을 거둬 지출하는 대신 각종 조세감면 방법을 통하여 내야 하는 세금을 걷지 않거나 낸 세금을 되돌려주는 것을 말한다. 이는 실질적인 조세 수입의 감소를 통해 특정의 목적을 달성하기 때문에 공공부문 재원으로 분류한다. 정부의 입장에서는 조세지출만큼 조세수입이 줄고, 그만큼 정부지출을 한 것과 비슷하기 때문에 실질적으로 정부지출의 하나로 파악한다.

② 조세지출의 예

경제적 필요(needs)를 고려하여 다양한 형태로 총소득에서 과세대상을 제외시켜서 세금을 줄여주는 조세감면과 본인을 비롯한 배우자, 노인, 장애인, 아동 등에 대한 인적 공제(personal exemption)와 보험료, 의료비, 교육비, 주택비 등의 지출액에 대해 총소득에서 공제하여 결과적으로 세금을 줄여주는 소득공제(deduction), 내야 할 세금액수를 줄여주는 제도인 세액공제(taxcredit) 등이 있다.

③ 조세지출의 한계

- 많은 수의 저소득층은 소득이 낮아 과세대상에서 제외되어 이러한 복지성 조세감면혜택은 누리지 못하고, 소득이 높을수록 공제대상 지출이 높기 때문에 고소득층이 유리하다.
- 누진적인 개인소득세 구조에서 소득이 높을수록 조세감면의 액수가 커지기 때문에 고소득층이 유리하다.

한걸음 더

국가의 재정과 재정지출

재정

정부의 재정은 크게 예산과 기금으로 구분하며, 예산은 일반예산과 특별예산으로 구분된다.

- 일반회계: 기본적인 정부 활동과 관련되는 주요한 재정사업을 모두 포괄한다. 소득세, 부가가치세, 제산세 등의 세입을 모두 모아서 이를 재원으로 국방, 치안, 외교 등 다양한 분야에 지출(세출)을 한다.
- 특별회계: 특정한 목적을 위한 사업과 관련해 일반회계에서 따로 떼어 설치, 운영하는 별도의 회계를 말한다.
- 기금: 국민연금기금, 고용보험기금 등 사회보험료를 통해 확보된 사회보장기금, 국민주택채권을 통해 확보된 국민주택기금 등이 기금에 해당한다. 기금 운용에 대한 재량이 있기 때문에 신축적으로 운용할 수 있다.

재정지출

재정지출은 정부부문의 지출을 말하는 것으로, 국가 및 지방자치단체, 공공단체가 그 직능(職能)을 수행하는 데 필요한 경비를 의미한다. 공공경제(public economy)라고도 한다. 재정지출은 의무지출과 재량지출의 2가지 방식으로 구분할 수 있다.

- 의무지출은 법률에 따라 지출의무가 발생하고, 법령에 따라 지출근거와 요건 및 지출규모가 결정되는 법정지출 및 이자지출을 말한다.
- 재량지출은 정부가 정책적 의지나 재량행위 내용에 따라 대상과 규모를 어느 정도 조정 가능한 예산을 의미한다. 이는 투자사업비, 경상적 경비 등 의무지출을 제외한 나머지 지출로, 매년 입법조치가 필요한 유동적인 지출이 포함된다.

3. 민간재원 22회 기출

중요도 ★★★

최근 시험에서 민간재원에 관한 문제가 지속적으로 출제되고 있다. 기업복지의 특징을 묻는 문제, 사용자 부담 혹은 이용료의 특징을 묻는 문제가 단독 문제로 출제된 바 있으며, 전반적인 사회복지재원의 내용을 묻는 문제에서 선택지로 자주 다뤄지고 있다. 22회 시험에서는 사회복지의 민간재원의 특징을 묻는 문제가 출제되었다.

(1) 자발적 기여(voluntary contribution)

자발적 기여는 개인, 기업, 재단(foundation) 등이 사회복지를 위해서 제공한 자발적인 기부금을 말한다. 이러한 기여는 개인이 선택한 사회복지 기관을 통하여 이루어지거나 공동모금을 통해 이루어진다. 이러한 자발적 기여는 공공부문의 사회복지가 발전되기 이전에는 중요한 역할을 하였고, 오늘날에도 국가에 따라 혹은 사회복지 분야에 따라 여전히 중요한 역할을 하고 있다. 자발적 기여에도 기부금에 대한 조세감면의 혜택을 주기 때문에 완전히 순수 민간부문만은 아니라는 주장도 있다.

(2) 기업복지

- 기업복지란 기업의 사용자가 피고용자에게 주는 임금 이외의 사회복지적인 급여를 말한다. 일반적으로 공공부문의 복지가 발전한 국가일수록 기업복지의 규모는 작지만, 우리나라처럼 공공부문의 사회복지가 미성숙한 국가들에서는 기업복지의 규모도 크고 기업복지에서 하는 프로그램도 다양하다.
- 기업복지 프로그램에는 대부분의 국가가 조세감면 혜택을 주고 근로자들의 충성심을 높일 수 있는 수단이 되기 때문에 기업과 근로자 양자의 이해관계가 맞닿아 있다. 하지만 기업복지의 수급자들이 주로 중간 혹은 고소득층이라는 점에서 지나치게 확대되는 것은 바람직하지 않으며, 공통적으로 필요한 기업복지의 프로그램은 공공정책으로 제공하는 것이 필요하다.

(3) 사용자 부담(user fee) 꼭!

- 사용자 부담이라 함은 공공부문이든 민간부문이든 사회복지서비스를 받는 사람이 서비스 이용 비용에 대하여 본인이 일부분 부담하는 것을 말한다.
- 복지서비스의 이용자가 저소득층을 많이 포함하고 있기 때문에 이용자에게 부담을 주는 것이 바람직하지 않을 수도 있지만, 서비스 남용을 억제하여 도덕적 해이를 방지하고 이용자가 소비자로서 자기존중감을 갖게 해주기 위해서 사용자 부담이 필요하다는 주장도 있다.
- 사회복지서비스의 수급자들이 비록 일부분이지만 비용 부담을 하게 되면 제공되는 서비스의 형태와 질에 대한 관심이 높아져, 서비스 제공자들로 하여금 좀 더 높은 질의 서비스를 제공하도록 하는 동기를 강화할 수 있다. 최근 민영화를 강조하는 분위기에서 양질의 서비스에 대한 욕구는 더욱 높아지는 추세에 있다.
- 사용자 부담은 역진성이 나타날 수 있고, 저소득층의 서비스 접근성을 떨

잠깐!

사용자 부담, 수익자 부담

경제학이나 행정학 등에서는 '사용자 부담' 보다는 '수익자 부담'이라는 용어로 더 자주 사용된다.

어뜨리는 효과가 있다. 이러한 문제점을 해결하기 위하여 일정 소득 이하의 이용자에게는 부과하지 않거나 수준을 낮추기도 한다.

(4) 비공식 부문 재원: 가족 내 이전과 가족 간 이전

- 공식적인 사회복지 제도에서 사용되는 재원과는 달리 가족이나 친지, 이웃 등에 의해서 해결되는 복지욕구가 있다. 이러한 복지 해결 부문을 비공식 부문이라고 한다. 예를 들어 우리나라 노인들의 복지는 공식적인 사회복지 제도로 해결되기도 하지만, 상당히 많은 부분이 자식이나 형제와 같은 가족들의 지원을 통해 해결되고 있다.
- 가족, 친척, 이웃 등의 비공식 부문에 의한 사회복지는 어느 나라에서나 공공부문의 사회복지가 확대되기 이전에는 가장 중요한 역할을 했으나, 오늘날 서구의 복지국가 등 국가복지가 발전된 국가들에서는 그 중요성이 크게 줄었다. 그럼에도 불구하고 이러한 국가들에서도 비공식 부문의 복지가 여전히 존재하고 있고, 특히 일부국가들에서는 매우 중요한 역할을 하고 있다. 일상에 나타나는 긴급한 복지 욕구에 대해서는 공식적인 부문보다 비공식 부문이 신속성이 있기 때문에 비공식 부문이 중요한 역할을 하기도 한다.

한걸음 더

사회복지정책의 재원 유형 간 비교

구분	공공재원	민간재원
특징	일반예산(조세) • (개인)소득세는 일반적으로 누진적인 방식으로 부과(소득이 높을수록 더 높은 세율이 적용)된다. • 평등(소득재분배)과 사회적 적절성을 구현하는데 가장 중요한 재원이다. • 조세는 민간부문의 재원이나 공공부문의 재원 중에서 사회보험의 기여금보다 재원의 안정성이나 지속성이 더 강한 특성이 있다. • 대상자의 보편적 확대나 보편적 급여의 제공에서 유리하다. • 소비세(간접세, 소비자에게 부과, 역진적 특성): 일반소비세(부가가치세), 개별소비세(특별소비세-고가의 상품, 서비스에 부과). 간접세는 조세저항이 적어 징수가 용이하지만 그 비중이 높을수록 소득재분배 기능은 약화됨. 주로 상품이나 서비스 가격에 포함되기 때문에 최종적으로 상품 등을 소비하는 소비자가 부담	자발적 기여 • 제공자의 자발적 의사에 의존하기 때문에 예측가능성도 낮고 재원의 안정성도 약하다.
	사회보험료 • 기본적으로 조세에 비해 소득재분배 효과가 약하다(사회보험료는 일반적으로 정률제). • 사회보험의 보험료는 일종의 목적세 성격을 갖는다. 목적세는 특별한 목적을 위해 징수하는 세금(우리나라의 교육세, 교통세 등이 있음)이다. 일반조세보다 사회보험의 보험료와 같은 목적세가 사용처가 분명하고 투명하다는 점에서 저항이 적은 경향이 있다.	기업복지 • 기업의 사용자가 피고용자에게 주는 임금 이외의 사회복지적인 급여 혜택이다.
	조세지출 • 내야 하는 세금을 걷지 않거나 되돌려주는 방식이다. • 소득공제, 세액공제 등 • 저소득층은 과세대상에서 제외되어 조세감면혜택을 누리지 못하는 경우가 많고 소득이 높을수록 공제대상 지출이 높기 때문에 고소득층이 유리하다.	사용자 부담 • 서비스 이용자가 서비스를 남용하는 것을 억제하는 효과가 있다. 하지만, 역진성이 나타날 수 있고, 저소득층의 서비스 접근성을 떨어뜨리는 효과가 있다. 이러한 문제점을 해결하기 위하여 일정 소득 이하의 이용자에게는 부과하지 않거나 수준을 낮추기도 한다.

5 사회복지정책의 전달체계

기출회차				
1	2	3	4	5
6	7	8	9	10
11	12	13	14	15
16	17	18	19	20
21	22			

강의로 복습하는 기출회독 시리즈

Keyword 178

전달체계란 서비스 제공자들 사이 또는 서비스 제공자와 수급자 사이에 존재하는 조직체계와 서비스의 이동 통로를 의미한다. 사회복지 재화나 서비스는 여러 영역에 걸쳐 다양하기 때문에 전달방법도 다양하며 사회복지정책의 가치나 목적은 전달체계에 따라 달라질 수 있기 때문에 전달체계는 매우 중요하다. 이는 앞서 제시한 길버트와 스펙트의 '어떻게 급여를 제공하는가?'에 해당한다고 하겠다.

사회복지정책의 전달체계에는 중앙정부, 지방정부, 중앙정부와 지방정부의 혼합, 정부와 민간의 혼합 체계 등이 있다.

1. 사회복지 전달체계의 주요 원칙(선택기준) 22회 기출

사회복지 전달체계의 주요 원칙은 다음과 같다. 이는 사회복지 재화나 서비스의 전달을 공공부문이 맡을 것인지(여기서도 중앙정부가 맡을 것인지 아니면 지방정부가 맡을 것인지), 민간부문이 맡을 것인지, 또는 양자를 혼합할 것인지 등을 선택하는 기준이 되기도 한다. 또한 이러한 전달체계들을 평가하는 기준으로 사용되기도 한다.

(1) 전문성(professionalization)

서비스 제공과 관련한 제반 업무 중 전문가가 해야 할 일을 전문가가 맡아 제공하는가?

(2) 통합성(integration)

서비스가 단편적으로 이루어져 서비스의 중복이나 누락이 발생하는 것을 막는가?

(3) 포괄성(comprehensiveness)

대상자가 갖고 있는 복합적인 욕구와 문제를 해결하기 위한 다양한 서비스를 제공하는가?

(4) 지속성(continuity)

하나의 욕구가 해결되어 다른 욕구 해결이 필요할 때 전달체계 간의 연계가 잘 되어 중단 없이 제공되는가?

(5) 적절성(appropriateness)

서비스 제공이 바람직한 수준으로 이루어졌는가?

(6) 효율성(efficiency)

서비스에 대한 정보를 공급자와 수급자 모두 충분히 갖고 있어 합리적인 선택을 하여 모두의 효용을 극대화할 수 있는가?

(7) 효과성(effectiveness)

서비스 제공의 목표를 잘 달성할 수 있는가?

(8) 수급자 욕구에 대한 대응성(responsiveness)

변화하는 욕구에 대해 얼마나 신속하고 융통성 있게 대응하는가?

(9) 경쟁성(competition)

사회복지 재화나 서비스가 독점적으로 제공되지 않고 여러 공급자가 경쟁적으로 제공하여 가격과 질에 있어 소비자에게 유리한가?

(10) 접근가능성(accessibility)

공간적, 시간적인 측면에서 대상자가 서비스에 쉽게 접근할 수 있는가?

(11) 책임성(accountability)

서비스 전달에 책임을 지는가? 책임의 내용으로는 소비자 욕구에 적절히 대응하는가? 전달절차가 적합한가? 전달과정에서의 불평과 불만의 수렴장치는 적합한가?

(12) 선택의 자유 보장

소비자가 다양한 재화나 서비스를 자유롭게 선택할 수 있는가?

(13) 남용 및 오용의 방지

불필요하거나(남용) 잘못된(오용) 재화나 서비스 이용을 막을 수 있는가?

한걸음 더

길버트와 테렐의 사회복지전달체계 재구조화 전략

길버트와 테렐은 사회복지전달체계 재구조화 전략으로 '정책결정 권한과 통제력의 재구조화, 업무 배치의 재조직화, 전달체계 조직구성의 변화' 등을 제시했다.

- **정책결정 권한과 통제력의 재구조화**
  - 조정: 사회복지서비스의 통합성과 포괄성을 발전시키기 위한 전략으로서, 접근방법에는 집중화(업무와 서비스의 집중화), 연합(기관들의 지리적 집중화), 사례수준의 협력 등이 있다.
  - 시민참여: 의사결정 권한을 기관과 클라이언트에게 재분배하는 것이 목적이다. 지역주민들이 정책의 결정이나 과정에 개입하여 영향력을 행사하는 것이다. 시민참여의 유형에는 비분배적 참여, 정상적인 참여, 재분배적 참여가 있다.
- **업무 배치의 재조직화**
  - 역할 연결: 사회복지사와 사회복지 수급자의 연결을 위한 역할을 만드는 것이다.
  - 전문가의 이탈(철수): 관료조직의 요구와 클라이언트의 요구 사이에서 도덕적 딜레마에 빠지거나 사회복지사로서 전문적 윤리와 기관의 정책 사이에서 갈등을 겪는 경우 사회복지사가 관료조직을 개혁하기보다는 그로부터 철수하는 것이 더 효과적이다.
- **전달체계 조직구성의 변화**
  - 접근구조의 전문화: 사회복지서비스의 하나로 접근성이 제공되는 것이다.
  - 의도적인 중복: 기존 서비스의 일부 또는 전부를 재창조하는 것으로써 경쟁과 분리의 형태로 나타난다.

중요도 ★★★

공공부문 전달체계인 중앙정부와 지방정부의 역할과 장단점을 파악해야 한다. 또한 민간부문, 민영화와의 특징을 비교하는 종합적인 문제도 출제되므로 전반적인 전달체계 내용을 함께 정리해둘 필요가 있다.

2. 공공부문: 중앙정부와 지방정부

역사적으로 보면, 사회복지 발전 초기에는 민간 부문이, 다음 단계에서는 지방정부가 중요한 역할을 했고, 마지막 단계에서 중앙정부가 가장 중요한 역할을 해왔다.[43]

(1) 중앙정부 ★꼭!

① 중앙정부의 역할이 큰 이유

- 의료, 교육과 같이 공공재적 성격이 강한 서비스나 재화 공급에 유리하다.
- 사회보험과 같이 규모의 경제가 발생하는 부분에서 역할이 크다.
- 평등과 사회적 적절성 실현에 있어서 필요한 강력한 권한을 가지고 있다.
- 프로그램을 통합, 조정할 수 있으며 안정적 유지에 유리하다.

② 중앙정부 제공 서비스의 단점

- 자원의 비효율적 배분
- 독점적 공급에 따른 서비스 질 저하
- 변화하는 욕구에 융통성 있게 대응하지 못함

(2) 지방정부 ★꼭!

① 지방정부 제공 서비스의 필요성

- 지역주민 욕구에 신속하게 대응
- 지방정부 간 경쟁에 따른 서비스 질 향상의 가능성
- 서비스 수혜자의 정책 결정 과정 참여가 용이

② 지방정부 제공 서비스의 단점

- 지역 간 불평등으로 인한 사회통합 저해
- 규모의 경제 실현이 어려움

(3) 중앙정부와 지방정부 혼합체계

중앙정부와 지방정부는 많은 경우 프로그램을 협력하여 운영한다. 이 때 중앙정부는 재정이나 운영의 규제를 통하여 지방정부 프로그램에 영향력을 행사하는데, 그 방법에 따라 지방정부의 권한과 자율성이 달라진다.

① 프로그램 규제

대상자 자격, 급여의 형태와 액수, 세부적 전달 방법 등에 대해 규제하는 것

② 수급자 숫자나 욕구에 따른 규제

수급자 수와 욕구 등에 따라 지방정부에 대한 재정지원을 차등화하는 것

③ 절차적 규제

다음과 같이 프로그램 운영에서 일정한 절차를 요구하여 규제하는 것이다.

- 정책결정 과정에 수급자 참여 문제
- 차별 금지
- 프로그램 진행에 대한 보고와 감사

한걸음 더

중앙정부와 지방정부 간의 복지재정 이전체계

중앙정부와 지방정부 간의 재정 이전방식을 크게 3가지로 구분할 수 있다. 범주적 보조금은 재원의 사용목적이 상세히 규정되어 있고 제약조건이 부여되는 특징이 있다. 지방정부의 재량권이 가장 약한 특징이 있다. 포괄 보조금은 지원대상이 되는 활동의 범주가 넓으며, 특정 사업이나 정책영역에 사용되기보다는 일반적인 영역을 대상으로 지급되는데, 예를 들어 예방접종사업과 같이 구체적인 영역보다는 공중보건의 증진과 같은 일반적이고 광범위한 영역을 대상으로 한다. 지방자치단체에 많은 재량권을 인정하고 있는 보조금에 해당한다. 일반 교부세는 국가가 예산의 일부를 지방정부에게 일정한 비율로 배분하는 것으로 지방정부의 재량권이 가장 큰 특징이 있다. 지방정부의 재량권을 기준으로 작은 것에서 큰 순서로 나열하면 범주적 보조금 < 포괄 보조금 < 일반교부세 순으로 나열할 수 있다.

한국에서 국가와 지방자치단체 간에 재정을 분담하는 방식에 있어서 지방재정조정제도를 살펴볼 필요가 있다(지방자치단체 중에서도 광역자치단체와 기초자치단체 간에 작동하는 제도는 여기서 제외한다). 지방재정조정제도는 지방자치단체가 최소한의 행정수준을 유지하는 데 필요한 재원을 보장하고 지방자치단체 간의 재정 격차를 완화시키기 위해 국세 수입의 일부 또는 자금을 일정한 기준에 따라 지방자치단체에 배분하는 제도를 말한다.

지방재정조정제도에는 크게 지방교부세와 국고보조금이 있다. 지방교부세는 재원의 성격과 용도에 따라 보통교부세, 특별교부세, 분권교부세 등으로 구분할 수 있다. 보통교부세와 분권교부세는 국가에서 용도를 지정하지 않고, 자치단체에서 일반예산으로 사용이 가능하다. 2015년부터 분권교부세는 보통교부세로 통합되었다. 특별교부세는 국가에서 용도를 지정하거나 조건을 부여하는 것이 가능하다. 국고보조금은 국가에서 용도와 조건을 지정하며 지방자치단체가 특정한 목적/업무의 재원으로 운영하도록 한다. 지방자치단체의 자율성이라는 측면에서 보면 보통교부세가 가장 크고, 국고보조금이 가장 약하다고 볼 수 있다. 보통교부세는 위에서 설명한 일반교부세에 해당하며, 국고보조금은 범주적 보조금에 해당한다고 볼 수 있다.

3. 민간부문, 혼합 형태 22회 기출

- 민간부문은 공공부문에 비해 효율성, 경쟁성, 선택의 자유, 접근성, 욕구에의 신속대응성, 융통성 등에서 장점을 갖고 있다. 그러나 공공부문에 비해서 재정이 취약하여 지속성, 안정성 등이 부족하며, 프로그램을 전국적으로 실시할 수 없어서 평등의 달성이라는 측면에서는 약점을 가지고 있다. 따라서 정부와 민간부문은 적절히 역할을 분담하는 것이 바람직하며, 종종 정부와 민간부문이 혼합 형태로 프로그램을 운영한다.
- 민간부문 역할이 비교적 큰 미국의 의료서비스에서도 세제 혜택을 통해 정부의 실질적인 재정 부담이 상당한 정도에 이르고 있을 정도로 민간부문이라 할지라도 공공부문의 영향을 많이 받고 있다. 따라서 완전히 순수한 의미의 민간부문은 없다고 할 수 있을 정도로 민간과 공공부문의 혼합이 일반화되어 있다.

(1) 민간부문 활용의 장점

- 서비스공급의 다양화가 가능하다.
- 공급자 간 경쟁유도를 통해 서비스 질을 확보할 수 있다.
- 이용자의 다양한 선택권을 보장할 수 있다.

(2) 민간부문 활용의 단점

- 계약에 따른 거래비용이 불필요하게 소모될 수 있다.
- 공공재 제공의 어려움, 평등추구의 어려움, 규모의 경제 실현의 어려움

(3) 민간부문과 혼합된 형태

- 민간부문과 계약
- 민간부문에 대한 재정 보조

한걸음 더

복지다원주의, 복지혼합, 복지혼합경제

- 복지다원주의 혹은 복지혼합경제는 한 사회에서 복지의 원천은 다양하며, 복지제공주체로서 국가 이외에 시장, 비공식부문, 자원부문 등의 역할을 포괄적으로 고려할 것을 강조한다. 특히 국가와 같은 단일한 독점적 공급자만 존재하는 것보다 여러 개의 복지원천이 존재하는 곳에서 사회의 총복지가 증대할 가능성이 크다고 본다. 이는 복지국가 위기 이후 정부의 역할이 상대적으로 후퇴되고, 민간기업과 비영리조직의 역할이 부각되면서 확산된 개념이다.
- 복지다원주의란 복지혼합, 복지혼합경제와 유사한 의미로 사용되기도 한다.
- 복지혼합은 1980년대 초반 영국의 대처정부와 미국의 레이건 정부로 대표되는 신보수주의의 등장으로 국가복지에 대한 비판이 이루어지면서 등장한 개념으로, 사회복지에 대한 국가의 책임과 역할이 시장, 가족, 지역사회, 자원조직 등 다른 다양한 공급주체들에 의하여 대체되어야 한다는 주장이다. 대신에 국가는 자발적 부문 또는 비공식부문에 재원을 보조하는 재원 보조자(financial supporter)로서의 역할과 시장에 대한 규제자(regulator)로서의 역할을 유지하여야 한다는 것이다. 복지혼합과 관련하여 이것이 공공부문의 국가 역할과 책임 축소로 이어질 수 있고, 사회복지 공급자로서 시장의 역할이 강화되면서 소득수준에 따른 서비스 이용의 불평등이 증가할 수 있으며, 재정불안의 가능성도 증가할 수 있다는 비판도 있다.

4. 민영화(privatization)

중요도 ★★

민간부문의 사회복지서비스 제공이 활성화되고 민영화가 되는 사회적 흐름으로 인해 최근 시험에서 자주 다뤄지고 있다. 앞서 학습한 민간부문 전달체계의 장단점과 함께 민영화의 개념 및 특징, 민영화의 형태와 실제 사례 등을 정리해야 한다.

(1) 정의 ★꼭!

- 사회적 욕구 충족을 위한 기제를 정부부문에서 민간부문(private sector: 영리 부문과 비영리 부문 모두 포함)으로 이전하거나 민간영역의 확대를 장려하는 사회적 흐름을 의미한다. 국가가 공적인 목표로 운영하는 제도를 자본시장에 개방하여 민간영역에서 운영하도록 그 역할을 맡기는 것이다.

• 사회복지와 관련해서 민영화는 사회복지서비스의 생산과 전달을 공공부문에서 민간부문으로 이양(transfer)하는 것이다. 민간기구, 사회기관, 종교시설, 기업가 등에 사회복지 서비스의 전달을 분산하는 경향을 보인다.

(2) 등장배경

• 정부기구가 비대해져 서비스 전달이 비효율적인 문제를 해결하기 위한 노력으로, 신자유주의 경향이 강했던 1980년대 영국과 미국에서 본격적으로 시작되었으나, 오늘날에는 세계적인 추세로 자리 잡고 있다.
• 사바스(Savas, 1987)는 민영화의 등장배경으로 다음과 같은 4가지 요인을 제시하였다.
  - 공공부문의 실패로 인한 서비스 전달의 비효율성과 비효과성에 대한 비판
  - 큰 정부보다 작은 정부를 지향하는 신자유주의 경향(영국과 미국에서 민영화 추세가 본격적으로 시작됨)
  - 민간부문 및 시장 활성화를 통한 경제활성화
  - 수요자 중심의 서비스 체계에 대한 대중적 선호

(3) 형태 꼭!

사회복지서비스 전달체계의 전형적인 민영화는 공공부문이 여전히 재원조달의 주요책임을 맡는 가운데 서비스 전달의 책임이 민간으로 이양된 경우라고 할 수 있다.

• 계약(franchising system, 프랜차이즈 제도): 재화나 서비스의 배분이나 공급권을 일정기간 동안 특정 개인이나 집단에게 부여하는 방법 예 사회복지관에 사업위탁
• 바우처(voucher system, 증서제도): 정부가 특정 개인이나 집단으로 하여금 서비스를 제공하도록 계약을 맺는 것이 아니라 사용자가 시장에서 재화나 서비스를 구매할 수 있도록 바우처를 지급하는 방법 예 서비스이용권(바우처) 제공

(4) 한계

민영화는 정부 부문의 단점을 보완하기 위해 민간 부문의 장점을 이용하기 위한 것으로, 복지 다원주의 또는 복지혼합의 주요 수단으로 다뤄지고 있다. 하지만 앞의 '민간부문 활용의 단점'에서 살펴보았듯이 민영화는 공공재 제공, 평등추구, 규모의 경제 실현 등의 면에서 어려움을 겪을 가능성이 크다. 특히 (우리나라와 같이) 정부부문의 규모가 그리 크지 않은 경우, 민영화의 강조는 정부 부문의 규모를 더욱 작게 만드는 결과를 초래할 수 있을 것이다.

한걸음 더

사회복지정책의 전달체계 비교

구분	공공부문	민간부문
특징	중앙정부 • 공공재적 성격이 강한 서비스나 재화 공급에 유리 • 프로그램의 통합, 조정 가능, 안정적 유지에 유리 • 독점적 공급에 따른 서비스 질 저하 가능성 • 변화하는 욕구에 융통성 있게 대응하는 데 한계 지방정부 • 지역주민 욕구에 신속하게 대응 • 지역 간 불평등으로 인한 사회통합 저해	• 서비스공급의 다양화가 가능 • 공급자 간 경쟁유도를 통해 서비스 질 확보 가능 • 이용자의 다양한 선택권 보장 • 공공재 제공의 어려움, 평등 추구에 있어서 한계, 규모의 경제 실현의 어려움

6장 사회보장론 일반

한눈에 쏙!		중요도	
❶ 사회보장의 개념, 목적, 기본이념	1. 사회보장의 개념		
	2. 사회보장의 목적, 기본이념 및 기본방향, 운영원칙	★★★	22회 기출
❷ 사회보장제도의 분류, 형태	1. 우리나라 사회보장기본법에서의 분류	★★★	22회 기출
	2. 사회보장제도의 형태		
	3. 사회보장제도의 비용부담		
❸ 사회보험 일반론	1. 사회보험의 일반적 특성		22회 기출
	2. 사회보험과 관련 영역과의 비교	★★★	22회 기출

기출경향 살펴보기

이 장의 기출 포인트

점점 출제비중이 높아지고 있다. 사회보장제도의 전반적인 내용을 다루고 있으며, 이후 7장부터 살펴보게 될 다양한 사회보장제도들을 이해하는 데에 필요한 기본적인 개념들을 담고 있다. 사회보장의 주요 특징(소득재분배, 사회보장기본법의 내용 등), 사회보험과 공공부조의 비교, 사회보험과 민간보험의 비교 등의 내용을 중심으로 정리해야 한다. 사회보장의 주요 특징의 경우 <사회복지법제론>의 사회보장기본법의 내용과 함께 학습하면 효율적일 것이다.

최근 5개년 출제 분포도

연도별 그래프

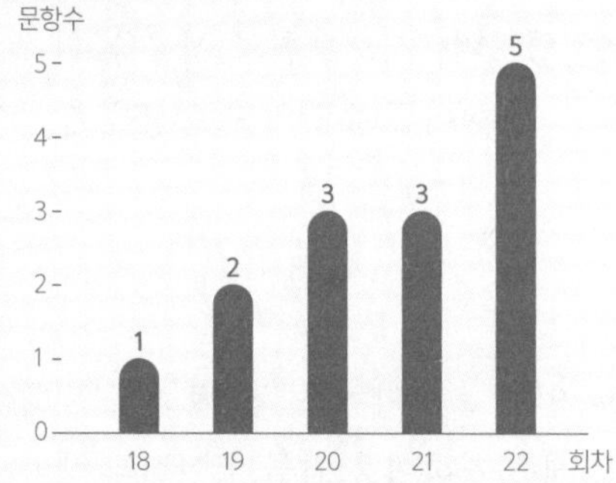

평균출제문항수

2.8 문항

2단계 학습전략

데이터의 힘을 믿으세요!
강의로 복습하는 **기출회독 시리즈**

3회독 복습과정을 통해
최신 기출경향 파악

최근 10개년 핵심 키워드

기출회독 **179**	사회보장의 특징	25문항

기본개념 완성을 위한 **학습자료 제공**

기본개념 강의, 기본쌓기 문제, O X 퀴즈, 기출문제, 정오표, 묻고답하기, 지식창고, 보충자료 등을 **아임패스**를 통해 만나실 수 있습니다.

기출회차				
1	2	3	4	5
6	7	8	9	10
11	12	13	14	15
16	17	18	19	20
21	22			

강의로 복습하는 기출회독 시리즈

Keyword 179

1 사회보장의 개념, 목적, 기본이념

1. 사회보장의 개념

잠깐!

사회보장 용어의 공식화

- 사회보장이라는 용어는 1935년 미국의 사회보장법(Social Security Act)을 통해 공식적으로 사용되기 시작
- 이 법은 1929년 대공황에 대처하기 위해 루스벨트 대통령이 실시한 뉴딜정책의 일환으로 도입
- 연방정부와 주정부가 다양한 사회보장제도를 실시할 것을 의무화

(1) 베버리지 보고서(1942)의 사회보장의 개념

- 베버리지 보고서에 의하면 사회보장이란 실업, 질병 및 재해로 인한 소득의 중단 또는 노령, 은퇴, 부양자의 사망, 출산, 결혼 및 사망 등의 예외적 지출에 대비할 수 있는 일정 소득의 보장을 의미한다.
- 베버리지 보고서에서는 사회보험을 강조하였으며, 사회보험의 성공을 위한 전제로서 완전고용, 포괄적 보건서비스, 가족(아동)수당의 필요성을 제시하였다.

(2) 국제노동기구(ILO)의 사회보장의 개념

사회보장이란 사람들이 여러 가지 위험들로 인해 소득이 일시적으로 중단되거나, 소득이 영원히 중단되거나, 지출이 크게 증가하여 사람들이 이전의 생활을 하지 못할 경우 등에 이전의 생활을 유지할 수 있도록 하는 국가의 모든 프로그램을 말한다.

(3) 우리나라 사회보장기본법에서의 개념 꼭!

사회보장기본법 제3조에 의하면 사회보장이란 "출산, 양육, 실업, 노령, 장애, 질병, 빈곤 및 사망 등의 사회적 위험으로부터 모든 국민을 보호하고 국민 삶의 질을 향상시키는 데 필요한 소득 · 서비스를 보장하는 사회보험, 공공부조, 사회서비스"를 말한다.

2. 사회보장의 목적, 기본이념 및 기본방향, 운영원칙 22회 기출

(1) 사회보장의 목적 꼭!

① 기본생활보장

- 국가의 존재 근거 중 하나인 국민의 생존권 보호를 수행하는 제도이다.
- 국민들의 기본적 욕구(basic need)를 보장하기 위한 것이다.

② 소득재분배

- 정부의 재정지출 중에서 소득재분배의 효과가 가장 두드러진 것이 사회보장 지출이다.
  - 수직적 재분배: 고소득층에서 저소득층으로의 소득재분배
  - 수평적 재분배: 동일계층 내의 소득재분배
- 사회보장 지출은 수직적 재분배의 기능도 하고 있지만, 보험료를 분담하는 동일계층 간의 수평적 재분배의 기능도 담당한다.
- 공공부조는 누진적인 조세를 재원으로 저소득층에게 제공하기 때문에 수직적 재분배 효과를 갖는다.
- 연금재정 운영방식 중 부과방식은 현재 노인세대에게 지급할 연금을 미래세대인 근로계층이 부담하는 방식으로 세대 간 재분배 효과가 발생한다.
- 연금재정 운영방식 중 적립방식은 연금급여를 적립했다가 장래에 지급하는 방식으로 장기적 재분배 효과가 발생한다.

시간	단기적 재분배	• 사회적 욕구의 충족을 위해 현재의 자원을 사용하여 소득재분배 예 공공부조
	장기적 재분배	• 생애에 걸쳐, 세대에 걸쳐 이루어지는 소득재분배 예 국민연금
계층구조	수직적 재분배	• 소득이 높은 사람 → 소득이 낮은 사람으로 재분배 예 누진적 소득세, 공공부조 제도
	수평적 재분배	• 특정한 조건을 가진 사람들에게 급여하는 경우의 재분배 • 동일 소득 계층 내의 재분배 예 가족수당(전 국민이 동일하게 세금을 부담하되 부양가족이 있는 경우 수령), 건강보험(건강한 사람에게서 건강하지 못한 사람에게로의 재분배)
세대	세대 내 재분배	• 동일한 세대 내에서의 재분배 • 대부분의 수직 · 수평적 재분배는 세대 내에서 일어난다.
	세대 간 재분배	• 앞 세대와 먼 후손 세대 간의 재분배 • 주로 부과방식으로 운영되는 공적 연금제도에서 나타난다.

중요도 ★★★

주로 사회보장의 전반적인 사항을 묻는 문제가 출제되었다. <사회복지법제론>의 사회보장기본법 영역과 함께 정리해두자. 사회보장기본법에서 규정하고 있는 기본이념, 기본방향, 운영원칙 등에 대한 이해가 필요하며, 사회보장이란 무엇이고 사회보장제도의 목적이 무엇인지를 정리해두자. 22회 시험에서는 소득재분배의 특징을 묻는 문제가 출제되었다.

잠깐!

공적 · 사적 재분배

공적 재분배란 정부의 소득이전 메커니즘을 말하며, 사적 재분배란 민간부문 내에서 자발적인 동기에 의해 이루어지는 현금이전(가족 간 소득이전, 민간보험, 기업복지 등)을 말한다.

보충자료

수직적 재분배와 수평적 재분배

③ **사회적 연대감(사회통합)의 증대**

소득상실의 위험에 노출된 사람들에게 사회적 연대감을 보여주어 사회통합을 도모하는 제도적 장치이다.

(2) 사회보장기본법에서의 기본이념(제2조)

사회보장은 모든 국민이 다양한 사회적 위험으로부터 벗어나 행복하고 인간다운 생활을 향유할 수 있도록 자립을 지원하며, 사회참여 · 자아실현에 필요한 제도와 여건을 조성하여 사회통합과 행복한 복지사회를 실현하는 것을 기본 이념으로 한다.

(3) 사회보장기본법에서의 사회보장정책의 기본방향

잠깐!

평생사회안전망

생애주기에 걸쳐 보편적으로 충족되어야 하는 기본욕구와 특정한 사회위험에 의하여 발생하는 특수욕구를 동시에 고려하여 소득 · 서비스를 보장하는 맞춤형 사회보장제도

① **평생사회안전망의 구축운영(제22조)**

- 국가와 지방자치단체는 모든 국민이 생애 동안 삶의 질을 유지 · 증진할 수 있도록 평생사회안전망을 구축하여야 한다.
- 국가와 지방자치단체는 평생사회안전망을 구축 · 운영함에 있어 사회적 취약계층을 위한 공공부조를 마련하여 최저생활을 보장하여야 한다.

② **사회서비스 보장(제23조)**

- 국가와 지방자치단체는 모든 국민의 인간다운 생활과 자립, 사회참여, 자아실현 등을 지원하여 삶의 질이 향상될 수 있도록 사회서비스에 관한 시책을 마련하여야 한다.
- 국가와 지방자치단체는 사회서비스 보장과 소득보장이 효과적이고 균형적으로 연계되도록 하여야 한다.

③ **소득 보장(제24조)**

- 국가와 지방자치단체는 다양한 사회적 위험 하에서도 모든 국민들이 인간다운 생활을 할 수 있도록 소득을 보장하는 제도를 마련하여야 한다.
- 국가와 지방자치단체는 공공부문과 민간부문의 소득보장제도가 효과적으로 연계되도록 하여야 한다.

(4) 사회보장기본법에서의 사회보장제도의 운영원칙(제25조) 꼭!

- 국가와 지방자치단체가 사회보장제도를 운영할 때에는 이 제도를 필요로 하는 모든 국민에게 적용하여야 한다.
- 국가와 지방자치단체는 사회보장제도의 급여 수준과 비용 부담 등에서 형

평성을 유지하여야 한다.

- 국가와 지방자치단체는 사회보장제도의 정책 결정 및 시행 과정에 공익의 대표자 및 이해관계인 등을 참여시켜 이를 민주적으로 결정하고 시행하여야 한다.
- 국가와 지방자치단체가 사회보장제도를 운영할 때에는 국민의 다양한 복지 욕구를 효율적으로 충족시키기 위하여 연계성과 전문성을 높여야 한다.
- 사회보험은 국가의 책임으로 시행하고, 공공부조와 사회서비스는 국가와 지방자치단체의 책임으로 시행하는 것을 원칙으로 한다. 다만, 국가와 지방자치단체의 재정 형편 등을 고려하여 이를 협의 · 조정할 수 있다.

(5) 사회보장 기본계획

- 보건복지부장관은 관계 중앙행정기관의 장과 협의하여 사회보장 증진을 위하여 사회보장에 관한 기본계획을 5년마다 수립하여야 한다.
- 기본계획에는 국내외 사회보장환경의 변화와 전망, 사회보장의 기본목표 및 중장기 추진방향, 주요 추진과제 및 추진방법, 필요한 재원의 규모와 조달방안, 사회보장 관련 기금 운용방안, 사회보장 전달체계, 그밖에 사회보장정책의 추진에 필요한 사항 등의 사항을 포함해야 한다.
- 보건복지부장관 및 관계 중앙행정기관의 장은 기본계획에 따라 사회보장과 관련된 소관 주요 시책의 시행계획을 매년 수립 · 시행하여야 한다.

보충자료

사회적 경제

2 사회보장제도의 분류, 형태

기출회차				
1	2	3	4	5
6	7	8	9	10
11	12	13	14	15
16	17	18	19	20
21	22			

강의로 복습하는 기출회독 시리즈

Keyword 179

중요도 ★★★

우리나라 사회보장기본법에서 사회보장을 어떻게 정의하였는지에 관한 문제가 자주 출제되고 있다. 사회보장기본법상의 사회보장이라는 단어가 나오면 '사회보험', '공공부조', '사회서비스' 이 3가지를 반드시 떠올려야 한다. 22회 시험에서는 사회보장기본법상 사회서비스의 특징을 묻는 문제가 출제되었다.

1. 우리나라 사회보장기본법에서의 분류 22회 기출

(1) 사회보험 꼭!

국민에게 발생하는 사회적 위험을 보험의 방식으로 대처함으로써 국민의 건강과 소득을 보장하는 제도

(2) 공공부조 꼭!

국가와 지방자치단체의 책임 하에 생활 유지 능력이 없거나 생활이 어려운 국민의 최저생활을 보장하고 자립을 지원하는 제도

(3) 사회서비스 꼭!

국가 · 지방자치단체 및 민간부문의 도움이 필요한 모든 국민에게 복지, 보건의료, 교육, 고용, 주거, 문화, 환경 등의 분야에서 인간다운 생활을 보장하고 상담, 재활, 돌봄, 정보의 제공, 관련 시설의 이용, 역량 개발, 사회참여 지원 등을 통하여 국민의 삶의 질이 향상되도록 지원하는 제도

2. 사회보장제도의 형태

(1) 비기여 · 비자산조사 형태

- 가장 보편적인 유형으로 국적이나 인구학적 조건(노인, 아동 등)만 충족시키면 별도의 기여(보험료)나 자산조사(소득 · 재산 조사) 없이도 급여를 지급하는 형태
- 사회수당 또는 데모그란트(demogrant)라고도 함
- 사회적 권리를 가장 강하게 보장
- 보편주의 원칙에 가장 가까운 형태
- 재원이 많이 들고, 제한된 자원에서는 급여 수준이 높지 못하다는 한계

예 아동수당

(2) 비기여 · 자산조사 형태

- 사회보장제도 중 가장 오래된 유형
- 소득과 재산이 기준 이하인 가구 혹은 개인에게 별도의 기여 없이 급여를 지급하여 최저한의 생활을 보장

예 공공부조제도

(3) 기여 · 비자산조사 형태

- 사회보험에 해당하는 유형
- 위험에 대한 예방의 차원에서 소득이 있을 때 보험료를 납부하고, 위험이 발생했을 때 급여를 제공받는 형태

예 국민연금, 건강보험, 고용보험, 산업재해보상보험, 노인장기요양보험

한걸음 더

사회수당제도

사회수당제도는 기여나 자산조사, 조건부과 없이 특정한 인구학적 집단(아동, 노인 등)을 대상으로 제공되는 급여를 말한다. 잔여적 복지제도에 대비되는 보편적인 보장 범위를 가지며 일반적으로 조세를 기반으로 한다(예 가족수당, 아동수당, 보육수당, 노인수당 등). 사회수당제도는 적용대상이나 급여수준에 있어서 다양한 형태를 가지고 역사적으로 변화하였다. 한국의 수당제도는 보편적 수당이라고 볼 수 없는 특징을 갖고 있으며 수당이라는 용어가 때로는 공공부조의 성격을 띠는 급여에 사용되는 경우도 있어 급여명만으로는 사회수당 여부를 판단하기가 어렵다.

한걸음 더

범주적 공공부조제도

범주적 공공부조제도는 인구학적 기준에 따른 지원대상을 소득기준에 따라 선별하는 제도로서 사회수당제도와 공공부조제도의 특성을 공유하는 제도이다(예 기초연금제도, 장애인연금제도 등). 범주적 공공부조제도를 사회수당제도로 분류하는 경우도 있는데 이것은 논란의 여지가 있는 부분이다.

3. 사회보장제도의 비용부담

사회보장기본법에는 다음과 같이 사회보장 비용의 부담을 명시하고 있다.

- 사회보장 비용의 부담은 각각의 사회보장제도의 목적에 따라 국가, 지방자치단체 및 민간부문 간에 합리적으로 조정되어야 한다.
- 사회보험에 드는 비용은 사용자, 피용자 및 자영업자가 부담하는 것을 원칙으로 하되, 관계 법령에서 정하는 바에 따라 국가가 그 비용의 일부를 부

담할 수 있다.

• 공공부조 및 관계 법령에서 정하는 일정 소득 수준 이하의 국민에 대한 사회서비스에 드는 비용의 전부 또는 일부는 국가와 지방자치단체가 부담한다.
• 부담 능력이 있는 국민에 대한 사회서비스에 드는 비용은 그 수익자가 부담함을 원칙으로 하되, 관계 법령에서 정하는 바에 따라 국가와 지방자치단체가 그 비용의 일부를 부담할 수 있다.

3 사회보험 일반론

기출회차				
1	2	3	4	5
6	7	8	9	10
11	12	13	14	15
16	17	18	19	20
21	22			

강의로 복습하는 기출회독 시리즈

Keyword 179

사회보험은 역사적으로 사회복지정책의 양적 확대에 중요한 역할을 수행하였다. 보험료 기여를 바탕으로 한 강한 권리부여와 목적세 성격의 보험료 신설 및 증가에 대한 국민들의 높은 이해 등 다른 영역들보다 정치적으로 유리한 요소들이 있어 여러 국가의 사회복지정책에서 중요한 부분을 구성하고 있다.

- 우리나라의 경우 처음 도입된 사회보험은 공무원 연금(1960년 제정)이라고 할 수 있지만, 이는 공무원을 대상으로 실시한 한정적인 특수직역연금이었다.
- 1963년에 산업재해보상보험법이 제정(1964년 시행)되면서 일반 국민을 대상으로 한 본격적인 사회보험이 시작되었다고 볼 수 있다.
- 1977년에 강제가입방식의 의료보험법이 시행되었다(1963년에 제정된 의료보험법은 강제적용을 전제로 하지 않았기 때문에 큰 성과를 거두지 못함. 1977년에 강제가입방식의 의료보험법 시행, 1999년에 국민건강보험법 제정).
- 1986년에는 국민연금법이 제정되었다(1973년에 제정된 국민복지연금법은 시행이 연기되었고, 1986년에 제정된 국민연금법은 1988년부터 시행되었다).
- 1993년에 고용보험법이 제정(1995년 시행)되면서 4대 보험을 모두 갖추게 되었다.
- 2007년 제5의 사회보험이라 불리는 노인장기요양보험법이 제정되었다(2008년 시행).

> 잠깐!
>
> **사회보험 도입시기**
>
> 보통 도입시기를 언급할 때, 법제정연도를 사용하는 경우도 있고 시행연도를 사용하는 경우도 있으므로 주의해야 한다.
>
> **사회보험 도입순서**
>
> 산재보험 → 의료보험 → 국민연금 → 고용보험 → 노인장기요양보험

1. 사회보험의 일반적 특성 22회 기출

(1) 사회보험의 필요성

- 어떤 위험은 그에 대한 보험을 사적 시장에 맡겨둘 경우, 역의 선택의 문제, 도덕적 해이의 문제 등이 나타나므로 이를 해결하기 위해서 국가가 강제가입을 통한 사회보험을 실시한다.

• 국가가 전국적인 차원에서 사회보험의 운영을 담당할 경우에 행정적인 비용이 절감된다는 측면에서 국가에 의한 사회보험의 필요성이 제기된다.

(2) 사회보험의 재원

사회보험의 종류와 국가별로 차이가 있지만, 일반적으로 사용자, 피용자가 공동으로 보험료를 부담하고 국가가 일부를 지원하기도 한다.

(3) 사회보험의 대상

사회보험의 종류에 따라 일정한 차이가 있지만, 대다수 국민에게 보편적으로 적용된다.

(4) 사회보험의 급여수준

사회보험의 종류와 각 사회보험이 보장하고자 하는 사회적 위험의 성격에 따라 다르지만, 과거의 소득수준(기여금 수준)에 따라 급여수준이 정해지거나 사회적 적절성의 원칙에 따라 일정한 수준을 보장하도록 하고 있다.

중요도 ★★★

최근 시험에서 사회보험과 민간보험을 비교하는 문제, 사회보험과 공공부조를 비교하는 문제가 자주 출제되고 있다. 먼저 강제가입의 원칙, 사회적 적절성의 원리, 보편주의 등 사회보험의 기본적인 특성을 이해하고, 이와 비교하여 민간보험 및 공공부조 등의 특성을 살펴봐야 한다. 22회 시험에서는 사회보장의 특성을 묻는 문제에서 사회보험과 공공부조의 비교에 관한 내용이 선택지로 출제되었으며, 보건복지부장관이 관장하는 사회보험제도를 묻는 문제가 단독 문제로 출제되었다.

2. 사회보험과 관련 영역과의 비교 22회 기출

(1) 사회보험과 민간보험의 비교 꼭!

구분	사회보험	민간보험
가입	강제가입	임의적, 선택적
원리	(개인적 형평성보다는) 사회적 적절성을 중시한다. 사회적 적절성이란 모든 가입자에게 일정한 수준 이상의 급여를 제공하는 것을 의미한다.	개인적 형평성을 강조한다. 개인적 형평성이란 자신이 낸 보험료에 비례하여 급여를 받는 것을 의미한다.
보험자와 피보험자의 관계	제도적 · 법적 관계(권리적 성격이 강하다)	사적 계약에 의한 관계(계약적 성격이 강하다)
물가상승에 대한 보장	물가상승에 의한 실질가치의 변동을 보장	물가상승에 대한 보장이 어려움
기타	강제가입을 기반으로 하기 때문에 민간보험에 비해 계약에 수반되는 비용이 저렴하다. 또한 민간보험에 비해 규모의 경제를 실현할 수 있다.	보험 상품 판매를 위한 마케팅, 광고 등을 이유로 (사회보험에 비해) 더 많은 관리비용을 필요로 한다.

(2) 사회보험과 공공부조의 비교 꼭!

구분	사회보험	공공부조
대상	모든 국민(보편주의)	빈곤층(선별주의)
재원	기여금, 부담금(일부는 조세)	조세
자산조사	급여 제공 시 자산조사에 근거하지 않는다.	자산조사를 실시한다.
대상효율성	(공공부조에 비해) 낮다.	(다른 제도에 비해) 높다.
소득재분배 효과	수직적 재분배, 수평적 재분배 효과가 모두 있다. 하지만 공공부조제도에 비해 수직적 재분배효과는 낮다.	수직적 재분배 효과가 크다.

한걸음 더

한국의 사회보험제도

<table>
<tr><th>구분</th><th>급여종류</th><th>관장</th><th>사업수행</th><th>보험료 징수</th></tr>
<tr><td>국민연금</td><td>노령연금, 장애연금, 유족연금, 반환일시금, 사망일시금 등</td><td rowspan="3">보건복지부
(장관)</td><td>국민연금
공단</td><td rowspan="5">국민건강
보험공단</td></tr>
<tr><td>국민건강
보험</td><td>요양급여, 요양비, 건강검진, 장애인 보조기기 급여비 등</td><td rowspan="2">국민건강
보험공단</td></tr>
<tr><td>노인장기
요양보험</td><td>재가급여(방문요양, 방문목욕, 방문간호, 주 · 야간보호, 단기보호, 기타 재가급여), 시설급여, 특별현금급여(가족요양비, 특례요양비, 요양병원 간병비) 등</td></tr>
<tr><td>고용보험</td><td>고용안정사업 및 직업능력개발사업, 실업급여(구직급여, 취업촉진 수당), 모성보호급여(육아휴직급여, 출산전후휴가급여) 등</td><td rowspan="2">고용노동부
(장관)</td><td rowspan="2">근로복지
공단</td></tr>
<tr><td>산재보험</td><td>요양급여, 휴업급여, 장해급여, 간병급여, 직업재활급여, 유족급여, 상병보상연금, 장례비, 특별급여 등</td></tr>
</table>

7장 공적 연금의 이해

한눈에 쏙!		중요도
❶ 공적 연금 일반	1. 연금의 정의	
	2. 연금의 필요성	
	3. 연금의 기능	
	4. 연금의 유형	
	5. 공적 연금의 다층체계	
	6. 공 · 사 연금체계 유형	
	7. 연금제도의 분류	★
❷ 연금재정의 운영방식	1. 적립방식	★★
	2. 부과방식	
❸ 국민연금제도	1. 국민연금법의 제정 및 시행	
	2. 국민연금법의 목적	
	3. 국민연금의 적용대상	★★★
	4. 연금보험료	
	5. 연금급여의 종류	★★★
	6. 연금급여액	
	7. 국민연금의 재정운영	
	8. 국민연금제도의 운영	
❹ 기초연금제도	1. 목적	
	2. 개요	

기출경향 살펴보기

이 장의 기출 포인트

공적 연금의 특징, 국민연금제도에 관한 문제가 주로 출제되며, 기초연금제도에 관한 문제는 거의 출제되지 않고 있다. 공적 연금의 특징에 관한 문제는 확정급여식과 확정기여식의 특징 비교, 적립방식과 부과방식의 장단점 비교에 관한 내용이 가장 많이 출제되었다. 국민연금제도에 관한 문제는 국민연금의 대상, 보험료, 급여, 크레딧 제도 등 제도의 전반적인 내용을 묻는 문제가 출제되었다.

최근 5개년 출제 분포도

연도별 그래프

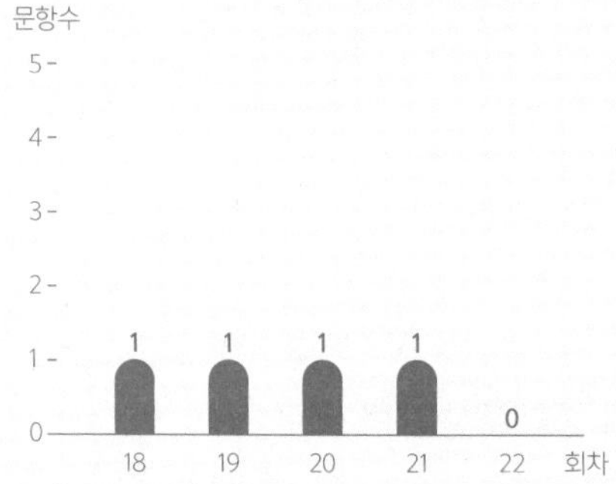

평균출제문항수

0.8 문항

2단계 학습전략

데이터의 힘을 믿으세요!
강의로 복습하는 **기출회독 시리즈**

3회독 복습과정을 통해
최신 기출경향 파악

최근 10개년 핵심 키워드

기출회독 **180**	공적 연금의 특징	5문항
기출회독 **181**	국민연금제도	6문항
기출회독 **182**	기초연금제도	1문항

기본개념 완성을 위한 **학습자료 제공**

기본개념 강의, 기본쌓기 문제, O X 퀴즈, 기출문제, 정오표, 묻고답하기, 지식창고, 보충자료 등을 **아임패스**를 통해 만나실 수 있습니다.

1 공적 연금 일반

기출회차

1	2	3	4	5
6	7	8	9	10
11	12	13	14	15
16	17	18	19	20
21	22			

강의로 복습하는 기출회독 시리즈

Keyword 180

1. 연금의 정의

연금이란 일반적으로 장애, 노령, 퇴직 및 부양자의 사망에 의하여 소득이 상실되는 경우를 대비해 미리 갹출한 보험료를 기초로 하여 제공되는 현금급여로서, 장기적 소득보장제도이다.

2. 연금의 필요성

- 노후빈곤의 예방
- 소득재분배: 불평등 완화, 사회통합의 증진
- 불확실성에 대한 대비: 미래를 대비할 때 불확실성을 방지
- 위험분산
- 경제사회 안정

3. 연금의 기능

잠깐!

연금의 기능
노후 소득보장, 소득의 재분배 기능(수평적/수직적/세대 간 재분배)

(1) 노후 소득보장

노인들이 은퇴 후 소득 중단 내지 감소로 인한 생활수준 하락으로부터 보호하고 빈곤한 상태에 처하는 것을 예방 · 방지하는 기능을 한다. 하지만, 연금제도의 급여수준이 낮아서 실제로 연금급여만으로 생활을 유지하기 어렵다는 한계도 존재한다.

(2) 소득의 재분배 기능

소득재분배의 형태는 크게 세대 간 재분배와 세대 내 재분배로 나눌 수 있는데, 세대 내 재분배는 다시 수평적 재분배와 수직적 재분배로 구분할 수 있다. 연금제도의 경우, 세대 간 재분배 효과와 세대 내 재분배 효과를 일정하

게 가지고 있다. 하지만, 어떻게 제도가 설계되어 있느냐에 따라서 재분배 효과의 정도는 달라질 수 있다.

① 세대 내 재분배

- 수평적(horizontal) 재분배: 위험발생에 따른 재분배형태로서 수명이 짧은 사람으로부터 수명이 긴 사람에게로, 피부양자가 없거나 적은 근로자로부터 피부양자가 많은 근로자로의 소득 이전과 같은 경우를 말한다.
- 수직적(vertical) 재분배: 각기 다른 소득계층 간의 재분배형태로서 연금제도가 저소득층에게 유리하게 설계된 경우, 수직적 재분배효과가 발생한다.

② 세대 간(inter-generational) 재분배

- 미래세대와 현재세대 간의 소득을 재분배하는 형태를 말한다.
- 국민연금제도의 경우 제도도입 초기 가입자가 연금제도가 성숙한 이후의 자식세대에 비해 수익비가 높게 설계되어 있으므로 현재의 가입세대는 미래세대로부터 일정한 소득지원을 받는 세대 간 소득재분배의 기능을 가지고 있다. 연금재정을 부과방식으로 운영하는 경우에는 특히 세대 간 재분배효과가 크다. 부과방식은 제도를 도입함과 동시에 급여를 지급함으로써 일정 기간의 가입기간 조건을 충족하지 않아도 공적 연금의 역할을 바로 수행할 수 있다. 부과방식은 미래세대가 현재세대가 안게 될 경기침체, 재난, 금융위기 등의 세대 간 위험을 분산할 수 있다.
- 예를 들어 금융위기, 급격한 인플레이션 등으로 화폐가치가 급락했을 때 적립방식에 의해 일정한 급여를 받는 수급자들은 생계유지가 어려워질 수 있지만 부과방식에 의할 경우는 위험발생 당시 근로세대의 임금에 비례한 기여금에 의해 급여가 지급되기 때문에 연금 수급자들의 소득보장이 가능해질 수 있다.

4. 연금의 유형

연금의 유형은 크게 사회보험식, 사회부조식, 사회수당식 연금으로 나눌 수 있으며, 이들 유형 중 둘 이상을 병행하여 운영하고 있는 국가들도 상당 수 있다. 최근에는 민간이 운영하는 개인연금에 강제 가입하도록 하는 민영화 방식을 따르는 국가들도 있다.

(1) 사회보험식 공적 연금

- 보험료 등으로 필요한 재원을 조달하여 현금 형태로 급여를 제공하는 제도로 공적 연금은 기본적으로 강제가입이 원칙이다. 강제가입을 전제로 위험을 분산시켜 대처할 수 있다. 임의가입은 예외적으로 허용된다.
- 소득의 일정 비율을 보험료로 징수하여 이를 재원으로 필요한 급여를 제공하는 형태가 일반적이다. 보험료 수준에 따라 급여수준이 달라지는 경향이 있다.

(2) 사회부조식 공적 연금

자산조사 및 소득조사를 통해서 정해진 기준 이하의 소득을 가진 노인에게 별도의 보험료 납부 없이 조세를 재원으로 하여 연금을 지급하는 방식이다. 급여수준이 정액으로 균등화되어 있는 경우도 있다.

(3) 사회수당식 공적 연금

일정 소득 미만의 저소득계층에 한정하지 않고 소득에 관계없이 모든 시민들에게 제공한다는 점에서 사회부조식 공적 연금과 차이가 있다. 누구에게나 동일한 급여액이 지급되는 경향이 있다.

보충자료

강제가입식 개인연금

(4) 강제가입식 민간연금제도

일부 국가에서는 국가가 직접 연금을 운영하지 않고 민간 보험회사들이 판매하는 연금 상품에 대해 개인이 선택하여 반드시 가입하도록 하는 강제가입식 민간연금제도로 공적 연금을 대체하기도 하였다.

5. 공적 연금의 다층체계

세계은행과 국제노동기구가 다양한 방식으로 구성된 다층의 노후소득보장체계를 제안하기 이전부터 이미 많은 국가들이 다층 방식의 연금제도를 운영하고 있었다. 각 층들은 서로 다른 목적, 원리, 주체, 포괄범위를 갖는다(다층의 노후소득보장체계는 공적 연금뿐만 아니라 개인연금 등 사연금까지 포함하는 개념이다). 단층의 공적 연금만으로는 노후소득보장에 대한 다양한 욕구를 충족시킬 수 없고 인구고령화로 인해 공적 연금의 지속가능성을 확보할 수 없다는 문제제기가 힘을 얻으면서 다층체계에 대한 관심이 높아지고 있다.

(1) 우리나라의 2층보장 연금체계

우리나라의 공적 노후소득보장제도는 국민연금제도가 유일했다. 그런데 2008년부터 기초연금이 도입됨으로써 사실상 2층의 공적 연금체계를 구축하게 되었다. 퇴직연금 및 개인연금(사연금)까지 포함할 경우 우리나라의 노후소득보장체계는 3층으로 볼 수도 있다(퇴직급여제도는 일시금인 퇴직금 또는 연금인 퇴직연금으로 선택이 가능하다).

(2) 세계은행(World Bank)의 3층보장 연금체계

- 1994년에 나온 세계은행의 연금보고서는 각국 연금개혁에 큰 영향을 미쳤다. 이 보고서에서 세계은행은 확정급여형, 부과방식으로 이루어진 공적 연금 위주의 노후보장체계는 인구고령화와 저성장 경제 아래에서는 재정위기에 직면할 수밖에 없다고 전제하고, 경제 및 인구학적 위험을 효과적으로 분산시키기 위해서는 다층체계로의 전환이 필요하다고 역설하였다. 즉 노후보장에 있어 국가의 역할을 가능한 한 기초보장으로 축소하고, 대신 기업 및 개인연금 등 시장의 기능을 대폭 확대하여, 공적 연금 중심의 노후보장에서 사적 보장 중심의 다층체계로 전환하는 것을 권고하였다.
- 세계은행보고서가 권고한 노후소득보장체계는 3층으로 구성되어 있는데, 이를 통해 다층소득보장체계(multi-pillar system)를 구축하여 안정적인 노후소득보장체계를 구축하자는 개혁안을 제시한 것이었다.[44)]
  - 1층: 공적 연금 위주로 구축된 기존의 노후소득보장체계를 정부의 운용으로 강제적용하는 기초연금
  - 2층: 강제적용하지만 민간부문에서 운용하는 소득비례연금
  - 3층: 임의적용으로 민간부문에서 운용하는 추가적인 소득비례연금

(3) 국제노동기구(ILO)의 4층보장 연금체계

① 4층(4 tier) 체계 연금제도

- 1층(first tier)으로는 자산조사를 실시하는 최저소득보장 성격의 공공부조로 주요소득이 없는 사람들을 위해 최저생계비를 제공한다.
- 2층(second tier)으로는 정부가 운용하는 강제적용방식의 확정급여형 공적 연금으로 기여자에게 적정한 소득 대체율을 보장하며, 연금급여를 물가에 연동시킨다.
- 3층(third tier)은 공적 연금제도의 역할을 보완하며 민간부문이 운영하는 완전적립 · 확정갹출방식의 기업연금제도이다. 이 제도는 확정갹출 형태로 일정 수준까지 강제 적용되며, 민간보험자가 운영하되, 연금의 형태로 급

여를 지급한다. 이를 위해 현행 퇴직금제도를 기업연금제도로 전환시킨다.

- 4층(forth tier)은 확정갹출 형태로 임의적용을 원칙으로 하되, 기여율의 상한을 철폐하여 가입자의 개인적인 능력 또는 취향에 따라 기여율을 결정하도록 한다.[45]

② 강제적용의 2층을 명목확정갹출 방식으로 전환

국가가 운용하는 강제적용의 2층을 명목확정갹출(NDC: Nominal Defined Contribution)제도로 전환하는 것이다. NDC는 근로기간동안 근로자 개인의 기여액이 근로자 개인의 명목계정에 적립되는 제도를 지칭한다. 통상적으로는 근로기간동안 적립된 기금에 가산된 이자율로 정의되는 적립액을 근로자가 퇴직하는 시점에 연금으로 전환하는 방식을 채택한다.[46]

(4) 세계은행과 국제노동기구의 연금체계 비교

세계은행과 국제노동기구의 연금체계를 비교하면, 다음과 같은 차이점과 특징을 가진다.

- 첫째, 세계은행은 고령화 위험을 분산하기 위한 재원조달의 다양화 차원에서 연금체계의 전환을 제기하는 반면 국제노동기구는 다양한 사회계층이 가지고 있는 빈곤위험을 포섭하는 차원에서 다층체계의 필요성을 강조한다. 국제노동기구는 기본적으로 공적 연금에서 배제되어 있는 집단을 포괄하기 위해서는 기존 사회보험의 보편적 확대나 각 사회집단에 적합한 구조로 기존 연금체계의 개편이 필요하다고 역설한다.
- 둘째, 세계은행과 국제노동기구는 소득보장에 대한 국가의 역할범위에 대해 서로 다른 견해를 가지고 있다.
- 마지막으로, 재원조달방식 측면에서 국제노동기구는 여전히 부과방식을 선호하는 반면, 세계은행은 적립방식을 선호한다.

한걸음 더

연금체계의 유형화

에스핑-앤더슨(Esping-Andersen, 1990)은 전체 연금체계를 구성하는 요소로서의 개별 연금제도들이 전체 퇴직소득에서 차지하는 역할 비중과 적용대상의 범위와 구분방법 등을 고려하여 연금체계의 유형화를 시도하였다. 그에 의하면 서구복지국가들의 연금체계는 크게 세 가지 유형으로 분류될 수 있다.

- 첫째, 조합주의적 연금체계(corporative state-dominated insurance systems)이다. 이 체계 내에서는 지위(status)가 연금제도의 구조를 결정하는 데 주요한 요소이다. 노후보장에 있어 시장의 역할은 주변적인 기능을 하는 것에 지나지 않으며, 공적연금의 적용대상 또한 직업에 따라 분절화 되는 특성을 보인다. 이러한 유형에는 프랑스, 독일, 이탈리아 등이 해당된다.
- 둘째, 잔여적 연금체계(residualist systems)이다. 이는 노후보장에 있어서 공적연금보다는 시장이 주도적인 영향력을 행사하는 경향이 있다. 즉 노후소득 구성면에서 근로소득, 사적연금, 재산소득 등이 상대적으로 큰 역할을 수행한다. 호주, 미국, 캐나다, 스위스 등이 해당된다.
- 셋째, 보편주의 연금체계(universalistic state-dominated systems)이다. 거의 모든 국민들에게 사회권 차원에서 연금수급권이 부여되고 지위에 따른 특권은 인정되지 않는 경향이 있다. 또한 노후보장에 있어 시장의 역할은 매우 제한적이다. 여기에는 스웨덴, 노르웨이, 뉴질랜드, 덴마크, 네덜란드 등이 포함된다.

6. 공 · 사 연금체계 유형

공적 연금과 사적 연금의 역할분담 관계를 기준으로 하여 크게 4가지로 구분할 수 있다.

유형	특징
공적 연금 지배형	노후소득보장에 있어 공적 연금의 비중이 매우 높음. 공적 연금은 주로 퇴직 전 소득의 90% 전후를 보장. 사적 연금의 역할은 미미함
공적 연금 우위형	공적 연금의 수준은 상당히 높으나 퇴직 전 소득수준을 완전히 보장하지 않아 사적 연금이 일정 정도 역할을 하는 유형
사적 연금 우위형	공적 연금은 기초적 수준의 보장에 국한하고 나머지는 사적 연금에 맡기는 유형
사적 연금 지배형	강제가입의 사적 연금(적립식 퇴직 또는 개인연금)이 노후보장에 있어 지배적인 역할을 하는 유형

중요도 ★

공적 연금의 특징을 묻는 문제에서 확정급여식(DB)과 확정기여식(DC)의 주요 내용을 비교하는 문제가 종종 출제되고 있다. 보험료는 확정되어 있지 않고 급여는 확정되어 있다면 확정급여식, 보험료는 확정되어 있고 급여는 확정되어 있지 않다면 확정기여식이라는 것을 기억하자.

7. 연금제도의 분류[47)]

(1) 기여식 연금과 무기여 연금

① 기여식 연금

소득의 일정 비율(혹은 정액)을 보험료(유사한 성격의 사회보장세)로 징수하여 재원을 조달하며 노령, 장애, 사망 등의 사회적 위험에 직면한 가입자에게 급여를 제공하는 형태이다. 기여금 수준에 따라 급여수준이 차등화된다. 사회보험식 연금, 퇴직준비금 제도, 강제가입식 개인연금제도 등이 이에 해당한다.

② 무기여 연금

동일한 정액으로 급여를 지급하기도 하고, 소득수준에 따라 급여를 감액하고 지급하기도 한다. 일반조세에 의해 재정을 충당하기 때문에 급여수준이 낮은 편이다. 국가마다 운영하는 방식이나 지급범위, 기능과 역할 등이 매우 다양하지만 보통 국민의 노후 최저소득보장을 목표로 한다.

(2) 정액연금과 소득비례연금

① 정액연금

연금 수급액 결정에 있어서 이전의 소득은 고려하지 않고 동일한 금액을 지급하는 형태이다.

② 소득비례연금

과거 소득(일정기간 또는 가입 전(全) 기간의 소득)을 기준으로 급여를 차등 지급하는 형태이다. 소득비례연금이라고 하더라도 공적 연금제도에서 연금 급여액이 소득에 반드시 정비례하지는 않는다는 점에 유의할 필요가 있다.

(3) 확정급여식(Defined Benefit, DB)과 확정기여식(Defined Contribution, DC) 연금 ★꼭!

① 확정급여식 연금

급여는 임금 또는 소득의 일정 비율 또는 일정 금액으로 사전에 급여산정공식에 의해 확정되어 있지만 원칙적으로 보험료(기여금)는 확정되어 있지 않다. 연금급여액은 대개 과거소득 및 소득활동기간에 의해 결정된다. 대부분의 국가들에서 공적 연금제도는 확정급여 방식으로 운영되고 있다. 확정급여 방식 연금이 전 세계적으로 보편적으로 채택되게 된 배경에는 여러 가지 이유가 있겠지만 무엇보다도 퇴직 후에 안정된 급여를 보장하고, 노후의 경제적 불안정에 대한 불안을 해소하는 장점이 있다. 개인 차원에서 예측하거나 통제하기 어려운 물가상승, 경기침체, 기대수명 연장 등의 위험들을 사회 전체적으로 분산시켜 대응하는 장점이 있다.

② 확정기여식 연금

반대로 보험료(기여금)만이 사전에 확정되어 있을 뿐 급여액은 확정되어 있지 않다. 급여액은 적립한 기여금과 기여금의 투자수익에 의해서만 결정되기 때문에 사전에 급여액이 얼마나 될지 알 수 없다. 투자에 수반되는 위험에 대해서는 개인이 전적으로 책임을 지는 형태이다. 연금재정 면에서는 불균형 문제를 갖지 않는다는 점에서 장점을 지니고 있다고 볼 수도 있지만, 국민의 노후소득의 안정적 보장이라는 측면에서는 단점을 가지고 있다. 국민의 노후생활 안정을 희생시켜 가면서 연금재정을 안정적으로 보호하는 것이라면, 이는 사회보장의 목적을 수단으로 전치시키는 결과를 초래한다고 볼 수도 있다. 또한 소득계층 간, 세대 간 사회통합에 부정적인 영향을 미칠 수도 있다.

2 연금재정의 운영방식

기출회차

1	2	3	4	5
6	7	8	9	10
11	12	13	14	15
16	17	18	19	20
21	22			

강의로 복습하는 기출회독 시리즈

Keyword 180

중요도 ★★

부과방식과의 특징을 비교하는 문제가 주로 출제되므로 적립방식, 부과방식 모두의 장단점을 잘 숙지하여 두 운영방식을 구분할 수 있어야 한다.

잠깐!

적립방식, 부과방식

- 적립방식: 보험료를 연기금으로 적립하였다가 지급하는 방식
- 부과방식: 보험료 수입을 당해 연도 연금 지출로 사용하는 방식

1. 적립방식(funded system)

- 장래의 연금지급에 대비하여 제도 도입 초기부터 가입자로부터 징수한 기여금을 장기에 걸쳐 적립하여 이를 기금으로 운용하고 그 원리금과 당해 연도 기여금 수입을 재원으로 수급권자에게 연금급여를 지급하는 방식이다.
- 적립방식에는 완전적립과 부분적립의 두 가지 유형이 있는데 완전적립방식은 장기에 걸쳐 계산한 보험수리상의 공평한 보험료를 제도 도입 초기부터 일관성 있게 부과, 징수하여 적립하는 방식이다. 그러나 전 국민 대상의 공적 연금으로서 완전적립방식으로 운영하는 경우는 거의 없다고 할 수 있다.
- 부분적립방식은 장기에 걸쳐 계산한 보험료 대신 제도 도입 초기에는 이 보험료 보다 낮은 수준으로 부과, 징수하다가 차츰 보험료를 인상해 가는 방식으로 그 과정에서 적립기금을 운용하여 그 원리금을 장래의 급여지급 재원의 일부로 활용하는 방식이다. 부분적립방식은 완전적립방식에 비해 적립기금 규모를 상대적으로 작게 유지한다.

잠깐!

선진국들의 운영방식

대부분 선진국들의 공적 연금은 부과방식으로 운영된다.

2. 부과방식(pay-as-you-go system)

- 매년 전체 가입자가 낸 보험료 등으로 당해연도에 지급해야 할 연금급여를 충당하는 방식이다.
- 일부 국가에서 향후 지급할 연금급여 지출에 대비하여 일정 정도의 기금을 보유, 운영하기도 하지만 극소수 국가를 제외하고는 그 규모가 수 일 혹은 수 개월분에 지나지 않는다.

적립방식과 부과방식의 장 · 단점

구분	장점	단점
적립방식	• 보험료의 평준화가 가능하다. • 제도 성숙기에는 적립된 기금의 활용이 가능하다. • 상대적으로 재정의 안정적인 운영이 가능하다.	• 일정한 기금이 형성되기 전까지는 제도 초기에 어려움이 있다. • 장기적인 예측에 있어서 어려움이 있다. • 인플레이션 등 경제사회적 변화에 취약하다.
부과방식	• 세대 간 재분배 효과가 상대적으로 크다. • 인플레이션으로 인한 영향이 크지 않다. • 장기적인 재정추계의 필요성은 미약하다.	• 노인인구가 늘어난다면 후 세대의 부담이 증가할 수 있다. • 상대적으로 재정운영의 불안정성이 존재한다. • 인구구조 변화에 상당한 영향을 받는다.

한걸음 더

적립방식과 부과방식 비교

적립방식은 근로세대가 낸 보험료와 이를 적립한 기금의 투자수익을 합하여 노후세대에게 급여를 지급하는 형식이다. 기금을 지속적으로 적립하며, 대규모의 적립기금을 운용하는 과정에서 기금 투자로 인한 위험이 존재한다.

부과방식은 지급할 연금급여 총액에 대한 추정을 근거로 근로세대에게 보험료를 부과하는 형식이다. 별도로 기금을 적립하지 않는다. 인구구조의 변화에 취약하다는 단점이 있다. 예를 들어 고령화가 진행되는 과정에서 근로세대가 줄어들면서 보험료 수입이 감소하는 경향이 발생할 수 있고 노인인구의 증가로 인해 후세대의 부담이 증가할 수 있다. 즉 인구고령화로 노동인구가 감소할 경우 직접적으로 부정적 영향을 받을 수 있다.

3 국민연금제도

기출회차

1	2	3	4	5
6	7	8	9	10
11	12	13	14	15
16	17	18	19	20
21	22			

강의로 복습하는 기출회독 시리즈

Keyword 181

1. 국민연금법의 제정 및 시행

- 1960년대와 1970년대의 급속한 경제성장과 함께 근로자들에 대한 노후생활을 보장할 수 있는 연금제도의 필요성이 제기되면서 1973년 12월 '국민복지연금법'이 제정되었으나, 석유파동과 경제 불황으로 그 시행이 계속 연기되었다.
- 1980년대 중반에 접어들면서 평균수명의 연장에 따른 인구의 노령화 속도가 급속하게 증가되고, 또한 젊은 층의 노인부양 의식도 점차로 약화됨에 따라 국민연금제도의 시행여건이 조성되어 1988년 1월 1일부터 시행하였다.
- 시행 초기에는 10인 이상의 사업장을 당연적용대상으로 하였으나, 점차적으로 확대하여 1992년 1월 1일부터는 5인 이상의 사업장으로 확대 적용되었고, 1995년 7월 1일부터는 농어촌지역으로 확대되었다.
- 1999년 4월 1일부터는 도시자영업자에게까지 적용함으로써 마침내 '전 국민 연금시대'를 맞이하게 되었다.

2. 국민연금법의 목적

국민연금법에 따르면 국민연금은 국민의 노령 · 장애 또는 사망에 대하여 연금급여를 실시함으로써 국민의 생활안정과 복지증진에 기여함을 목적으로 한다. 연금은 노령 하나만을 대상으로 하는 것이 아니라 연령에 관계없이 가입 중에 발생한 장애와 보험가입자의 사망에 따른 유족들의 생활보장까지를 목적으로 하고 있다.

잠깐!

국민연금제도의 특징

사회보험방식(기여식), 확정급여방식, 부분적립방식, 관리는 국민연금공단에 위탁

3. 국민연금의 적용대상

중요도 ★★★

국민연금제도의 적용대상에 관한 내용은 국민연금제도의 전반적인 내용을 묻는 문제에서 선택지로 자주 다뤄진다. 국내에 거주하는 국민으로서 18세 이상 60세 미만인 자가 가입대상이며, 가입자의 유형에는 사업장가입자, 지역가입자, 임의가입자, 임의계속가입자가 있음을 반드시 기억해야 한다.

(1) 가입대상 꼭!

국내에 거주하는 국민으로서 18세 이상 60세 미만인 자는 국민연금 가입대상이 된다. 다만, 공무원연금법, 군인연금법, 사립학교교직원 연금법 및 별정우체국법을 적용받는 공무원, 군인, 교직원 및 별정우체국 직원 등은 제외한다.

(2) 사업장가입자

- 1인 이상의 근로자를 사용하는 사업장 또는 주한외국기관으로서 1인 이상의 대한민국 국민인 근로자를 사용하는 사업장(당연적용사업장)에 근무하는 사용자와 근로자는 외국인을 포함하여 모두 국민연금에 가입하여야 한다.
- 다음과 같은 경우에는 사업장가입자 가입대상에서 제외된다.
  - 18세 미만이거나 60세 이상인 사용자 및 근로자(단,18세 미만 근로자는 사업장가입자로 당연적용하되, 본인의 신청에 의해 적용제외 가능)
  - 공무원연금, 군인연금, 사립학교교직원연금, 별정우체국연금 가입자 등 타공적연금 가입자
  - 공무원연금법 · 공무원 재해보상법 · 사립학교교직원연금법 또는 별정우체국법에 의한 퇴직연금 · 장해연금 또는 퇴직연금일시금 수급권을 취득하거나 군인연금법에 의한 퇴역연금 · 퇴역연금일시금, 군인 재해보상법에 따른 상이연금 수급권을 취득한 자(단, 퇴직연금등수급권자가 연계 신청을 한 경우에는 사업장 가입대상임)
  - 일용근로자 또는 1개월 미만의 기한을 정하여 사용되는 근로자(단, 1개월 이상 계속 사용되면서 1개월간 근로일수가 8일 이상 또는 근로시간이 60시간 이상인 사람, 1개월 동안 소득이 보건복지부장관이 고시하는 금액 이상일 경우 근로자에 포함)
  - 소재지가 일정하지 아니한 사업장에 종사하는 근로자
  - 1개월 동안의 근로시간이 60시간(주당 평균 15시간) 미만인 단시간근로자. 다만, 해당 단시간근로자 중 '3개월 이상 계속하여 근로를 제공하는 사람으로서 고등교육법에 따른 강사, 3개월 이상 계속하여 근로를 제공하는 사람으로서 사용자의 동의를 받아 근로자로 적용되기를 희망하는 자, 둘 이상 사업장에 근로를 제공하면서 각 사업장의 1개월 소정근로시간의 합이 60시간 이상인 사람으로서 1개월 소정근로시간이 60시간 미만인 사업장에서 근로자로 적용되기를 희망하는 사람'은 국민연금 가입대상임
  - 노령연금수급권을 취득한 자 중 60세 미만의 특수직종근로자

- 조기노령연금 수급권을 취득한 자(단, 소득있는 업무에 종사하게 되어 그 지급이 정지중인 자는 가입대상임)

(3) 지역가입자

- 국내에 거주하는 18세 이상 60세 미만의 국민으로서 사업장가입자가 아닌 사람은 당연히 지역가입자가 된다.
- 다음과 같은 경우에는 지역가입자 가입대상에서 제외된다.
  - 사업장가입자
  - 만 18세 미만이거나 만 60세 이상인 경우
  - 공무원연금법, 군인연금법, 사립학교교직원연금법, 별정우체국법의 적용을 받는 공무원, 군인, 사립학교교직원, 별정우체국 직원
  - 노령연금수급권을 취득한 자 중 60세 미만의 특수직종근로자
  - 조기노령연금 수급권을 취득한 자(단, 소득있는 업무에 종사하게 되어 그 지급이 정지중인 자는 가입대상임)
  - 퇴직연금 등 수급권자: 공무원연금법 · 공무원 재해보상법 · 사립학교교직원연금법 또는 별정우체국법에 따른 퇴직연금 · 장해연금 또는 퇴직연금일시금이나 군인연금법에 따른 퇴역연금 · 퇴역연금일시금, 군인 재해보상법에 따른 상이연금을 받을 권리를 얻은 자(퇴직연금공제일시금 및 조기퇴직연금 수급권자 포함). 다만, 퇴직일시금 및 유족연금 수급권자와 독립유공자 예우에 관한 법률, 국가유공자 등 예우 및 지원에 관한 법률, 고엽제 후유의증환자 지원 등에 관한 법률 등에 의한 국가보훈연금 수급권자는 해당되지 않음
  - 기초수급자: 국민기초생활보장법에 의한 수급자 중 생계급여 수급자 또는 의료급여 수급자 또는 보장시설 수급자
  - 18세 이상 27세 미만인 자로서 학생이거나 군복무 등으로 소득이 없는 자(단, 연금보험료를 납부한 사실이 있는 자는 가입대상임)
  - 별도의 소득이 없는 배우자(무소득배우자)
  - 1년 이상 행방불명된 자(거주불명등록자)

(4) 임의가입자

- 임의가입은 사업장가입자나 지역가입자가 될 수 없는 사람도 국민연금에 가입하여 연금 혜택을 받을 수 있도록 하는 제도로서 사업장가입자와 지역가입자 이외의 18세 이상 60세 미만인 자가 본인이 희망할 경우 신청에 의하여 될 수 있다.
- 다음과 같은 경우에는 임의가입자 신청대상이 될 수 있다.

– 퇴직연금등수급권자
– 기초수급자 중 생계급여 수급자 또는 의료급여 수급자 또는 보장시설 수급자
– 타공적연금가입자, 사업장가입자, 지역가입자 및 임의계속가입자, 노령연금 및 퇴직연금등수급권자의 배우자로서 별도의 소득이 없는 자
– 노령연금 수급권을 취득한 60세 미만의 특수직종근로자나 조기노령연금 수급권을 취득한 자의 배우자로서 별도의 소득이 없는 자
– 18세 이상 27세 미만인 자로서 학생이거나 군복무 등으로 소득이 없는 자(연금보험료를 납부한 사실이 있는 자를 제외)

(5) 임의계속가입자

- 임의계속가입은 60세에 도달하여 국민연금 가입자의 자격을 상실하였으나, 가입기간이 부족하여 연금을 받지 못하거나 가입기간을 연장하여 더 많은 연금을 받고자 하는 경우 65세에 달할 때까지 신청에 의하여 가입할 수 있다. 주로 60세가 되어도 가입기간이 부족하여 노령연금을 받을 수 없는 경우 신청하는 경우가 많다.
- 임의계속가입자는 크게 다음과 같이 구분할 수 있다.
  – 사업장임의계속가입자: 사업장가입자로 가입 중 60세 이상이 되었는데, 계속 사업장에 종사하면서 임의계속 가입자로 보험료 납부를 희망할 경우(기준소득월액의 9% 전액 본인부담)
  – 지역임의계속가입자: 지역가입자로 가입 중 60세 이상이 되어 임의계속가입자가 된 경우. 계속해서 지역가입자의 기준에 해당하는 소득이 있을 경우
  – 기타임의계속가입자: 임의로 가입 중 60세 이상이 되어 임의계속가입자가 된 경우

4. 연금보험료

연금보험료 = 가입자의 기준소득월액 × 연금보험료율

※ 사업장가입자의 연금보험료: 사업장 근로자 기여금+사업장 사용자 부담금
※ 지역가입자 · 임의가입자 및 임의계속가입자의 연금보험료: 본인이 전부 부담

- 사업장가입자 보험료율은 9.0%(근로자 4.5%+사용자 4.5%)로 근로자와 사용자가 각각 4.5%씩을 부담한다.

• 지역가입자, 임의가입자, 임의계속가입자의 보험료율도 9.0%로 모두 자신이 부담한다.

한걸음 더

두루누리 사회보험제도(사회보험료 지원제도)

• 소규모 사업을 운영하는 사업주와 소속 근로자의 사회보험료(고용보험 · 국민연금)의 일부를 국가에서 지원함으로써 사회보험 가입에 따른 부담을 덜어주고, 사회보험 사각지대를 해소하기 위한 사업이다.
• 근로자 수가 10명 미만인 사업에 고용된 근로자 중 월평균보수가 270만원 미만인 신규가입 근로자와 그 사업주에게 신규가입 근로자 및 사업주가 부담하는 고용보험과 국민연금 보험료의 80%를 지원한다.

중요도 ★★★

<사회복지법제론>의 국민연금법과 함께 학습하면 보다 효율적으로 이해할 수 있을 것이다. 국민연금제도상 급여의 종류별 세부적인 내용은 출제빈도가 매우 높은 중요한 내용이므로 반드시 꼼꼼하게 살펴봐야 한다.

5. 연금급여의 종류

급여의 종류로는 노령연금(분할연금), 장애연금, 유족연금, 반환일시금, 사망일시금이 있다.

연금급여(매월 지급)	
노령연금	노후소득보장을 위한 급여(국민연금의 기초가 되는 급여)
장애연금	장애로 인한 소득감소에 대비한 급여
유족연금	가입자(였던 자) 또는 수급권자의 사망으로 인한 유족의 생계 보호를 위한 급여

일시금 급여	
반환일시금	연금을 받지 못하거나 더 이상 가입할 수 없는 경우 청산적 성격으로 지급하는 급여
사망일시금	유족연금 및 반환일시금을 받지 못할 경우 장제부조적 · 보상적 성격으로 지급하는 급여

한걸음 더

국민연금 급여의 특징

• 연금액의 실질가치보장: 연금을 받는 동안 매년 전국소비자물가변동률을 반영하여 연금액을 조정함으로써 물가가 인상되더라도 항상 연금액의 실질가치가 보장된다.
• 소득보장: 소득능력이 상실되거나 감소된 경우에 본인 또는 유족에게 기본적인 생활을 할 수 있도록 연금형태의 급여를 제공하는 소득보장제도이다.
• 국가가 지급을 보장하는 안전성: 국가가 운영하고 지급을 보장하는 가장 안전한 노후준비수단이다.
• 지급된 급여의 압류금지: 수급권자에게 지급된 급여로서 185만원 이하의 금액에 대해서는 압류하지 못하도록 하여 국민연금 급여를 통한 기본적인 생활을 보장한다.
• 급여수급전용계좌의 압류금지: 급여수급전용계좌인 '국민연금 안심통장'으로 국민연금 급여를 지급받는 경우에는 압류로부터 원천적으로 보호된다.

한걸음 더

수급연령 상향조정(법률 제8541호 부칙 제8조)

평균수명의 연장과 고령화의 심화로 인한 연금재정의 건전화를 위해 연금수급 연령을 상향조정 하였다.

출생연도	수급개시연령			
	노령연금	조기노령연금	분할연금	반환일시금
1952년생 이전	60세	55세	60세	60세
1953~1956년생	61세	56세	61세	61세
1957~1960년생	62세	57세	62세	62세
1961~1964년생	63세	58세	63세	63세
1965~1968년생	64세	59세	64세	64세
1969년생 이후	65세	60세	65세	65세

※ 반환일시금은 해당 수급연령에 도달하지 않았더라도 본인의 희망에 따라 수급이 가능하다.

(1) 노령연금 ★꼭!

• 노령연금은 국민연금의 기초가 되는 급여이다. 국민연금 가입자가 나이가 들어 소득활동에 종사하지 못할 경우 생활안정과 복지증진을 위하여 지급되는 급여로서 가입기간(연금보험료 납부기간)이 10년 이상이면 출생연도별 지급개시 연령(아래 표 참조) 이후부터 평생 동안 매월 지급받을 수 있다.

• 조기노령연금은 가입기간이 10년 이상이고 출생연도별 조기노령연금 지급개시 연령(아래 표 참조) 이상인 사람이 소득 있는 업무에 종사하지 않는 경우에 본인이 신청하면 노령연금 지급개시 연령 전이라도 지급받을 수 있는 연금이다. 이 경우 가입기간 및 처음 연금을 받는 연령에 따라 일정률의 기본연금액에 부양가족연금액을 합산하여 평생 동안 지급받게 된다.

• 분할연금은 혼인기간 동안 배우자의 정신적 · 물질적 기여를 인정하고 그 기여분을 분할하여 지급함으로써 이혼한 배우자의 안정적인 노후생활을 보장하기 위한 제도이다. 배우자의 가입기간 중 혼인 기간이 5년 이상인 자가 '배우자와 이혼하였을 것, 배우자였던 사람이 노령연금 수급권자일 것, 분할연금 수급권자가 본인이 출생연도별 지급개시 연령이 될 것'의 요건을 모두 갖추면 지급한다.

출생연도별 지급개시 연령

출생연도	1953~56년생	1957~60년생	1961~64년생	1965~68년생	1969년생~
노령연금 지급개시 연령	61세	62세	63세	64세	65세
조기노령연금 지급개시 연령	56세	57세	58세	59세	60세

한걸음 더

분할연금과 노령연금

- 분할연금 수급권은 그 수급권을 취득한 후에 배우자였던 자에게 생긴 사유로 노령연금 수급권이 소멸 · 정지되어도 영향을 받지 아니한다.
- 수급권자에게 2 이상의 분할연금 수급권이 생기면 2 이상의 분할연금액을 합산하여 지급한다. 다만, 2 이상의 분할연금 수급권과 다른 급여(노령연금 제외)의 수급권이 생기면 그 2 이상의 분할연금 수급권을 하나의 분할연금 수급권으로 보고 본인의 선택에 따라 분할연금과 다른 급여 중 하나만 지급하고 선택하지 아니한 분할연금 또는 다른 급여의 지급은 정지된다.
- 분할연금 수급권자는 유족연금을 지급할 때 노령연금 수급권자로 보지 아니한다. (분할연금은 노령연금에서 파생된 급여의 성격을 갖고 있고 따라서 분할연금과 노령연금은 합산하여 받을 수 있다. 하지만, 유족연금을 지급할 때는 노령연금 수급권자로 보지 않기 때문에 중복급여 조정에 해당한다. 즉 하나의 급여만 선택해야 한다.)
- 분할연금 수급권자에게 노령연금 수급권이 발생한 경우에는 분할연금액과 노령연금액을 합산하여 지급한다.
- 60세가 되기 전 이혼하는 경우에는 이혼의 효력이 발생하는 때부터 분할연금을 미리 청구(분할연금 선청구)할 수 있다. 선청구를 한 경우라도 실제 지급은 60세가 된 이후에 이루어진다.

보충자료

장애인연금, 장애연금, 장애수당의 차이점

(2) 장애연금

- 장애연금은 가입자나 가입자였던 자가 질병이나 부상으로 신체적 또는 정신적 장애가 남았을 때 이에 따른 소득 감소부분을 보전함으로써 본인과 가족의 안정된 생활을 보장하기 위한 급여이다.
- 장애 정도(1~4급)에 따라 일정한 급여를 지급하며, 초진일 요건과 국민연금보험료 납부요건이 모두 충족되어야 한다. 장애 정도(등급)는 질병이나 부상의 완치일을 기준으로 노동력 손실 또는 감소정도에 따라 1~4급으로 결정하며, 완치되지 않은 경우에는 초진일로부터 1년 6개월이 경과된 날을 기준으로 장애 정도(등급)를 결정한다.

(3) 유족연금

- 유족연금은 국민연금에 일정한 가입기간이 있는 사람 또는 노령연금이나 장애 정도(등급) 2급 이상의 장애연금을 받던 사람이 사망하면 그에 의하여 생계를 유지하던 유족에게 가입기간에 따라 일정률의 기본연금액에 부양가족연금액을 합한 금액을 지급하여 남아있는 가족들이 안정된 삶을 살아갈 수 있도록 하기 위한 연금이다.
- 유족이란 사망자에 의하여 생계를 유지하고 있던 가족으로서 배우자(사실혼 포함), 다음의 요건을 충족하는 자녀, 부모, 손자녀, 조부모 순위 중 최우선 순위자에게 유족연금을 지급한다.

유족의 범위

지급대상	요건	
자녀	25세 미만	또는 장애상태에 있는 사람
부모(배우자의 부모 포함)	60세 이상	
손자녀	19세 미만	
조부모(배우자의 조부모 포함)	60세 이상	

잠깐!

유족의 범위 요건에서 '장애상태에 있는 사람'의 기준

1. 장애 정도에 관한 장애등급 1급 또는 2급에 해당하는 상태
2. 장애인 중 장애의 정도가 심한 장애인으로서 대통령령으로 정하는 장애 정도에 해당하는 상태

유족연금을 받을 수 있는 요건

노령연금수급권자가 사망한 경우
장애 정도(등급) 2급 이상의 장애연금 수급권자가 사망한 경우
가입기간 10년 이상인 가입자(였던 자)가 사망한 경우
연금보험료를 낸 기간이 가입대상 기간의 1/3이상인 가입자(였던 자)가 사망한 경우
사망일 5년 전부터 사망일까지의 기간 중 3년 이상 연금보험료를 낸 가입자(였던 자)가 사망한 경우. 단, 전체 가입대상기간 중 체납기간이 3년 이상인 경우는 유족연금을 지급하지 않음

(4) 반환일시금

- 반환일시금은 60세 도달, 사망, 국적상실, 국외이주 사유로 더 이상 국민연금 가입자 자격을 유지할 수 없고 연금수급요건을 채우지 못한 경우 그동안 납부한 보험료에 이자를 더해 일시금으로 지급하는 급여이다.
- 반환일시금은 더 이상 국민연금 가입자 자격을 유지할 수 없는 경우(60세 도달, 사망, 국외이주 · 국적상실)에만 지급되는 급여이다. 국외이주, 국적상실 등의 사유로 반환일시금을 지급받은 때에는 가입기간이 소멸되므로 다른 연금을 받을 수 없다. 다만, 다시 국민연금가입자가 된 경우에는 일정한 이자를 더하여 반납함으로써 가입기간을 복원할 수 있다.

반환일시금을 받을 수 있는 요건

가입기간 10년 미만인 사람이 지급연령(60~65세)이 된 경우 ※ 이때, 지급연령이 되기 전에 본인이 희망하는 경우에는 60세부터 반환일시금을 지급받을 수 있음
가입자 또는 가입자였던 자가 사망하였으나 유족연금에 해당되지 않는 경우
국적을 상실하거나 국외에 이주한 경우

(5) 사망일시금

- 사망일시금은 가입자 또는 가입자였던 사람이 사망하였으나 국민연금법에 의한 유족이 없어 유족연금 또는 반환일시금을 지급받을 수 없는 경우 더 넓은 범위의 유족에게 지급하는 장제부조적 · 보상적 성격의 급여이다.
- 가입자 또는 가입자였던 사람이 사망하였으나 유족연금 또는 반환일시금을

지급받을 수 있는 유족 범위에 해당하는 자가 없는 경우에는 배우자, 자녀, 부모, 손자녀, 조부모, 형제자매 또는 사망자에 의하여 생계를 유지하고 있던 4촌 이내의 방계혈족 순위 중 최우선 순위자에게 장제부조적 · 보상적 성격으로 지급한다.

6. 연금급여액

연금은 가입자가 노령, 장애 또는 사망으로 인해 소득이 중단 · 상실되거나 감소하였을 때 기본적인 생활이 보장될 수 있도록 급여를 현금으로 지급한다. 또한 처음 받는 연금급여액을 결정할 때는 본인의 과거 평균소득을 연금 지급 현재의 가치로 재평가하여 반영하고, 연금을 받는 기간에도 물가상승률에 따라 조정함으로써 물가가 인상되더라도 연금급여액의 실질가치를 유지하도록 하고 있다.

(1) 연금급여액 구성

- 연금급여는 기본연금액과 부양가족연금액을 합산한 금액으로 받는다.
- 기본연금액이란 모든 연금액 산정의 기초가 되며, 가입자 전체의 소득(소득재분배 기능)과 가입자 본인의 소득(소득비례 기능) 및 가입기간에 따라서 산정된다.
- 부양가족연금액이란 연금급여를 지급받는 수급자가 일정한 가족을 부양하고 있는 경우 가족수당 성격으로 지급하는 부가급여를 말한다.

(2) 연금급여액 수준

급여수준은 전체가입자 평균소득에 해당하는 사람이 40년간 납부 시 가입기간이 속한 연도에 따라 소득의 40~70%(소득대체율)를 받게 된다.

가입기간	1988~1998년 (P_1)	1999~2007년 (P_2)	2008년 (P_3)	2009년 (P_4)	2010년 (P_5)	2011년 (P_6)	2012년 (P_7)	(…)	2028년 이후 (P_{23})
소득대체율	70%	60%	50%	49.5%	49%	48.5%	48%	(…)	40%
소득대체율에 해당하는 비례상수	2.4	1.8	1.5	1.485	1.47	1.455	1.44	(…)	1.2

※ 2008년부터 소득대체율은 0.5%씩, 비례상수는 0.015씩 감소

① 기본연금액

<가입기간이 여러 구간에 걸쳐 있는 경우 기본연금액 산정식>

기본연금액 = [2.4(A + 0.75B)×P1/P + 1.8(A + B)×P2/P+1.5(A+B)×P3/P+…+1.2(A+B)×P23/P]×(1 + 0.05n/12)

※ 1년치 연금액이며, 실제 지급할 때는 12로 나눈 금액을 매월 지급함
A(균등부분): 연금수급 전 전체 가입자의 3년간의 평균소득월액의 평균액
B(소득비례부분): 가입자 개인의 가입기간 중 기준소득월액의 평균액
P: 전체 가입월수(= 보험료 납부월수)
P1 ~ P23: 연도별 가입월수
n: 20년 초과 가입월수

- 상수: 기본연금액 산정식에서 2.4, 1.8, 1.5, 1.2 등은 각각 (40년 가입 시) 연금급여의 소득대체율을 70%, 60%, 50%, 40%로 만들어주는 상수를 의미한다. 이 값이 클수록 연금액의 소득대체율이 높음을 의미한다.
- A: 균등부분으로, 가입자의 소득이나 보험료 납부실적과 무관하게 한 해에 연금수급을 시작하는 모든 연금수급자에게 동일하게 적용함으로써 연금급여의 격차를 줄이는 역할을 한다. 따라서 A에 곱해주는 계수가 커질수록 소득재분배 효과는 커진다고 할 수 있다.
- B: 소득비례부분으로 보험료 납부수준에 따라 더 높은 급여를 지급하도록 하는 요소이다. B에 곱해주는 계수를 작게 하면 소득비례적 성격이 약화된다.
- 기준소득월액: 연금액을 산정하기 위하여 가입자의 소득월액을 기준으로 하여 대통령령으로 정하는 금액이다. 사회보험으로서 국민연금은 기준소득월액의 상한선과 하한선을 설정하는데 그 이유는 현재의 산정식을 기준으로 기준소득월액이 하한에 못 미치는 사람은 미래에 연급수급을 받을 때 너무나 적은 급여를 받지 않도록 하고, 기준소득월액의 상한을 초과하는 사람은 나중에 너무 많은 급여를 받지 않도록 하기 위함이다. 기준소득월액 상한액과 하한액은 매년 3월말까지 보건복지부 장관이 고시한다.

② 부양가족연금액

수급권자가 권리를 취득할 당시 그 수급권자(유족연금에 있어서는 가입자 또는 가입자이었던 자)에 의하여 생계를 유지하고 있거나 노령 · 장애연금 수급권자가 그 권리를 취득한 이후 생계를 유지하게 된 자에 대하여도 지급하는 일종의 가족수당 성격의 부가급여이다.

잠깐!

부양가족연금액 요건에서 '장애상태에 있는 사람'의 기준

1. 장애 정도에 관한 장애등급 1급 또는 2급에 해당하는 상태
2. 장애인 중 장애의 정도가 심한 장애인으로서 대통령령으로 정하는 장애 정도에 해당하는 상태

부양가족연금액

지급대상	요건
배우자	사실혼 포함
자녀(배우자가 혼인 전에 얻은 자녀 포함)	19세 미만 또는 장애상태에 있는 자녀
부모(배우자의 부모, 부 또는 모의 배우자 포함)	60세 이상 또는 장애상태에 있는 부모

※ 매년 물가변동률에 따라 조정

(3) 급여종류별 급여액

① 노령연금액

구분	수급요건	급여수준
노령연금	가입기간 10년 이상으로 출생연도별 노령연금 지급개시 연령이 된 때(출생연도별 노령연금 지급개시 연령 도달일로부터 5년 이내이면 소득이 없는 경우에 한함)	기본연금액×가입기간별 지급률*+부양가족연금액 * 가입기간 10년 기준 50%에 가입기간 10년을 초과하는 1년마다 5%를 가산(1년 미만이면 매 1개월마다 5/12% 가산)
	노령연금 수급권자가 출생연도별 노령연금 지급개시 연령 도달일로부터 5년 이내에 소득이 있는 업무에 종사하는 기간	**2015.7.29. 이후 수급권 취득자** 노령연금액(月)=[(기본연금액×가입기간별 지급률*)÷12]-월감액금액** **2015.7.29. 전 수급권 취득자** 노령연금액(年)=기본연금액×가입기간별 지급률*×연령별 지급률*** * 가입기간 10년 기준 50%에 가입기간 10년을 초과하는 1년마다 5%를 가산(1년 미만이면 매 1개월마다 5/12% 가산) ** A값을 초과하는 소득월액에 따라 감액하여 지급(최대 50%까지 감액) *** 연금지급개시 연령부터 1년마다 감액률 차등 적용(50%~10% 감액) ※ 부양가족연금액은 지급되지 않음
조기 노령연금	가입기간 10년 이상, 출생연도별 조기노령연금 지급개시 연령 이상인 자가 소득이 있는 업무에 종사하지 아니하고, 출생연도별 조기노령연금 지급개시 연령 도달일로부터 5년 이내에 청구한 경우 (소득이 있는 업무에 종사하면 지급정지)	[노령연금액-부양가족연금액]×연령별 지급률*+부양가족연금액 * 가입기간 10년 기준 50%에 가입기간 10년을 초과하는 1년마다 5%를 가산(1년 미만이면 매 1개월마다 5/12% 가산) 55세 수급 개시 기준: 55세 70%, 56세 76%, 57세 82%, 58세 88%, 59세 94% 지급
분할연금	가입기간 중 혼인기간이 5년 이상인 노령연금 수급권자의 이혼한 배우자가 60세 이상이 된 경우	배우자이었던 자의 노령연금액(부양가족연금액 제외) 중 가입기간 중 혼인기간(5년 이상)에 해당하는 연금액의 1/2

② 장애연금액

장애 1급	장애 2급	장애 3급	장애 4급(일시보상금)
기본연금액의 100% + 부양가족연금액	기본연금액의 80% + 부양가족연금액	기본연금액의 60% + 부양가족연금액	기본연금액의 225%

③ 유족연금액

10년 미만	10년 이상 20년 미만	20년 이상
기본연금액의 40% + 부양가족연금액	기본연금액의 50% + 부양가족연금액	기본연금액의 60% + 부양가족연금액

④ 반환일시금액

가입기간 중 본인이 납부한 연금보험료에 대통령령으로 정하는 이자를 더하여 지급한다.

⑤ 사망일시금액

반환일시금에 상당한 금액으로 최종 기준소득월액(가입 중 결정된 각각의 기준소득월액 중 마지막 기준소득월액) 또는 가입기간 중 평균소득월액 중 많은 금액의 4배를 초과할 수는 없다.

(4) 연금급여액 조정

- 국민연금은 물가상승률에 따른 연금액 조정 및 재평가를 통해 연금액의 실질가치를 보전하고 있다.
- 기존 수급자는 매년 전국소비자물가변동률(통계청, 연평균)에 따라 연금액을 인상하여 지급한다. 평생 같은 연금액이 지급될 경우 물가상승으로 연금액의 실질가치는 하락되므로 이를 방지하기 위해 매년 물가상승률만큼 연금액을 인상한다.
- 신규 수급자는 연금액 산정의 기초가 되는 과거의 기준소득을 현재가치로 환산(재평가)함으로써 연금의 실질가치를 보전한다.

한걸음 더

중복급여의 조정

1. 국민연금 급여 간 조정

- 한사람에게 둘 이상의 국민연금 급여가 발생한 경우 원칙적으로 선택한 하나만 지급받을 수 있으나, 일정한 경우에는 선택하지 않은 급여의 일부를 지급받을 수 있다.
- 예를 들어, 장애연금을 받고 있는 사람에게 노령연금이 발생한 경우에는 선택한 하나의 연금이 지급되고 다른 연금의 지급은 정지되나, 선택하지 아니한 급여가 유족연금일 경우 선택한 급여와 유족연금의 30%를 지급(단, 선택한 급여가 반환일시금일 경우 지급하지 아니함)하며, 선택하지 아니한 급여가 반환일시금일 경우 선택한 급여를 전액 지급하고 반환일시금은 '사망일시금 상당액'을 지급(단, 선택한 급여가 장애연금이고 선택하지 않은 급여가 본인의 연금보험료 납부로 인한 반환일시금일 경우 장애연금만 지급)한다.

2. 국민연금 급여와 다른 법에 따른 급여 간 조정

- 다른 법률에 의해 급여를 지급받을 경우 국민연금 급여액이 조정(1/2)되거나 일정기간 지급이 정지된다.
- 예를 들어, 장애연금 또는 유족연금 수급권자가 해당 연금의 지급사유와 같은 사유로 「근로기준법」, 「산업재해보상보험법」, 「선원법」, 「어선원 및 어선재해보상보험법」에 의해 장애보상 또는 유족보상을 받을 수 있는 경우(「근로기준법」에 의한 장해보상, 유족보상, 일시보상 / 「산업재해보상보험법」에 의한 장해급여, 유족급여, 진폐보상연금, 진폐유족연금 / 「선원법」에 의한 장해보상, 일시보상, 유족보상 / 「어선원 및 어선 재해보상보험법」에 의한 장해급여, 일시보상급여, 유족급여)에 그 장애 또는 유족연금액의 1/2에 해당하는 금액을 지급받게 된다.

7. 국민연금의 재정운영

(1) 국민연금제도의 재정부담

국민연금제도에 소요되는 재정은 원칙적으로 가입자, 사용자, 그리고 정부가 부담하도록 되어 있으며, 지역가입자의 경우는 사용자가 없으므로 가입자가 사용자 몫을 부담하여야 한다.

(2) 재정운영방식

우리나라의 국민연금 재정운영방식은 수정적립방식이다.

8. 국민연금제도의 운영

(1) 국민연금공단

국민연금제도는 가입자 및 수급자에 대한 기록 관리의 유지, 연금급여 사무 등을 완벽하게 수행하기 위하여 공적 통제가 가능하면서도 관리의 전문성과 독립성을 확보할 수 있는 국가 위탁관리 형태의 법인체인 국민연금공단을 설립하고 각 시 · 도에 지부와 출장소를 두고 운영하고 있다.

(2) 국민연금공단의 업무

- 가입자에 대한 기록의 관리 및 유지
- 연금보험료의 부과
- 급여의 결정 및 지급
- 가입자, 가입자였던 자, 수급권자 및 수급자를 위한 자금의 대여와 복지시설의 설치 · 운영 등 복지사업
- 가입자 및 가입자였던 자에 대한 기금증식을 위한 자금 대여사업
- 가입대상과 수급권자 등을 위한 노후준비서비스 사업
- 국민연금제도 · 재정계산 · 기금운용에 관한 조사연구
- 국민연금기금 운용 전문인력 양성
- 국민연금에 관한 국제협력
- 그 밖에 이 법 또는 다른 법령에 따라 위탁받은 사항
- 그 밖에 국민연금사업에 관하여 보건복지부장관이 위탁하는 사항

한걸음 더

국민연금제도의 이해

1. 크레딧제도

- 사회적으로 가치 있는 행위를 하였거나, 불가피한 사유로 보험료를 납부할 수 없는 경우 수급권 및 적정급여 보장을 위해 가입기간을 추가로 인정하는 제도
- 출산크레딧제도: 출산을 장려하고, 연금수급기회 증대를 위해 둘째 이상의 자녀를 출산하는 가입자에게는 가입기간을 추가로 인정하는 인센티브 부여(2008. 1. 1 이후 출산 · 입양한 자녀부터 인정)

자녀수	2자녀	3자녀	4자녀	5자녀
추가 인정기간	12개월	30개월	48개월	50개월

- 군복무크레딧제도: 병역의무를 이행한 자(현역병, 공익근무요원)에게 6개월을 추가 가입기간으로 인정(2008. 1. 1 이후 군에 입대하는 자부터 인정)
- 실업크레딧제도: 구직급여 수급자가 연금보험료의 납부를 희망하고 본인 부담분 연금보험료(25%)를 납부하는 경우, 국가에서 보험료(75%)를 지원하고 그 기간을 최대 12개월까지 가입기간으로 추가 산입(2016. 8. 1 시행)

2. 농어업인에 대한 연금보험료 국고보조

국민연금공단은 국민연금제도가 농어촌 지역으로 확대, 시행되기 시작한 1995년부터 농어업에 종사하는 가입자에게 연금보험료의 일부를 국고보조를 해주고 있다.

3. 18세 미만 근로자 사업장가입 확대

지금까지는 18세 미만 근로자가 국민연금에 가입하고 싶어도 사용자가 동의하지 않으면 가입하기 어려웠지만, 18세 미만 근로자가 국민연금 가입을 원하는 경우, 사용자 동의 없이도 사업장가입자로 당연 가입할 수 있게 된다.

보충자료

국민연금제도의 이해

4 기초연금제도

기출회차

1	2	3	4	5
6	7	8	9	10
11	12	13	14	15
16	17	18	19	20
21	22			

강의로 복습하는 기출회독 시리즈

Keyword 182

1. 목적

노인에게 기초연금을 지급하여 안정적인 소득기반을 제공함으로써 노인의 생활안정을 지원하고 복지를 증진함을 목적으로 한다.

2. 개요

(1) 지급대상

65세 이상인 사람으로서 소득인정액이 선정기준액(보건복지부장관이 정하여 고시하는 금액) 이하인 사람에게 지급한다.

① 소득인정액 요건

- 소득인정액(본인 및 배우자의 소득평가액과 재산의 소득환산액을 합산한 금액)이 선정기준액 이하인 사람에게 지급한다.
  ※ 2024년 선정기준액(단위: 원/월): 단독가구 2,130,000원, 부부가구 3,408,000원
- 보건복지부장관은 선정기준액을 정하는 경우 65세 이상인 사람 중 기초연금 수급자가 100분의 70 수준이 되도록 한다.

② 직역연금 요건

- 공무원, 사립학교교직원, 군인, 별정우체국직원 등 직역연금 수급권자 및 그 배우자는 기초연금 수급대상에서 제외한다.
- 다만, 직역(공무원 · 사립학교교직원 · 군인 · 별정우체국직원) 재직기간이 10년 미만인 국민연금과 연계한 연계퇴직연금 또는 연계퇴직유족연금 수급권자 및 그 배우자, 장해보상금 · 유족연금일시금 · 유족일시금(유족연금 대신 받은 경우)을 받은 이후 5년이 경과한 수급권자 및 그 배우자는 소득인정액이 기초연금 선정기준액 이하라면 기초연금을 받을 수 있다.

(2) 기초연금액 산정 및 기초연금 급여액 결정

① 기준연금액으로 산정

- 국민연금을 받지 않고 있는 자(무연금자)
- 국민연금 월 급여액이 기준연금액의 150% 이하인 자
- 국민연금의 유족연금이나 장애연금을 받고 있는 자
- 장애인연금 수급권자 및 국민기초생활보장 수급권자

② 위의 ①에 해당하지 않는 자의 기초연금액은 소득재분배급여(A급여)에 따른 산식에 의해서 산정

(기준연금액 − 2/3×A급여액)+부가연금액

※ (　) 안의 금액이 음의 값일 경우 '0'으로 처리, 기초연금액의 최대값은 기준연금액

③ 직역연금 특례대상자

부가연금액(기준연금액의 50%)

④ 기초연금 급여액 생성

- 단독가구, 부부 1인 수급가구: 가구단위의 감액 이후 기초연금 급여액으로 생성
- 부부 2인 수급가구: 가구단위의 감액된 기초연금 급여액을 부부 각각에게 배분하여 기초연금 급여액으로 생성

⑤ 기초연금액의 감액

- 부부감액: 부부가 모두 기초연금을 받는 경우 각각의 기초연금액에서 20%를 감액하여 지급
- 소득역전방지 감액: 기초연금을 받는 사람과 못 받는 사람 간에 기초연금 수급으로 인해 발생할 수 있는 소득역전을 최소화하기 위해, 소득인정액과 기초연금액(부부 2인 수급 가구는 부부감액 이후)을 합한 금액과 선정기준액의 차이만큼 감액

※ 단독가구, 부부 1인 수급 가구는 기준연금액의 10%, 부부 2인 수급 가구는 기준연금액의 20%를 최저연금액으로 지급

(3) 타 제도와의 관계

장애인연금 수급권자 중 기초연금지급대상자에게는 장애인연금 기초급여를 지급하지 않는다.

8장 국민건강보장제도의 이해

한눈에 쏙!		중요도
❶ 국민건강보장제도	1. 국민건강보장제도의 유형	
❷ 건강보험 일반	1. 건강보험의 정의	
	2. 국민건강보험의 목적	
	3. 건강보험제도의 역사	
	4. 건강보험의 특성과 기능	
	5. 건강보험의 관리운영방식	
	6. 우리나라의 건강보험통합	
❸ 건강보험의 주요 구성	1. 건강보험의 보험자와 적용대상	
	2. 건강보험의 재원조달체계	
	3. 급여의 종류	★★★
	4. 건강보험의 관리운영체계	
	5. 진료비 지불방식	★★★
❹ 노인장기요양보험제도	1. 개요	
	2. 국민건강보험과의 차이점	
	3. 주요 내용	★★
	4. 급여내용	★★★
	5. 장기요양기관	
	6. 재원조달방식	
	7. 관리운영	

기출경향 살펴보기

이 장의 기출 포인트

국민건강보험제도와 노인장기요양보험제도의 전반적인 내용이 두루 출제되고 있다. 국민건강보험제도의 경우 적용대상, 보험료, 진료비 지불방식(행위별 수가제, 포괄수가제 등), 급여의 종류 등 세부적인 내용이 출제되고 있다. 노인장기요양보험제도는 급여대상, 급여의 종류, 보험료의 징수 및 관리, 장기요양기관 등의 내용을 중심으로 살펴볼 필요가 있다.

최근 5개년 출제 분포도

연도별 그래프

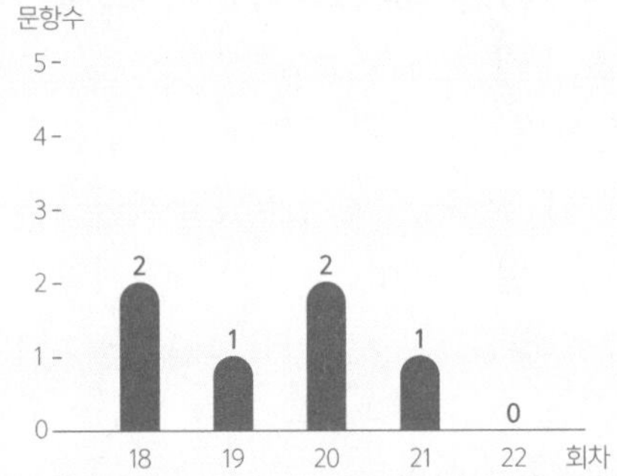

평균출제문항수

1.2 문항

2단계 학습전략

데이터의 힘을 믿으세요!
강의로 복습하는 **기출회독 시리즈**

3회독 복습과정을 통해
최신 기출경향 파악

최근 10개년 핵심 키워드

기출회독 **183**	국민건강보험제도	7문항
기출회독 **184**	노인장기요양보험제도	5문항

기본개념 완성을 위한 **학습자료 제공**

기본개념 강의, 기본쌓기 문제, O X 퀴즈, 기출문제, 정오표, 묻고답하기, 지식창고, 보충자료 등을 **아임패스**를 통해 만나실 수 있습니다.

기출회차				
1	2	3	4	5
6	7	8	9	10
11	12	13	14	15
16	17	18	19	20
21	22			

강의로 복습하는 기출회독 시리즈

Keyword 183

1 국민건강보장제도

잠깐!

국민건강보장제도 유형

- 사회보험 방식: 정부기관이 아닌 보험자가 보험료로 재원을 마련하여 의료를 보장하는 방식
- 국민건강보험 방식: 사회보험 방식과 유사하지만, 국가 내 보험자가 1개라는 점에서 차이
- 국민보건서비스 방식: 정부가 일반조세로 재원을 마련하여 모든 국민에게 무상으로 의료를 제공하는 방식

보충자료

건강보험의 보장성

1. 국민건강보장제도의 유형

(1) 사회보험 방식(Social Health Insurance, SHI)

- 국가의 의료보장에 대한 책임을 기본으로 하고 있지만, 의료비에 대한 국민의 자기 책임의식을 일정부분 인정하는 체계이다. 정부기관이 아닌 보험자가 보험료로 재원을 마련하여 의료를 보장하는 방식으로 독일의 비스마르크가 창시하여 비스마르크 방식이라고도 한다.
- 관리체계는 정부에 대해 상대적으로 자율성을 지닌 기구를 통한 자치적 운영을 근간으로 하며, 의료의 사유화를 전제로 의료공급자가 국민과 보험자 사이에서 보험급여를 대행하는 방식이다. 독일, 프랑스 등이 그 대표적인 국가이다.

(2) 국민건강보험 방식(National Health Insurance, NHI)

사회보험 방식과 마찬가지로 사회연대성을 기반으로 보험의 원리를 도입한 의료보장체계이다. 서구 유럽의 사회보험 방식과 그 운영방식이 대체로 흡사하지만 국가 내 '보험자'(의료에 대한 사회보험 관리운영기구)가 1개라는 점에서 차이가 있다. 이러한 NHI 방식의 의료보장체계로 운영하는 대표적인 국가는 한국과 대만이다.

(3) 국민보건서비스 방식(National Health Service, NHS)

- 국민의 의료문제는 국가가 모두 책임져야 한다는 관점에서 정부가 일반조세로 재원을 마련하여 모든 국민에게 무상으로 의료를 제공하는 방식이다. 이 경우 의료기관의 상당 부분이 사회화 내지 국유화되어 있으며, 영국의 베버리지가 제안한 이래 영국, 스웨덴 등이 그 대표적인 국가이다.
- NHS방식을 채택하고 있는 나라에서는 소득수준에 관계없이 모든 국민에게 포괄적이고 균등한 의료를 보장하며 정부가 관리주체로서 의료공급이 공공화되어 의료비 증가에 대한 통제가 강하다. 그리고 조세제도를 통한 재원조달은 비교적 소득재분배 효과가 강하다는 장점이 있다. 반면 의료 수용자측

의 비용의식 부족과 민간보험의 확대 그리고 장기간 진료대기문제 등 부작용이 나타나고 있어 이에 대한 제도개혁의 필요성이 증가되고 있다.

(4) 기타

의료저축계정(Medical Saving Account, Medisave): 대표적으로 싱가포르가 있다. 정부가 강제하는 개인저축계좌방식으로 개인과 가족의 의료비 지출에만 사용(용도제한)한다. 정부가 큰 틀에서 관리 통제한다.

2 건강보험 일반

기출회차				
1	2	3	4	5
6	7	8	9	10
11	12	13	14	15
16	17	18	19	20
21	22			

강의로 복습하는 기출회독 시리즈

Keyword 183

1. 건강보험의 정의

• 건강보험이란 질병 · 부상 · 분만 · 사망 등의 사고에 대한 의료의 제공을 조직하고 질병의 비용과 건강보호를 집단적으로 부담하는 일을 사회에 위탁함으로써 모든 사람에게 의료혜택을 주어 건강하고 문화적인 생활을 영위하도록 하는 것이다.

• 건강보험은 사회보험의 원리를 기초로 하여 모든 사람이 건강보험에 강제로 가입하도록 하여 피보험자에게 질병, 부상 등의 사고가 발생한 경우에 요양 또는 요양비를 제공하는 방법이다.

2. 국민건강보험의 목적

국민건강보험법에 따르면 국민의 질병 · 부상에 대한 예방 · 진단 · 치료 · 재활과 출산 · 사망 및 건강증진에 대하여 보험급여를 실시함으로써 국민보건을 향상시키고 사회보장을 증진함을 목적으로 한다.

3. 건강보험제도의 역사

• 우리나라는 1963년 12월 16일 의료보험법이 제정되었으나 강제적용을 전제로 하지 않았기 때문에 큰 성과를 거두지 못하였다.

• 1976년의 의료보험법의 개정(제2차 개정)을 계기로 질병 · 부상 · 분만 · 사망 등에 대해 보험급여를 실시함으로써 국민보건을 향상시키고 사회보장의 증진을 도모함을 목적으로 1977년 7월 1일부터 의료보험 제도가 본격적으로 실시되었으며, 또한 1977년 12월 31일에는 공무원 및 사립학교교직원 의료보험법이 제정되었다.

• 1989년 7월 1일부터는 도시 자영자에게까지 의료보험의 적용이 확대되어

전국민 의료보험의 시대에 들어섰다.

- 1997년 12월 31일 국민의료보험법 제정
- 1998년 10월 1일 조합주의 방식에서 통합주의 방식으로 변경(1단계 통합: 공무원 · 사립학교 교직원공단과 227개 지역의료보험조합 통합 – 국민의료보험관리공단 출범)
- 1999년 2월 8일 국민건강보험법 제정
- 2000년 7월 1일 국민건강보험법 시행(2단계 통합: 국민의료보험관리공단과 직장조합 통합 – 국민건강보험공단 출범)
- 2001년 7월 1일 5인 미만 사업장근로자 직장가입자 편입
- 2002년 1월 19일 국민건강보험재정건전화특별법 제정
- 2003년 7월 1일 지역 · 직장 재정 통합 운영(3단계 통합 – 재정통합)

우리나라 건강보험의 변화 과정

일시	내용
1997. 12. 31	국민의료보험법 제정
1999. 2. 8	국민건강보험법 제정
2000. 7. 1	국민건강보험법 시행
2003. 7. 1	직장가입자와 지역가입자의 재정 통합

4. 건강보험의 특성과 기능

(1) 법률에 의한 강제가입

법률에 의하여 강제적용된다. 이는 보험가입을 기피할 경우 국민 상호간 위험부담을 통하여 의료비를 공동으로 해결하고자 하는 건강보험제도의 목적을 실현하기 어렵기 때문이다. 한편 질병 위험이 큰 사람만 역으로 보험에 가입할 경우 보험재정의 문제로 원활한 건강보험 운영이 불가능하게 된다.

잠깐!

건강보험의 특성

- 강제가입
- 부담능력에 따른 보험료 차등부담
- 단기보험
- 사회연대성
- 소득재분배

(2) 부담능력에 따른 보험료의 차등부담

민간보험은 급여의 내용, 위험의 정도, 계약의 내용 등에 따라 보험료를 부담한다. 반면 사회보험 방식인 건강보험에서는 사회적인 연대를 기초로 의료비 문제를 해결하려는 것이 목적이므로 소득수준 등 보험료 부담능력에 따라 차등적으로 부담한다.

(3) 단기보험

장기적으로 보험료를 수탁하는 연금보험과는 달리 1년 단위의 회계연도를 기

보충자료

의료민영화

준으로 수입과 지출을 예정하여 보험료를 계산하며 지급조건과 지급액도 보험료 납입기간과는 상관이 없고 지급기간이 단기간이다.

(4) 사회연대성

건강보험은 국민의 의료비 문제를 해결해 줌으로써 국민의 건강과 가계를 보호하는 제도로서, 전국민을 당연적용 대상자로 하는 사회보험 방식을 채택하고 있다. 따라서 국가 또는 개인의 책임이 아닌 사회공동의 연대책임을 활용하여 소득재분배 기능과 위험분산의 효과를 거두고, 이를 통하여 사회적 연대를 강화한다.

(5) 소득재분배 기능

질병은 개인의 경제생활에 지장을 주어 소득을 떨어뜨리고 다시 건강을 악화시키는 악순환을 초래한다. 따라서 건강보험은 각 개인의 경제적 능력에 따른 일정한 부담으로 재원을 조성하고 개별 부담과 관계없이 필요에 따라 균등한 급여를 받음으로써 질병 발생 시 가계에 지워지는 경제적 부담을 경감해주는 소득재분배 기능을 수행한다.

5. 건강보험의 관리운영방식

- 통합방식: 지역적, 직업적으로 통일된 하나의 조합 구성. 전국적 차원의 사회적 연대성을 강조
- 조합방식: 지역별, 직업별, 직장별로 여러 개의 조합으로 자유롭게 구성. 소규모 동질집단 내 위험분산을 강조

6. 우리나라의 건강보험통합

1997년 국민의료보험법 제정 이전까지 우리나라의 건강보장 시스템은 조합방식의 사회보험 시스템이었다. 조합방식의 시스템은 비슷한 처지의 사람들끼리 의료보험 조합을 구성하여 동질성을 바탕으로 상호 연대하는 방식인데, 우리나라의 경우 지역과 직장조합의 재정 차이가 너무 크게 나타나 여러 가지 문제가 지적되었다. 따라서 단계적으로 의료보험 조합들을 통합하여 재정과 운영의 효율성을 꾀하고, 전국적인 위험 분산을 통해 저소득 지역이나 노령화 지역의 부담을 분산하였다. 이 과정에서 여러 가지 반발이 나타나 2000년

7월의 통합과정에서 건강보험의 운영을 하나로 통합하되 일시적으로 재정은 따로 운영하는 과도기를 거쳐서 2003년 7월, 재정까지 하나로 통합된 명실상부한 통합 건강보험을 완성하였다.

건강보험의 통합과정

<table>
<tr><th colspan="2" rowspan="2">종류</th><th rowspan="2">1998. 10. 1
이전</th><th rowspan="2">1단계 통합
(1998. 10. 1)</th><th colspan="2">2단계 통합(2000. 7. 1)</th><th rowspan="2">3단계 재정통합
(2003. 7. 1)</th></tr>
<tr><th>조직</th><th>재정</th></tr>
<tr><td rowspan="3">조직</td><td>지역</td><td>지역의보조합</td><td rowspan="2">국민의료보험
관리공단</td><td rowspan="3">국민건강보험공단</td><td rowspan="2">지역건보 재정</td><td rowspan="3">국민건강보험공단
(단일한 재정)</td></tr>
<tr><td>공무원
사립학교
교직원</td><td>공교의보공단</td></tr>
<tr><td>직장</td><td>직장의보조합</td><td>직장의보조합</td><td>직장건보 재정</td></tr>
</table>

3 건강보험의 주요 구성

기출회차				
1	2	3	4	5
6	7	8	9	10
11	12	13	14	15
16	17	18	19	20
21	22			

강의로 복습하는 기출회독 시리즈

Keyword 183

1. 건강보험의 보험자와 적용대상

(1) 보험자 꼭!

건강보험 사업은 보건복지부장관이 관장한다. 건강보험의 보험자는 국민건강보험공단으로 한다.

(2) 적용대상 꼭!

잠깐!

건강보험의 제외대상

의료급여 수급권자, 유공자등 의료보호대상자

- 국내에 거주하는 국민은 건강보험의 가입자 또는 피부양자가 된다.
- 피부양자는 '직장가입자의 배우자, 직장가입자의 직계존속(배우자의 직계존속을 포함), 직장가입자의 직계비속(배우자의 직계비속을 포함)과 그 배우자, 직장가입자의 형제 · 자매'의 어느 하나에 해당하는 사람 중 직장가입자에게 주로 생계를 의존하는 사람으로서 소득 및 재산이 보건복지부령으로 정하는 기준 이하에 해당하는 사람을 말한다.
- 가입자는 직장가입자 및 지역가입자로 구분한다.
- 공무원 및 교직원은 직장가입자에 해당한다.
- 직장가입자 적용사업장에 근무하거나 공무원 · 교직원으로 임용 또는 채용된 외국인 및 재외국민도 직장가입자가 되며, 이 외의 외국인 및 재외국민은 보건복지부령에 의해 체류자격이 있으면 지역가입자가 될 수 있다.
- 외국인 등에 대한 특례: 정부는 외국 정부가 사용자인 사업장의 근로자의 건강보험에 관하여 외국 정부와의 합의에 의하여 이를 따로 정할 수 있다.

2. 건강보험의 재원조달체계

(1) 재원조달

- 가입자 및 사용자로부터 징수한 보험료와 국고보조금 및 건강증진기금(담배부담금) 등 정부지원금을 재원으로 한다.
- 직장가입자는 사용자와 근로자가 각각 50%씩 부담한다.

• 지역가입자는 세대별로 부과한다.

(2) 보험료 꼭!

① 지역가입자

• 지역가입자의 월별보험료액은 세대 단위로 산정한다.
• 지역가입자의 보험료 부과점수는 지역가입자의 소득 및 재산을 기준으로 선정한다.
• 지역가입자 부과점수당 금액(매년 변동): 208.4원(2024년)
• 지역가입자 월보험료: 보험료 부과점수 × 부과점수당 금액

② 직장가입자

• 직장가입자 건강보험료율: 7.09%(2024년)
• 보수월액보험료(월): 보수월액 × 보험료율(7.09%)
• 소득월액보험료(월): 소득월액 × 소득평가율 × 보험료율(7.09%)
• 직장가입자의 보수월액은 직장가입자가 지급받는 보수를 기준으로 하여 산정한다. 소득월액은 보수월액의 산정에 포함된 보수를 제외한 직장가입자의 소득(보수 외 소득)이 대통령령으로 정하는 금액(연간 2,000만원)을 초과하는 경우 계산식[(연간 보수 외 소득 − 2,000만원) × 1/12]에 따라 산정한다.

직장가입자 건강보험료율 (단위: %)

구분	계	가입자 부담	사용자부담	국가부담
근로자	7.09(100)	3.545(50)	3.545(50)	-
공무원	7.09(100)	3.545(50)	-	3.545(50)
사립학교 교원	7.09(100)	3.545(50)	2.127(30)	1.418(20)

③ 보험료 경감

섬·벽지·농어촌 등의 지역에 거주하는 자, 65세 이상인 자, 등록 장애인, 국가유공자, 휴직자, 그 밖에 생활이 어렵거나 천재지변 등의 사유로 보험료의 경감이 필요한 자는 보험료를 경감해주고 있다.

중요도 ★★★

<사회복지법제론>의 국민건강보험법 영역과 함께 학습하면 효과적일 것이다. 특히, 급여의 종류에 관한 내용은 문제의 지문으로 빠짐없이 출제되는 만큼 꼼꼼하게 살펴볼 필요가 있다.

3. 급여의 종류

(1) 요양급여(현물급여) ★꼭!

① 요양급여

요양급여란 가입자 및 피부양자의 질병 · 부상 · 출산 등에 대하여 1) 진찰 · 검사, 2) 약제 · 치료재료의 지급, 3) 처치 · 수술 및 그 밖의 치료, 4) 예방 · 재활, 5) 입원, 6) 간호, 7) 이송에 대한 의료서비스를 실시하는 것을 말한다.

② 요양기관

요양급여(간호 및 이송은 제외)는 1) 의료법에 따라 개설된 의료기관, 2) 약사법에 따라 등록된 약국, 3) 약사법에 따라 설립된 한국희귀 · 필수의약품센터, 4) 지역보건법에 따른 보건소 · 보건의료원 및 보건지소, 5) 농어촌 등 보건의료를 위한 특별조치법에 따라 설치된 보건진료소 등의 요양기관에서 행한다.

③ 요양급여 비용

요양급여를 받는 자는 그 비용의 일부를 본인이 부담한다(본인 일부부담금).

잠깐!

건강보험의 본인부담금

- 비급여항목 + 급여항목 중 일부
- 건강보험에서 요양급여로 포괄되는 부분을 급여항목, 포괄되지 않는 부분을 비급여항목이라고 함

(2) 건강검진(현물급여)

건강검진은 일반건강검진(비사무직 대상자 1년에 1회, 사무직은 2년에 1회), 암검진, 영유아건강검진(생후 14일, 4개월, 9개월, 18개월, 30개월, 42개월, 54개월, 66개월 시기에 각 1회 실시, 이 중 영유아 구강검진은 18개월, 30개월, 42개월, 54개월 시기에 각 1회 실시) 등으로 구분하여 실시한다.

(3) 요양비(현금급여)

공단은 가입자 및 피부양자가 긴급한 경우, 기타 부득이한 사유로 인하여 요양기관과 유사한 기능을 수행하는 기관으로서 보건복지부령이 정하는 기관에서 질병 · 부상 · 출산 등에 대하여 요양을 받거나 요양기관 외의 장소에서 출산을 한 때에는 그 요양급여에 상당하는 금액을 그 가입자 또는 피부양자에게 요양비로 지급한다(요양기관 이외의 장소에서 출산한 경우 출산비지급).

(4) 장애인 보조기기(현금급여)

- 장애인복지법에 의하여 등록된 장애인인 가입자 및 피부양자가 보조기기를 구입할 경우, 구입금액의 일부를 현금급여로 지급한다.

- 지급금액: 구입금액이 유형별 기준액 이내의 경우에는 기준액, 고시금액 및 실구입금액 중 최저금액의 90%에 해당하는 금액, 유형별 기준액을 초과하는 경우에는 유형별 기준액의 90%에 해당하는 금액을 지급한다.

건강보험 급여의 종류

구분	종별	내용	비고
요양급여	현물급여	1) 진찰 · 검사, 2) 약제 · 치료재료의 지급, 3) 처치 · 수술 기타의 치료, 4) 예방 · 재활, 5) 입원, 6) 간호, 7) 이송에 대한 의료서비스	법정급여
건강검진	현물급여	질병의 조기발견과 그에 따른 요양급여를 하기 위하여 2년에 1회 이상 건강검진을 실시	법정급여
요양비	현금급여	긴급한 경우, 기타 부득이한 사유로 인하여 요양기관과 유사한 기능을 수행하는 기관에서 요양을 받은 경우, 요양기관 외의 장소에서 출산을 한 경우 지급	법정급여
장애인 보조기기	현금급여	장애등록된 가입자, 피부양자	법정급여

(5) 부가급여(임의급여) 꼭!

- 공단은 법이 규정한 요양급여 외에 기타의 급여를 실시할 수 있다(국민건강보험법 제50조). 이 급여는 '실시할 수 있다'고 규정함으로써 강행규정이 아닌 임의규정에 해당한다. 국민건강보험법에서는 임신 · 출산 진료비, 장제비, 상병수당 등의 급여를 실시할 수 있다고 명시하고 있으나, 현재 시행되고 있는 국민건강보험제도에서 장제비는 폐지되었으며, 상병수당은 2022년 7월부터 시범사업이 실시되고 있다.
- 국민건강보험법 시행령에 따라 임신 · 출산 진료비를 지급할 수 있도록 하고 있다. 임신부의 본인부담금을 경감하여 출산의욕을 고취하고 건강한 태아의 분만과 산모의 건강관리를 위하여 임신 및 출산과 관련된 진료비를 전자바우처(국민행복카드)로 일부 지원하는 제도이다.

(6) 본인부담액 상한제

고액 중증질환의 의료비 부담을 덜기 위하여 환자가 부담한 연간 본인부담금 총액이 가입자 소득수준에 따른 본인부담 상한액을 초과하는 경우, 그 초과금액을 전액 환자에게 돌려주는 제도(비급여 항목 제외)이다.

잠깐!

보험급여의 형태

- 현물급여: 요양기관(병 · 의원 등)으로부터 본인이 직접 제공받는 의료서비스
- 현금급여: 가입자 및 피부양자의 신청에 의하여 공단에서 현금으로 지급하는 것

합격자의 한마디

상병수당(상병급여, 질병수당, 질병급여)은 보통 건강보험 가입자가 업무상 질병(업무상 질병에 대한 보상은 산재보험에서 실시) 외에 일반적인 질병 및 부상으로 치료를 받는 동안 상실되는 소득을 현금으로 보전하는 제도를 말해요.

한걸음 더

보험급여의 정지

보험급여를 받을 수 있는 사람이 다음 중 어느 하나에 해당하면 그 기간에는 보험급여를 하지 아니한다. 다만, 현역병, 전환복무된 사람 및 군간부후보생에 해당하게 된 경우와 교도소, 그밖에 이에 준하는 시설에 수용되어 있는 경우에는 요양급여를 실시한다.

- 국외에 체류하는 경우
- 현역병, 전환복무된 사람 및 군간부후보생에 해당하게 된 경우
- 교도소, 그밖에 이에 준하는 시설에 수용되어 있는 경우

한걸음 더

보험급여의 제한

- 고의 또는 중대한 과실로 인한 범죄행위에 기인하거나 고의로 사고를 발생시킨 때
- 고의 또는 중대한 과실로 공단이나 요양기관의 요양에 관한 지시에 따르지 아니한 때
- 고의 또는 중대한 과실로 문서 기타 물건의 제출을 거부하거나 질문 또는 진단을 기피한 때
- 업무상 또는 공무상 질병 · 부상 · 재해로 인하여 다른 법령에 의한 보험급여나 보상을 받게 되는 때

4. 건강보험의 관리운영체계

(1) 보건복지부

건강보험사업 관장, 건강보험관련 정책결정, 건강보험 업무 전반 총괄

(2) 국민건강보험공단

- 건강보험의 운영은 재정과 관리를 담당하는 건강보험공단을 통해 중앙집중관리 방식으로 운영되고 있다.
- 건강보험공단은 가입자와 피부양자가 의료기관을 이용한 후 의료기관에서 청구된 요양급여에 대해 산하의 건강보험심사평가원을 통해 요양급여비용의 적절성을 심사하고, 청구된 요양급여액(의료서비스에 대한 비용 중 본인부담액 이외의 금액)을 지급한다.

(3) 국민건강보험공단의 업무 꼭!

- 가입자 및 피부양자의 자격 관리
- 보험료와 그 밖에 이 법에 따른 징수금의 부과 · 징수
- 보험급여의 관리
- 가입자 및 피부양자의 질병의 조기발견 · 예방 및 건강관리를 위하여 요양

급여 실시 현황과 건강검진 결과 등을 활용하여 실시하는 예방사업으로서 대통령령으로 정하는 사업
- 보험급여 비용의 지급
- 자산의 관리 · 운영 및 증식사업
- 의료시설의 운영
- 건강보험에 관한 교육훈련 및 홍보
- 건강보험에 관한 조사연구 및 국제협력
- 이 법에서 공단의 업무로 정하고 있는 사항
- 국민연금법, 고용보험 및 산업재해보상보험의 보험료징수 등에 관한 법률, 임금채권보장법 및 석면피해구제법에 따라 위탁받은 업무
- 그 밖에 이 법 또는 다른 법령에 따라 위탁받은 업무
- 그 밖에 건강보험과 관련하여 보건복지부장관이 필요하다고 인정한 업무

(4) 재정운영위원회

요양급여비용의 계약 및 보험재정과 관련된 사항을 심의 · 의결하기 위하여 공단에 재정운영위원회를 둔다.

(5) 건강보험심사평가원 ★꼭!

요양기관으로부터 청구된 요양급여 비용을 심사하고 요양급여의 적정성을 평가한다. '요양급여비용의 심사, 요양급여의 적정성 평가, 심사기준 및 평가기준의 개발, 요양급여의 규정에 따른 업무와 관련된 조사연구 및 국제협력, 다른 법률에 따라 지급되는 급여비용의 심사 또는 의료의 적정성 평가에 관하여 위탁받은 업무, 그 밖에 국민건강보험법 또는 다른 법령에 따라 위탁받은 업무, 건강보험과 관련하여 보건복지부장관이 필요하다고 인정한 업무, 그 밖에 보험급여 비용의 심사와 보험급여의 적정성 평가와 관련하여 대통령령으로 정하는 업무'를 관장한다.

(6) 건강보험정책심의위원회

요양급여의 기준, 요양급여 비용에 관한 사항, 직장가입자의 보험료율, 지역가입자의 보험료 부과점수당 금액, 그밖에 건강보험에 관한 주요 사항들을 심의 · 의결하기 위하여 보건복지부 장관 소속하에 건강보험정책심의위원회를 둔다.

(7) 국민건강보험종합계획의 수립 ★꼭!

보건복지부장관은 건강보험의 건전한 운영을 위하여 건강보험정책심의위원

회의 심의를 거쳐 5년마다 국민건강보험종합계획을 수립하여야 한다.

중요도 ★★★

국민건강보험제도와 관련된 문제는 주로 제도의 전반적인 내용을 묻는 형태로 출제되고 있다. 진료비 지불방식의 특성에 관한 내용은 문제의 선택지로 자주 출제되고 있다.

5. 진료비 지불방식(의료비의 제3자 지불문제)

- 건강보험은 의료서비스를 이용하는 사람과 의료를 제공하는 기관(의료기관)이 서로 주고받은 의료서비스에 대해, 의료비를 지급하는 기관(건강보험공단)이 별도로 있는 의료보장의 독특한 특성이 의료비 지급에 대한 문제를 일으킨다. 왜냐하면 일반적인 시장에서의 거래는 거래 당사자 간에 재화와 서비스에 대한 적절한 가격과 양이 상호 조절과정을 통해 결정되지만, 건강보험과 같이 제3자가 가격을 지불하는 경우에는 적절한 가격을 어떻게 결정할 것인지, 필요 없는 의료서비스가 공급된 것은 아닌지에 대해 별도의 통제방법이 필요하게 된다.
- 현재는 이러한 의료서비스의 적절성에 대해 건강보험심사평가원을 통해 심사과정을 거치고는 있지만 모든 의료행위를 충분히 심사하기 어려워서 개선이 요구되고 있고, 시스템상의 여러 문제와 관련하여 의료서비스의 가격과 관련된 수가제가 중요한 의미를 갖는다. 우리나라는 행위별 수가제를 기본으로 하면서 포괄수가제의 적용도 확대하고 있다.

(1) 행위별 수가제 꼭!

- 환자에게 제공한 모든 의료서비스를 항목별로 계산하여 진료비를 책정하는 방식이다.
- 환자에게 많은 진료를 제공하면 할수록 의사 또는 의료기관의 수입이 증가하게 되어 과잉진료 등을 초래할 우려가 있다. 과잉진료 및 신의료기술의 지나친 적용으로 국민의료비가 증가할 가능성이 크다.

(2) 포괄수가제 꼭!

- 포괄수가제에는 두 가지 형태가 있다. 첫째는 한 가지 치료행위가 아닌 환자 사례당 정액의 진료비를 지급하는 방식, 둘째는 수백 개의 질병군으로 사례를 분류하여 질병군에 따라 정액의 수가를 지급하는 방식이 있다.
- 보통 발생 빈도가 높은 질병군에 대해 환자의 입원 일수와 중증도(심한 정도)에 따라 미리 정해진 표준화된 진료비(본인부담금 포함)를 의료기관에 지급하는 방식을 포괄수가제로 통칭하고 있다.
- 포괄수가제는 행위별 수가제에 비해 과잉진료와 의료서비스 오남용을 억제하는 효과가 있는 것으로 알려져 있다.

(3) 인두제

- 주로 주치의제도 아래에서 의사에게 등록된 사람 수에 따라 일정금액을 보상하는 방식이다.
- 비용이 저렴하면서도 예방과 건강증진에 관심을 기울이게 할 수 있다는 장점이 있다. 또한 국민의료비 억제가 가능하다. 하지만, 환자의 선택권 제한이나 과소진료의 가능성도 있다.

(4) 총액계약제

- 보험자와 의료기관의 연합체(의료공급자) 간에 연간 진료비 총액을 계약하고 그 총액 범위 내에서 의료서비스를 제공하도록 하는 방식이다.
- 의료비 절감효과가 크지만, 과소 진료의 가능성과 크림스키밍(cream skimming: 위험이 적은 환자만 선택하고, 위험이 높은 환자는 다른 기관으로 떠넘기는 현상)이 나타날 가능성도 있다. 보험재정의 안정적 운영이 가능한 반면 신기술 개발 및 도입이나 의료의 질 향상 동기가 저하될 수 있다.

4 노인장기요양보험제도

기출회차				
1	2	3	4	5
6	7	8	9	10
11	12	13	14	15
16	17	18	19	20
21	22			

강의로 복습하는 기출회독 시리즈

Keyword 184

1. 개요

잠깐!

노인장기요양보험제도 시행

노인장기요양보험의 경우 1, 2단계 시행으로 구분되는데 1단계 시행은 2007년 10월 1일, 2단계 시행은 2008년 7월 1일부터 시작되었다. 시행의 내용을 봤을 때 2008년부터 시행된 것으로 보는 것이 더 적절하다.

급속한 고령화의 진전으로 노령, 치매 · 중풍 등으로 장기요양을 필요로 하는 노인 수는 늘어나고, 가족에 의한 간병은 핵가족화 및 여성의 사회 참여 증가 등에 따라 약화되었다. 반면, 그간의 노인복지서비스 체계는 저소득층을 기반으로 한 공급자 중심의 제한적으로 제공되는 공공부조 방식을 유지함으로써, 중산, 서민층 가정이 이용할 수 있는 요양서비스 체계가 절대적으로 부족하고 한편, 노인의료비는 급증하고 있는 상태였다.

이러한 문제의식에서 고령화 초기에 공적노인요양보장체계를 확립하여 국민의 노후 불안을 해소하고 노인요양가정의 부양부담을 경감하고자, 일반국민을 대상으로 수요자 선택권 중심의 전문적이고 다양한 서비스를 제공하는 제5의 사회보험제도로 노인장기요양보험이 도입되었다.

2. 국민건강보험과의 차이점

국민건강보험은 치매 · 중풍 등 질환의 진단, 입원 및 외래 치료, 재활치료 등을 목적으로 주로 병, 의원 및 약국에서 제공하는 서비스를 급여 대상으로 하는 반면, 노인장기요양보험은 치매 · 중풍의 노화 및 노인성 질환 등으로 인하여 혼자 힘으로 일상생활을 영위하기 어려운 대상자에게 요양시설이나 재가 장기요양기관을 통해 신체활동 또는 가사지원 등의 서비스를 제공하는 제도이다.

3. 주요 내용

(1) 신청대상 꼭!

소득수준과 상관없이 노인장기요양보험 가입자(국민건강보험 가입자와 동일)와 그 피부양자, 의료급여수급권자로서 65세 이상 노인과 65세 미만 노인성 질병이 있는 자(2011년부터 65세가 되기 30일 전에 장기요양인정 신청 가능)

장기요양등급 판정기준

등급	인정점수 구간	등급별 기능상태
1등급	95점 이상	심신의 기능상태 장애로 일상생활에서 전적으로 다른 사람의 도움이 필요한 자
2등급	75점~95점 미만	심신의 기능상태 장애로 일상생활에서 상당 부분 다른 사람의 도움이 필요한 자
3등급	60점~75점 미만	심신의 기능상태 장애로 일상생활에서 부분적으로 다른 사람의 도움이 필요한 자
4등급	51점~60점 미만	심신의 기능상태 장애로 일상생활에서 일정 부분 다른 사람의 도움이 필요한 자
5등급	45점~51점 미만	치매 환자(노인장기요양보험법 제2조에 따른 노인성질병)
인지지원등급	45점 미만	치매 환자(노인장기요양보험법 제2조에 따른 노인성질병)

(2) 장기요양인정 및 서비스 이용절차

- 노인장기요양보험 가입자 및 그 피부양자나 의료급여수급권자 누구나 장기요양급여를 받을 수 있는 것은 아니다. 일정한 절차에 따라 장기요양급여를 받을 수 있는 권리(수급권)가 부여되는데 이를 장기요양인정이라고 한다.
- 절차 : ① (공단 각 지사별 장기요양센터) 신청 → ② (공단직원) 방문조사 → ③ (등급 판정위원회) 장기요양 인정 및 등급판정 → ④ (장기요양센터) 장기요양인정서 및 개인별장기이용계획서 통보 → ⑤ (장기요양기관) 서비스 이용

(3) 장기요양인정 유효기간 꼭!

장기요양인정 유효기간은 최소 1년 이상으로서 대통령령으로 정하는데, 대통령령(시행령 제8조)에 따르면 장기요양인정 유효기간은 2년으로 한다. 다만, 장기요양인정의 갱신 결과 직전 등급과 같은 등급으로 판정된 경우에는 그 갱신된 장기요양인정의 유효기간은 장기요양 1등급의 경우 4년, 장기요양 2등급부터 4등급까지의 경우 3년, 장기요양 5등급 및 인지지원등급의 경우 2년으로 한다.

중요도 ★★

노인장기요양보험제도와 관련된 문제는 주로 제도의 전반적인 내용을 묻는 형태로 출제되고 있다. 따라서 신청대상, 판정기준, 서비스 이용 관련 사항 등을 종합적으로 살펴보는 것이 중요하다.

중요도 ★★★

급여내용과 관련된 사항은 노인장기요양보험제도에서 반드시 출제되는 내용이다. <사회복지법제론>에서도 자주 출제되는 내용인 만큼 명확하게 정리해둘 필요가 있다.

4. 급여내용

(1) 재가급여 ★꼭!

① 방문요양

장기요양요원이 수급자의 가정 등을 방문하여 신체활동 및 가사활동 등을 지원

② 방문목욕

장기요양요원이 목욕설비를 갖춘 장비를 이용하여 수급자의 가정 등을 방문하여 목욕을 제공

③ 방문간호

장기요양요원인 간호사 등이 의사, 한의사 또는 치과의사의 방문간호 지시서에 따라 수급자의 가정 등을 방문하여 간호, 진료의 보조, 요양에 관한 상담 또는 구강위생 등을 제공

④ 주 · 야간보호

수급자를 하루 중 일정한 시간 동안 장기요양기관에 보호하여 신체활동 지원 및 심신기능의 유지 · 향상을 위한 교육 · 훈련 등을 제공

⑤ 단기보호

수급자를 일정기간 동안 장기요양기관에 보호하여 신체활동 지원 및 심신기능의 유지 · 향상을 위한 교육 · 훈련 등을 제공

⑥ 기타 재가급여

일상생활 · 신체활동 지원 및 인지기능의 유지 · 향상에 필요한 용구를 제공하거나 가정을 방문하여 재활에 관한 지원 등을 제공

(2) 시설급여

장기요양기관에 장기간 입소한 수급자에게 신체활동 지원 및 심신기능의 유지 · 향상을 위한 교육 · 훈련 등을 제공

(3) 특별현금급여

• 가족요양비, 특례요양비, 요양병원간병비가 있으며, 현재는 가족요양비만

시행되고 있다.

- 가족요양비: 수급자가 장기요양기관이 현저히 부족한 지역(도서 · 벽지)에 거주하는 경우, 천재지변 등으로 장기요양기관이 제공하는 장기요양급여를 이용하기 어렵다고 인정되는 경우, 신체 · 정신 · 성격 등의 사유로 인하여 가족 등으로부터 방문요양에 상당한 장기요양을 받은 경우에 수급자에게 지급하는 현금급여

(4) 장기요양급여 중복수급 금지

- 수급자는 재가급여, 시설급여 및 특별현금급여를 중복하여 받을 수 없다. 다만, 가족요양비 수급자 중 기타 재가급여를 받는 경우에는 그러하지 아니하다.
- 재가급여 수급자의 경우에는 동일한 시간에 방문요양, 방문목욕, 방문간호, 주 · 야간보호 또는 단기보호 급여를 2가지 이상 받을 수 없다. 다만, 방문목욕과 방문간호, 방문요양과 방문간호는 수급자의 원활한 급여 이용을 위하여 부득이한 경우 동일한 시간에도 불구하고 각각의 급여를 받을 수 있다.

(5) 장기요양급여의 제공

- 수급자는 장기요양인정서와 개인별장기요양이용계획서가 도달한 날부터 장기요양급여를 받을 수 있다.
- 수급자는 돌볼 가족이 없는 경우 등 대통령령으로 정하는 사유가 있는 경우 신청서를 제출한 날부터 장기요양인정서가 도달되는 날까지의 기간 중에도 장기요양급여를 받을 수 있다.

(6) 장기요양급여의 제한

- 공단은 장기요양급여를 받고 있는 자가 정당한 사유 없이 '거짓이나 그 밖의 부정한 방법으로 장기요양인정을 받은 경우, 고의로 사고를 발생하도록 하거나 본인의 위법행위에 기인하여 장기요양인정을 받은 경우로 인하여 받는 조사'나 '장기요양사업 수행과 보고 및 검사로 인한 요구'에 응하지 아니하거나 답변을 거절한 경우 장기요양급여의 전부 또는 일부를 제공하지 아니하게 할 수 있다.
- 공단은 장기요양급여를 받고 있거나 받을 수 있는 자가 장기요양기관이 거짓이나 그 밖의 부정한 방법으로 장기요양급여비용을 받는 데에 가담한 경우 장기요양급여를 중단하거나 1년의 범위에서 장기요양급여의 횟수 또는 제공 기간을 제한할 수 있다.

5. 장기요양기관

(1) 장기요양기관의 지정 및 폐업 ★꼭!

- 재가급여 또는 시설급여를 제공하는 장기요양기관을 운영하려는 자는 보건복지부령으로 정하는 장기요양에 필요한 시설 및 인력을 갖추어 소재지를 관할 구역으로 하는 특별자치시장 · 특별자치도지사 · 시장 · 군수 · 구청장으로부터 지정을 받아야 한다.
- 장기요양기관으로 지정을 받을 수 있는 시설은 노인복지법에 따른 노인복지시설 중 노인의료복지시설(노인요양시설, 노인요양공동생활가정) 및 재가노인복지시설(방문요양서비스, 주 · 야간보호서비스, 단기보호서비스, 방문 목욕서비스 등을 제공하는 것이 목적인 시설)로 한다.
- 장기요양기관 지정의 유효기간은 지정을 받은 날부터 6년으로 한다.
- 장기요양기관의 장은 폐업하거나 휴업하고자 하는 경우 폐업이나 휴업 예정일 전 30일까지 특별자치시장 · 특별자치도지사 · 시장 · 군수 · 구청장에게 신고하여야 하며, 신고를 받은 특별자치시장 · 특별자치도지사 · 시장 · 군수 · 구청장은 지체 없이 신고 명세를 공단에 통보하여야 한다.

(2) 장기요양기관 지정의 결격사유

'미성년자 · 피성년후견인 또는 피한정후견인, 정신질환자(전문의가 장기요양기관 설립 · 운영 업무에 종사하는 것이 적합하다고 인정하는 사람은 제외), 마약류에 중독된 사람, 파산선고를 받고 복권되지 아니한 사람, 금고 이상의 실형을 선고받고 그 집행이 종료(집행이 종료된 것으로 보는 경우를 포함)되거나 집행이 면제된 날부터 5년이 경과되지 아니한 사람, 금고 이상의 형의 집행유예를 선고받고 그 유예기간 중에 있는 사람, 대표자가 위의 규정 중 어느 하나에 해당하는 법인'에 해당하면 장기요양기관으로 지정받을 수 없다.

(3) 장기요양기관 지정의 갱신

- 장기요양기관의 장은 지정의 유효기간이 끝난 후에도 계속하여 그 지정을 유지하려는 경우에는 소재지를 관할구역으로 하는 특별자치시장 · 특별자치도지사 · 시장 · 군수 · 구청장에게 지정 유효기간이 끝나기 90일 전까지 지정 갱신을 신청하여야 한다.
- 지정 갱신 신청을 받은 특별자치시장 · 특별자치도지사 · 시장 · 군수 · 구청장은 갱신 심사에 필요하다고 판단되는 경우에는 장기요양기관에 추가자료의 제출을 요구하거나 소속 공무원으로 하여금 현장심사를 하게 할 수

있다.

- 지정 갱신이 지정 유효기간 내에 완료되지 못한 경우에는 심사 결정이 이루어질 때까지 지정이 유효한 것으로 본다.
- 특별자치시장 · 특별자치도지사 · 시장 · 군수 · 구청장은 갱신 심사를 완료한 경우 그 결과를 지체 없이 해당 장기요양기관의 장에게 통보하여야 한다.

(4) 장기요양기관의 의무

- 장기요양기관은 수급자로부터 장기요양급여신청을 받은 때 장기요양급여의 제공을 거부하여서는 안 된다. 다만, 입소정원에 여유가 없는 경우 등 정당한 사유가 있는 경우는 예외로 한다.
- 장기요양기관은 장기요양급여의 제공 기준 · 절차 및 방법 등에 따라 장기요양급여를 제공하여야 한다.
- 장기요양기관의 장은 장기요양급여를 제공한 수급자에게 장기요양급여비용에 대한 명세서를 교부하여야 한다.
- 장기요양기관의 장은 장기요양급여 제공에 관한 자료를 기록 · 관리하여야 하며, 장기요양기관의 장 및 그 종사자는 장기요양급여 제공에 관한 자료를 거짓으로 작성하여서는 아니 된다.
- 장기요양기관은 면제받거나 감경받는 금액 외에 영리를 목적으로 수급자가 부담하는 재가 및 시설 급여비용(본인부담금)을 면제하거나 감경하는 행위를 하여서는 안 된다.
- 누구든지 영리를 목적으로 금전, 물품, 노무, 향응, 그 밖의 이익을 제공하거나 제공할 것을 약속하는 방법으로 수급자를 장기요양기관에 소개, 알선 또는 유인하는 행위 및 이를 조장하는 행위를 하여서는 안 된다.

6. 재원조달방식

(1) 장기요양보험료 ★꼭!

- $\text{장기요양보험료} = \text{건강보험료} \times \dfrac{\text{장기요양보험료율}}{\text{건강보험료율}}$
- 노인장기요양보험의 가입자는 국민건강보험 가입자와 동일하며, 장기요양보험료는 건강보험료와 통합하여 징수한다. 이 경우 공단은 장기요양보험료와 건강보험료를 구분하여 고지하여야 한다.
- 국민건강보험공단은 통합 징수한 장기요양보험료와 건강보험료를 각각의 독립회계로 관리하여야 한다.

(2) 국가의 부담 ★꼭!

- 장기요양보험사업은 보건복지부장관이 관장한다.
- 장기요양보험사업의 보험자는 공단으로 한다.
- 국가는 매년 예산의 범위 안에서 해당 연도 장기요양보험료 예상수입액의 100분의 20에 상당하는 금액을 공단에 지원한다.
- 국가와 지방자치단체는 대통령령으로 정하는 바에 따라 의료급여수급권자의 장기요양급여비용, 의사소견서 발급비용, 방문간호지시서 발급비용 중 공단이 부담하여야 할 비용 및 관리운영비의 전액을 부담한다.

잠깐!

본인부담금

- 재가급여: 해당 장기요양급여 비용의 100분의 15
- 시설급여: 해당 장기요양급여 비용의 100분의 20

(3) 본인부담 ★꼭!

- 장기요양급여(특별현금급여는 제외)를 받는 자는 대통령령으로 정하는 바에 따라 비용의 일부를 본인이 부담한다. 이 경우 장기요양급여를 받는 수급자의 장기요양등급, 이용하는 장기요양급여의 종류 및 수준 등에 따라 본인부담의 수준을 달리 정할 수 있다.
- 국민기초생활보장법에 따른 의료급여 수급자는 본인부담금을 부담하지 아니한다.
- 다음의 장기요양급여에 대한 비용은 수급자 본인이 전부 부담한다.
  - 요양급여 규정에 따른 급여의 범위 및 대상에 포함되지 아니하는 장기요양급여
  - 수급자가 장기요양인정서에 기재된 장기요양급여의 종류 및 내용과 다르게 선택하여 장기요양급여를 받은 경우 그 차액
  - 장기요양급여의 월 한도액을 초과하는 장기요양급여
- 다음의 어느 하나에 해당하는 자에 대하여는 본인부담금의 100분의 60을 감경한다.
  - 국민기초생활보장법에 따른 의료급여 수급자를 제외한 의료급여법에 따른 수급권자
  - 소득 · 재산 등이 보건복지가족부장관이 정하여 고시하는 일정 금액 이하인 자(다만, 도서 · 벽지 · 농어촌 등의 지역에 거주하는 자에 대하여 따로 금액을 정할 수 있음)
  - 천재지변 등 보건복지가족부령으로 정하는 사유로 인하여 생계가 곤란한 자

7. 관리운영

국민건강보험공단과 지자체가 역할을 분담한다.

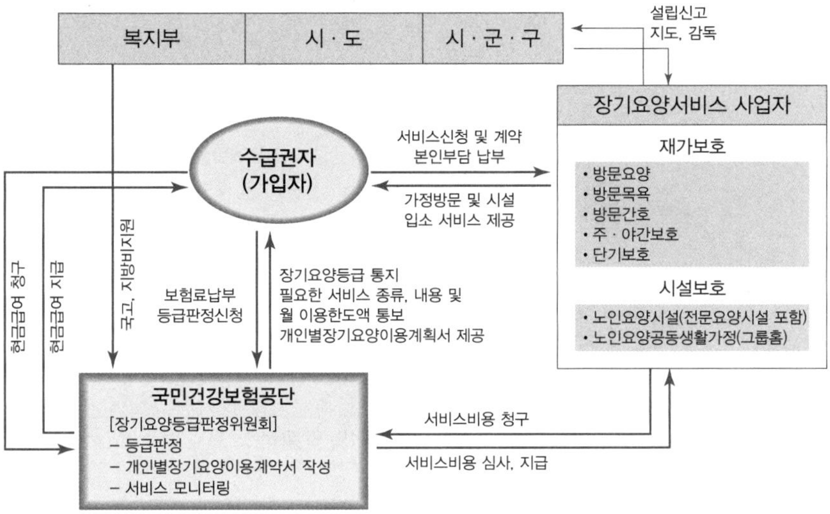

9장 산업재해보상보험제도의 이해

한눈에 쏙!		중요도
❶ 산재보험 일반	1. 산재보험의 정의 및 목적	
	2. 산재보험의 특성	
	3. 산업재해보상의 원칙	
	4. 산재보험 이론	
❷ 산재보험의 주요 내용	1. 산재보험의 적용	
	2. 산재보험의 급여	★★
	3. 산재보험의 보험료	
	4. 근로복지공단	
	5. 심사청구 및 재심사청구	

기출경향 살펴보기

이 장의 기출 포인트

한동안 빠짐 없이 출제되었으나 최근 시험에서는 출제비중이 낮아졌다. 산업재해보상보험제도의 전반적인 내용이 모두 다뤄지고 있으며, 특히 산업재해보상보험제도의 업무상 재해의 인정 기준, 산업재해보상보험제도의 급여 종류 등의 내용은 단독 문제 혹은 문제의 선택지로 빠짐없이 출제되고 있다. <사회복지법제론>의 산업재해보상보험법과 함께 학습하면 보다 효율적으로 정리할 수 있을 것이다.

최근 5개년 출제 분포도

연도별 그래프

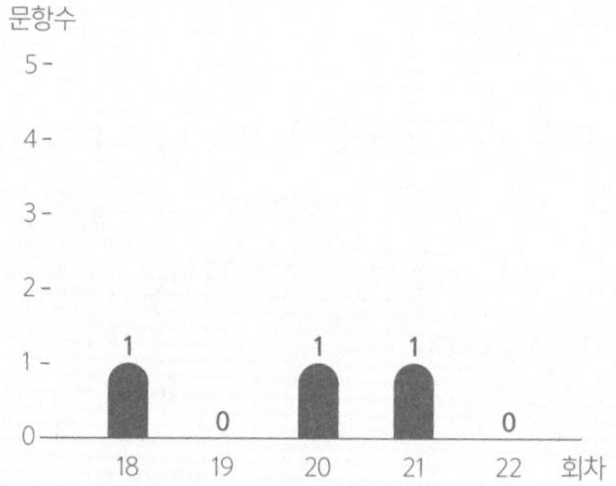

평균출제문항수

0.6 문항

2단계 학습전략

데이터의 힘을 믿으세요!
강의로 복습하는 **기출회독 시리즈**

3회독 복습과정을 통해
최신 기출경향 파악

최근 10개년 핵심 키워드

기출회독 **185**	산업재해보상보험제도	8문항

기본개념 완성을 위한 **학습자료 제공**

기본개념 강의, 기본쌓기 문제, O X 퀴즈, 기출문제, 정오표, 묻고답하기, 지식창고, 보충자료 등을 **아임패스**를 통해 만나실 수 있습니다.

1 산재보험 일반

기출회차				
1	2	3	4	5
6	7	8	9	10
11	12	13	14	15
16	17	18	19	20
21	22			

강의로 복습하는 기출회독 시리즈

Keyword 185

1. 산재보험의 정의 및 목적

(1) 정의

산재보험은 근로자들이 업무상의 부상, 질병, 또는 사망한 경우에 근로자 본인의 치료나 부양 가족의 생계를 보장하기 위한 제도이다.

(2) 목적

이 법은 산재보험 사업을 행하여 근로자의 업무상의 재해를 신속하고 공정하게 보상하고, 재해 근로자의 재활 및 사회복귀를 촉진하기 위하여 이에 필요한 보험시설을 설치 · 운영하며 재해 예방, 기타 근로자의 복지증진을 위한 사업을 통해 근로자 보호에 이바지함을 목적으로 한다.

2. 산재보험의 특성

- 근로자의 업무상 재해에 대하여 사용자에게는 과실의 유무를 불문하는 무과실책임주의이다.
- 보험 사업에 소요되는 재원인 보험료는 원칙적으로 사업주가 전액 부담한다.
- 산재보험급여는 재해발생에 따른 손해전체를 보상하는 것이 아니라 평균임금을 기초로 하는 정률보상방식으로 행한다.
- 재해보상과 관련되는 이의신청을 신속히 하기 위하여 심사 및 재심사 청구제도를 운영한다.
- 타 사회보험과는 달리 산재보험은 사업장 중심의 관리가 이루어진다.

잠깐!

가장 먼저 시행된 사회보험 제도

산재보험은 우리나라의 사회보험 중에서 가장 먼저 시행(1963년 제정, 1964년 시행)되었다.

보충자료

무과실책임주의

3. 산업재해보상의 원칙

(1) 산업재해의 인정에 관한 원칙

산업재해에 있어서 무엇보다 재해를 입은 근로자와 그 가족의 구제라는 기본에 입각하여 '의심나는 것은 보상해야 한다'는 원칙을 말한다.

(2) 산업재해의 치료와 보상의 원칙

장기요양 중 또는 상병의 치유 후에도 장애가 남아 노동능력이 저하되었을 경우 해고 제한 및 직장 복귀의 권리가 보장되어야 하며, 요양에 필요한 비용 및 치료행위 그리고 재활은 모두 보상되어야 한다.

(3) 유족 보상의 원칙

유족에 대한 보상은 먼저 유족이 안심하고 생활할 수 있는 임금 보상이 이루어져야 한다는 것이다.

4. 산재보험 이론

(1) 최소사회비용이론

산재보험 가입과 보상급여 지급으로 민사상 재판비용 · 시간 · 노력절감이 가능하다면 책임을 묻지 않는다는 것

(2) 원인주의이론

산재로 인정받기 위해서는 업무기인성과 업무수행성이라는 2가지 요건(원인) 모두를 충족시켜야한다는 것

(3) 사회협약이론

확실하고 신속한 산재보상을 보장받는다면 근로자는 민사배상을 포기할 수 있고 사업주는 자신의 과실이 없어도 배상할 수 있다는 것

(4) 직업위험이론

자본주의 체제에서 산재는 필연적인 현상이며, 산재비용은 생산비용 일부이기 때문에 과실여부에 관계없이 지급되어야 한다는 것

기출회차				
1	2	3	4	5
6	7	8	9	10
11	12	13	14	15
16	17	18	19	20
21	22			

강의로 복습하는 기출회독 시리즈

Keyword 185

2 산재보험의 주요 내용

1. 산재보험의 적용

(1) 보험관계의 적용 꼭!

① 적용대상

산재보험의 가입대상은 근로자를 사용하는 모든 사업이며 적용단위는 사업 또는 사업장이다.

② 당연가입사업

당연가입사업이라 함은 사업이 개시되어 적용요건을 충족하게 되었을 때 사업주의 의사와는 관계없이 자동적으로 보험관계가 성립하는 사업을 말하는 것으로 적용제외 사업을 제외한 근로자를 1인 이상 사용하는 모든 사업 또는 사업장은 당연가입대상에 해당한다. 따라서 사업주의 보험관계 성립신고 여부와 관계없이 사업을 개시한 날 또는 소정의 요건에 충족되어 당연적용사업에 해당하게 되는 날 이후에 재해를 당한 근로자는 산재보험의 보상을 받을 수 있다.

③ 적용제외 사업

- 공무원 재해보상법 또는 군인 재해보상법에 따라 재해보상이 되는 사업(공무원 재해보상법에 따라 순직유족급여 또는 위험직무순직유족급여에 관한 규정을 적용받는 경우는 제외)
- 선원법, 어선원 및 어선 재해보상보험법 또는 사립학교교직원 연금법에 따라 재해보상이 되는 사업
- 가구내 고용활동
- 농업, 임업(벌목업은 제외), 어업 및 수렵업 중 법인이 아닌 자의 사업으로서 상시근로자 수가 5명 미만인 사업

④ **임의가입사업**

임의가입사업이라 함은 당연가입대상 사업이 아닌 사업으로서 보험가입여부가 사업주의 자유의사에 일임되어 있는 사업을 말한다. 적용제외 사업의 사업주는 근로복지공단의 승인을 얻어 보험에 가입할 수 있다.

⑤ **특례가입**

산재보험은 국내에서 행하고 있는 사업과 그 근로자를 대상으로 하고 있으나 해외파견자, 중 · 소기업사업주, 학생연구자 및 현장실습생 등 근로자가 아닌 자에 대하여도 산재보험법의 적용이 가능하도록 규정하고 있으며 가입방식은 당연적용방식과 임의가입방식을 혼용하고 있다.

- 중 · 소기업사업주에 대한 특례: 영세사업장 사업주의 경우 근로형태가 근로자와 거의 유사하여 산업재해에 노출되어 있음에도 산업재해를 당한 경우 근로능력 상실에 따른 보호대책이 마련되어 있지 않아 이들에 대한 보호가 필요하다는 측면에서 특례적용을 통해 이들을 보호
- 국외의 사업에 대한 특례: 국외 근무 기간에 발생한 근로자의 재해를 보상하기 위하여 우리나라가 당사국이 된 사회보장에 관한 조약이나 협정으로 정하는 국가나 지역에서의 사업에 대하여는 고용노동부장관이 금융위원회와 협의하여 지정하는 자에게 이 법에 따른 보험사업을 자기의 계산으로 영위하게 할 수 있게 함
- 해외파견자에 대한 특례: 해외현지법인 등 해외사업장에 파견되어 근무 중 발생한 국내 근로자의 업무상 재해는 산재보험법의 보호를 받을 수 없고, 일부 국가의 경우 사회보장제도가 전혀 없거나 미약하여 근로자의 보호를 강화하고자, 산재보험법에 임의가입 특례를 두어 해외파견근로자를 보호하고 있음
- 현장실습생에 대한 특례: 산업현장의 실습생은 일반근로자와 동일한 위험권 내에서 현장실습과 작업을 하고 있으나 근로자 지위에 있지 아니하여, 산재보험의 보호를 받지 못하고 있었으나, 특례적용제도를 도입하여 현장에서 훈련받는 실업계 고교생, 직업훈련생 등 현장실습생에 대한 산재보험을 당연 적용토록 함
- 국민기초생활보장법에 따른 자활급여수급자에 대한 특례: 자활급여수급자는 근로기준법상 근로자에는 해당하지 않으나 국민기초생활보장법에 의한 자활사업에 종사하는 수급자에 대하여 산재보험법에 의한 보호가 가능하게 특례를 두어 수급자를 보호함
- 학생연구자에 대한 특례: 학생연구자에 대한 특례를 신설하여 대학생 · 대학원생 등의 연구활동종사자 중 대학 · 연구기관등이 수행하는 연구개발과

제에 참여하는 학생 신분의 연구자가 재해를 입은 경우 산업재해보상보험을 통해 지원받을 수 있도록 함

(2) 보험가입자

산재보험은 사업주만 보험가입자가 된다. 당연가입사업의 사업주는 자신의 가입의사와는 관계없이 당연히 보험가입자가 되며, 보험료의 신고 · 납부의무가 주어진다. 임의가입사업의 경우에도 보험가입자는 당연가입사업과 동일하며, 근로복지공단의 승인을 얻으면 보험가입자가 될 수 있다.

한걸음 더

업무상 재해의 인정 기준

1. 근로자가 다음의 어느 하나에 해당하는 사유로 부상 · 질병 또는 장해가 발생하거나 사망하면 업무상의 재해로 본다. 다만, 업무와 재해 사이에 상당인과관계(相當因果關係)가 없는 경우에는 그러하지 아니하다.
   ① 업무상 사고
   - 근로자가 근로계약에 따른 업무나 그에 따르는 행위를 하던 중 발생한 사고
   - 사업주가 제공한 시설물 등을 이용하던 중 그 시설물 등의 결함이나 관리소홀로 발생한 사고
   - 사업주가 주관하거나 사업주의 지시에 따라 참여한 행사나 행사준비 중에 발생한 사고
   - 휴게시간 중 사업주의 지배관리하에 있다고 볼 수 있는 행위로 발생한 사고
   - 그 밖에 업무와 관련하여 발생한 사고

   ② 업무상 질병
   - 업무수행 과정에서 물리적 인자(因子), 화학물질, 분진, 병원체, 신체에 부담을 주는 업무 등 근로자의 건강에 장해를 일으킬 수 있는 요인을 취급하거나 그에 노출되어 발생한 질병
   - 업무상 부상이 원인이 되어 발생한 질병
   - 근로기준법에 따른 직장 내 괴롭힘, 고객의 폭언 등으로 인한 업무상 정신적 스트레스가 원인이 되어 발생한 질병
   - 그 밖에 업무와 관련하여 발생한 질병

   ③ 출퇴근 재해
   - 사업주가 제공한 교통수단이나 그에 준하는 교통수단을 이용하는 등 사업주의 지배관리하에서 출퇴근하는 중 발생한 사고
   - 그 밖에 통상적인 경로와 방법으로 출퇴근하는 중 발생한 사고
2. 근로자의 고의 · 자해행위나 범죄행위 또는 그것이 원인이 되어 발생한 부상 · 질병 · 장해 또는 사망은 업무상의 재해로 보지 아니한다. 다만, 그 부상 · 질병 · 장해 또는 사망이 정상적인 인식능력 등이 뚜렷하게 저하된 상태에서 한 행위로 발생한 경우로서 대통령령으로 정하는 사유가 있으면 업무상의 재해로 본다.
3. 출퇴근하는 중 발생한 사고 중에서 출퇴근 경로 일탈 또는 중단이 있는 경우에는 해당 일탈 또는 중단 중의 사고 및 그 후의 이동 중의 사고에 대하여는 출퇴근 재해로 보지 아니한다. 다만, 일탈 또는 중단이 일상생활에 필요한 행위로서 대통령령으로 정하는 사유가 있는 경우에는 출퇴근 재해로 본다.
4. 출퇴근 경로와 방법이 일정하지 아니한 직종으로 대통령령으로 정하는 경우에는 출퇴근 재해를 적용하지 아니한다.

2. 산재보험의 급여

(1) 산재보험 급여의 지급

산재보험의 급여는 산업재해가 발생하였을 때 지급되며, 일반적으로 산업재해는 업무수행성과 업무기인성을 기본 요건으로 하여(이를 2요건주의라고 한다), 업무상 질병, 부상, 사망이 발생하였을 때 급여를 지급한다.

- 업무수행성: 사용자의 지배 또는 관리 하에서 이루어지는 업무수행 및 그에 수반되는 통상적인 활동과정에서 이러한 업무에 기인하여 재해의 원인이 발생한 것을 의미한다.
- 업무기인성: 재해와 업무 간에 상당한 인과관계가 있는 것을 말한다.

(2) 산재보험 급여의 종류 꼭!

① 요양급여

- 요양급여는 근로자가 업무상의 사유에 의하여 부상을 당하거나 질병에 걸린 경우에 당해 근로자에게 지급하는 것이다. 산재보험에서의 요양급여는 건강보험과는 달리 본인부담금 없이 요양비의 전액을 급여로 지급하되, 공단이 설치한 보험시설 또는 공단이 지정한 의료기관에서 요양을 하게 한다. 다만, 부득이한 경우에는 요양에 갈음하여 요양비를 지급할 수 있다. 단, 부상 또는 질병이 3일 이내의 요양으로 치유될 수 있는 때에는 요양급여를 지급하지 아니한다(대기일 3일).
- 요양급여의 범위는 '진찰 및 검사, 약제 또는 진료재료와 의지 그 밖의 보조기의 지급, 처치, 수술, 그 밖의 치료, 재활치료, 입원, 간호 및 간병, 이송, 그 밖에 고용노동부령으로 정하는 사항' 등이다.
- 건강보험의 우선 적용: 요양급여를 신청한 사람은 공단이 요양급여에 관한 결정을 하기 전에는 국민건강보험의 요양급여 또는 의료급여를 받을 수 있다. 건강보험이나 의료급여의 본인 일부 부담금을 산재보험 의료기관에 납부한 후에 요양급여 수급권자로 결정된 경우에는 납부한 본인 일부 부담금 중 요양급여에 해당하는 금액을 공단에 청구할 수 있다.
- 추가상병 요양급여: 업무상의 재해로 요양 중인 근로자는 업무상의 재해로 이미 발생한 부상이나 질병이 추가로 발견되어 요양이 필요한 경우나 그 업무상의 재해로 발생한 부상이나 질병이 원인이 되어 새로운 질병이 발생하여 요양이 필요한 경우에는 그 부상 또는 질병(추가상병)에 대한 요양급여를 신청할 수 있다.

중요도 ★★

산업재해보상보험제도 관련 문제는 전반적인 내용을 묻는 문제가 주로 출제되므로 종합적으로 모든 내용을 살펴볼 필요가 있다. 특히, 급여에 관한 내용은 거의 매년 등장한다.

합격자의 한마디

대기일은 급여지급 사유 발생일로부터 실제 급여지급까지 소요되는 기간을 의미해요. 이 기간은 지급을 늦게 한다는 의미가 아니라 급여를 지급하지 않는다는 것을 말해요. 즉, 보험에서 보장하지 않는 기간입니다. 대기일은 가입자의 도덕적 해이를 방지하고, 장기간의 실업이나 중한 산재 등 급여지급 사유가 중한 경우에 집중적으로 급여를 지급하기 위한 장치입니다.

② **휴업급여**

- 휴업급여는 업무상 사유에 의하여 부상을 당하거나 질병에 걸린 근로자에게 요양으로 인하여 취업하지 못한 기간에 대하여 지급하는 소득보상 성격의 급여이다. 1일당 지급액은 평균임금의 70%이며, 요양급여와 마찬가지로 취업하지 못한 기간이 3일 이내인 때에는 이를 지급하지 아니한다(대기일 3일).
- 부분휴업급여: 요양 중 회복단계에 있는 근로자 또는 경미한 부상으로 취업하면서 주기적으로 요양을 받을 수 있는 근로자의 조기 취업 및 직업복귀 촉진을 위해 요양 중 부분 취업 중인 근로자를 위한 부분휴업급여를 지급함

③ **장해급여**

- 장해급여는 근로자가 업무상의 사유에 의하여 부상을 당하거나 질병에 걸려 치유되었으나 신체 등에 장해가 남아 있는 경우에 당해 근로자에게 지급하는 것이다.
- 장해급여는 장해등급(제1급~제14급)에 따라 장해보상연금 또는 장해보상일시금으로 지급한다. 단, 장해등급 1~3급의 중증장애인의 경우 연금으로만 지급한다.

④ **간병급여**

간병급여는 요양급여를 받은 사람이 치유 후 의학적으로 상시 또는 수시로 간병이 필요하여 실제로 간병을 받는 사람에게 지급하는 것이다.

⑤ **직업재활급여**

직업재활급여에는 장해급여를 받은 사람 중 취업을 위하여 직업훈련이 필요한 사람에 대하여 실시하는 직업훈련비용 및 직업훈련수당과 업무상 재해가 발생할 당시의 사업장에 복귀한 장해급여자에 대하여 사업주가 고용을 유지하거나 직장적응 훈련 또는 재활운동을 실시하는 경우에 각각 지급하는 직장복귀 지원금, 직장적응 훈련비 및 재활운동비 등이 있다.

⑥ **유족급여**

유족급여는 근로자가 업무상의 사유에 의하여 사망한 경우에 유족에게 지급하는 것이다. 유족급여는 유족보상연금 또는 유족보상일시금으로 한다. 유족보상일시금은 유족급여를 연금의 형태로 지급하는 것이 곤란한 경우에 한하여 지급한다.

⑦ 상병보상연금

요양급여를 받는 근로자가 요양 개시 후 2년이 경과된 날 이후에 '당해 부상 또는 질병이 치유되지 아니한 상태가 계속되는 경우, 그 부상 또는 질병에 의한 중증요양상태의 정도가 대통령령이 정하는 중증요양상태등급 기준에 해당하는 상태가 계속되는 경우, 요양으로 인하여 취업하지 못하였을 경우' 휴업급여 대신 상병보상연금을 당해 근로자에게 지급한다. 이 경우 장해보상연금을 받고 있던 자가 재요양하고 있는 경우에는 요양개시 후 2년이 경과된 것으로 본다. 상병보상연금은 중증요양상태등급에 따라 지급한다.

⑧ 장례비

장례비는 근로자가 업무상의 사유에 의하여 사망한 경우에 지급하되, 평균임금의 120일분에 상당하는 금액을 그 장례를 지낸 유족에게 지급한다.

⑨ 특별급여

특별급여는 사업주의 고의 또는 과실로 인해 산업재해가 발생했을 경우, 산업재해보상보험법에 의한 보상 외에 사업주에 대해 민법상의 손해배상 청구를 할 수 있는데, 소송을 통해 이를 배상받는 것이 노동자나 사업주 모두에게 불편함을 주기 때문에 대신 산재보험에서 유족 및 장해특별급여를 지급해주고 그 지급상당액을 사업주가 납부하도록 하는 제도이다. 특별급여에는 장해특별급여와 유족특별급여가 있다.

(3) 산재보험 급여의 지급, 지급 제한, 제3자에 대한 구상권

- 보험급여는 지급 결정일로부터 14일 이내에 지급하여야 한다.
- 공단은 요양 중인 근로자가 정당한 사유 없이 요양에 관한 지시를 위반하여 부상 · 질병 또는 장해 상태를 악화시키거나 치유를 방해한 경우, 장해보상연금 또는 진폐보상연금 수급권자가 장해등급 또는 진폐장해등급 재판정 전에 자해 등 고의로 장해 상태를 악화시킨 경우, 보험급여의 전부 또는 일부를 지급하지 아니할 수 있다.
- 공단은 제3자의 행위에 따른 재해로 보험급여를 지급한 경우에는 그 급여액의 한도 안에서 급여를 받은 자의 제3자에 대한 손해배상청구권을 대위(代位)한다.

3. 산재보험의 보험료

(1) 보험료율

- 산재보험의 보험료율은 업종별 요율과 개별 실적요율제를 함께 적용한다.
- 업종별 요율은 업종의 평균적인 재해율을 기초로 선정하며, 개별 사업주는 자신이 속한 업종의 보험료율을 적용받는다.
- 개별 실적요율제는 각 업종 내의 개별 사업장별로 재해발생이 많고 적음에 따라 일정한 범위에서 보험료율을 증가 또는 경감시켜 적용하는 방식이다.

(2) 보험료 산정

① 보험료의 월별 산정 · 부과

- 기존 산재보험료는 자진신고 · 납부하고 건강보험 · 국민연금 보험료는 부과고지하는 등 납부방식이 서로 달라 4대 사회보험 징수통합을 위해 납부방식을 통일하였다.
- 2011년부터 근로복지공단이 매월 보험료를 산정 · 부과하고 건강보험공단이 이를 징수한다.
- 고용상황 및 보수총액 등의 파악이 어려워 월별 부과고지제 적용이 곤란한 업종, 즉 건설업 · 벌목업 등은 계속하여 자진신고 · 납부 방식을 적용하여 공단에서 업무를 수행한다(보험료산정 · 고지 · 수납).
- 2011년부터 사회보험 징수통합에 따라 고용 · 산재보험의 보험료 징수업무(고지 · 수납 및 체납관리)를 국민건강보험공단에서 수행한다.

② 보험료 산정기준

구분	월별 부과고지	자진신고 · 납부
보험료 산정기준	보수	
보험료 납부방법	• 근로복지공단에서 매월 보험료를 산정하여 부과하고 건강보험공단에서 고지 • 월별 보험료를 매월 납부	• 기존과 같이 사업장에서 근로복지공단으로 보험료를 자진신고 · 납부 • 연간보험료를 일시납(또는 분납)
보험료 산정방법	▣ 월별보험료 근로자별 월평균보수의 합계액×보험료율 ▣ 정산보험료 근로자별 연간보수총액의 합계액×보험료율	▣ 개산보험료: 일반적 산정원칙 당해 연도 추정보수총액×보험료율 ▣ 확정보험료: 일반적 산정원칙 실제 지급한 보수총액(지급하기로 결정되었으나 미지급된 보수 포함)×보험료율
사업 종류	전 사업장(건설업 및 벌목업 제외)	건설업 및 벌목업

(3) 보험료의 부담

산재보험의 보험료는 사업주가 전액 부담한다(특수형태근로종사자는 사업주와 근로자가 보험료의 1/2을 각각 부담).

4. 근로복지공단

(1) 근로복지공단

- 고용노동부 장관의 위탁을 받아 산업재해보상보험의 목적을 달성하기 위하여 근로복지공단을 설립하여 운영하고 있다.
- 고용노동부가 관리하는 산재보험과 고용보험은 각각의 공단을 두지 않고 근로복지공단과 고용노동부의 지방 전달체계를 활용하여 운영되고 있다.
- 근로복지공단은 법인으로 한다.
- 공단의 주된 사무소 소재지는 정관으로 정한다. 공단은 필요하면 정관으로 정하는 바에 따라 분사무소를 둘 수 있다.
- 사업의 수행에 필요한 자문을 하기 위하여 공단에 보험급여자문위원회를 둘 수 있다.

(2) 근로복지공단의 사업

- 보험가입자와 수급권자에 관한 기록의 관리 · 유지
- 보험료징수법에 따른 보험료와 그 밖의 징수금의 징수
- 보험급여의 결정과 지급
- 보험급여 결정 등에 관한 심사 청구의 심리 · 결정
- 산업재해보상보험 시설의 설치 · 운영
- 업무상 재해를 입은 근로자 등의 진료 · 요양 및 재활
- 재활보조기구의 연구개발 · 검정 및 보급
- 보험급여 결정 및 지급을 위한 업무상 질병 관련 연구
- 근로자 등의 건강을 유지 · 증진하기 위하여 필요한 건강진단 등 예방 사업
- 근로자의 복지 증진을 위한 사업
- 그 밖에 정부로부터 위탁받은 사업

잠깐!

징수업무의 이관

2010년 1월 27일 산업재해보상보험의 개정으로 2011년부터 산재보험료 징수업무는 국민건강보험공단으로 이양되었다.

5. 심사청구 및 재심사청구

(1) 심사청구

- '보험급여에 관한 결정, 진료비에 관한 결정, 약제비에 관한 결정, 진료계획 변경 조치 등, 보험급여의 일시지급에 관한 결정, 합병증 등 예방관리에 관한 조치, 부당이득의 징수에 관한 결정, 수급권의 대위에 관한 결정' 등에 불복하는 자는 공단에 심사청구를 할 수 있다.
- 심사청구는 그 보험급여 결정 등을 한 공단의 소속 기관을 거쳐 공단에 제기하여야 한다.
- 심사청구는 보험급여 결정 등이 있음을 안 날부터 90일 이내에 하여야 한다.
- 심사청구서를 받은 공단의 소속 기관은 5일 이내에 의견서를 첨부하여 공단에 보내야 한다.
- 보험급여 결정 등에 대하여는 행정심판법에 따른 행정심판을 제기할 수 없다.
- 심사청구를 심의하기 위하여 공단에 관계 전문가 등으로 구성되는 산업재해보상보험심사위원회를 둔다.

(2) 재심사청구

- 심사청구에 대한 결정에 불복하는 자는 산업재해보상보험재심사위원회에 재심사 청구를 할 수 있다. 다만, 판정위원회의 심의를 거친 보험급여에 관한 결정에 불복하는 자는 심사청구를 하지 아니하고 재심사청구를 할 수 있다.
- 재심사청구는 그 보험급여 결정 등을 한 공단의 소속 기관을 거쳐 산업재해보상보험재심사위원회에 제기하여야 한다.
- 재심사청구는 심사청구에 대한 결정이 있음을 안 날부터 90일 이내에 제기하여야 한다. 다만, 심사청구를 거치지 아니하고 재심사청구를 하는 경우에는 보험급여에 관한 결정이 있음을 안 날부터 90일 이내에 제기하여야 한다.

한걸음 더

수급권의 보호

근로자의 보험급여를 받을 권리는 퇴직하여도 소멸되지 아니한다. 보험급여를 받을 권리는 양도 또는 압류하거나 담보로 제공할 수 없다.

한걸음 더

수급권의 대위

보험가입자가 소속 근로자의 업무상의 재해에 관하여 산업재해보상보험법에 따른 보험급여의 지급 사유와 동일한 사유로 민법이나 그 밖의 법령에 따라 보험급여에 상당하는 금품을 수급권자에게 미리 지급한 경우로서 그 금품이 보험급여를 대체하여 지급한 것으로 인정되는 경우에 보험가입자는 대통령령으로 정하는 바에 따라 그 수급권자의 보험급여를 받을 권리를 대위한다.

10장 고용보험제도의 이해

한눈에 쏙!		중요도
❶ 고용보험 일반	1. 고용보험의 개관	
	2. 고용보험의 역사	
	3. 고용보험의 가입대상	★
❷ 고용보험 사업과 급여	1. 실업급여사업	★★
	2. 모성보호급여	
	3. 고용안정사업 및 직업능력개발사업	
	4. 고용보험의 보험료	
	5. 고용보험의 관리운영체계	
	6. 자영업자인 피보험자에 대한 실업급여 적용의 특례	

기출경향 살펴보기

이 장의 기출 포인트

고용보험제도에 관한 문제는 출제비중이 높지 않다. 고용보험제도의 가입대상, 고용보험제도의 급여별(구직급여, 육아휴직급여 등) 특징, 고용보험제도의 보험료, 근로복지공단의 업무 등을 중심으로 출제되고 있다. <사회복지정책론>에서의 출제비중은 낮더라도 <사회복지법제론>에서는 고용보험법에 관한 문제가 매회 1문제 이상 빠짐없이 출제되는 만큼 전반적인 내용을 살펴볼 필요가 있다.

최근 5개년 출제 분포도

연도별 그래프

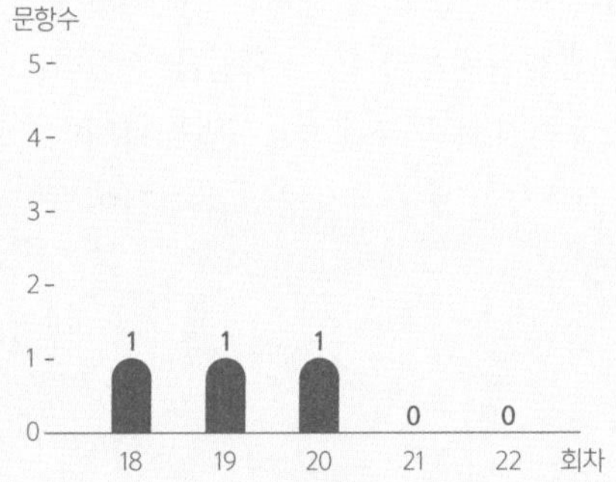

평균출제문항수

0.6 문항

2단계 학습전략

데이터의 힘을 믿으세요!
강의로 복습하는 **기출회독 시리즈**

3회독 복습과정을 통해
최신 기출경향 파악

최근 10개년 핵심 키워드

기출회독 **186**	고용보험제도	4문항

기본개념 완성을 위한 **학습자료 제공**

기본개념 강의, 기본쌓기 문제, O X 퀴즈, 기출문제, 정오표, 묻고답하기, 지식창고, 보충자료 등을 **아임패스**를 통해 만나실 수 있습니다.

1 고용보험 일반

기출회차				
1	2	3	4	5
6	7	8	9	10
11	12	13	14	15
16	17	18	19	20
21	22			

강의로 복습하는 기출회독 시리즈

Keyword 186

1. 고용보험의 개관

(1) 고용보험

실직근로자에게 실업급여를 지급하는 전통적 의미의 실업보험사업 외에 적극적인 취업알선을 통한 재취업의 촉진과 근로자의 고용안정을 위한 고용안정사업, 근로자의 직업능력개발사업 등을 상호 연계하여 실시하는 사회보험제도이다. 따라서 고용보험은 실직자에 대한 생계지원은 물론 재취업을 촉진하고 더 나아가 실업의 예방 및 고용안정, 노동시장의 구조개편, 직업능력개발을 강화하기 위한 사전적 · 적극적 차원의 종합적인 노동시장정책의 수단이라고 할 수 있다.

(2) 고용보험의 기능

- 고용조정의 원활화 및 경제적 효율성 제고
- 실직근로자의 생활안정과 재취업촉진
- 직업훈련의 활성화와 경쟁력 강화
- 직업안정기능의 활성화와 인력수급의 원활화
- 경기조절기능의 수행

2. 고용보험의 역사

고용보험제도는 1993년 12월 27일에 고용보험법이 제정되고, 1995년 7월 1일 30인 이상 사업장을 대상으로 한 실업급여사업과 70인 이상 사업장을 대상으로 한 고용안정사업 및 직업능력개발사업으로 출발하였다. 이후 IMF 경제난 등을 겪으면서 빠른 속도로 적용범위를 확대하여 1998년 10월 1일부터는 상시근로자 4인 이하의 농업 · 임업 · 수렵업 등 일부 업종을 제외하고는 근로자 1인 이상 고용의 전사업장에 확대 적용하여, 도입 4년만에 전체 근로자를 대상으로 하는 사회보험으로 자리 매김하였다.

3. 고용보험의 가입대상

중요도 ★

고용보험의 가입대상, 적용제외 사업과 근로자에 관한 내용은 고용보험의 전반적인 내용을 묻는 문제에서 선택지로 자주 다뤄진다.

- 근로자를 사용하는 모든 사업 또는 사업장에 적용한다. 다만, 산업별 특성 및 규모 등을 고려하여 대통령령으로 정하는 사업에 대해서는 적용하지 아니한다.
- 예술인 또는 노무제공자의 노무를 제공받는 사업에도 적용하되, 규정된 특례 사항에 한정하여 각각 적용한다.
- 고용보험은 사업주와 근로자 모두가 보험가입자가 된다. 근로자는 보험가입자가 되는 동시에 피보험자가 된다(자영업자도 피보험자에 해당한다).

(1) 적용제외 사업

- 농업 · 임업 · 어업 중 법인이 아닌 자가 상시 4명 이하의 근로자를 사용하는 사업
- 가구 내 고용활동 및 달리 분류되지 아니한 자가소비 생산활동
- 건설업자 등이 아닌 자가 시공하는 총공사금액이 2천만원 미만인 공사
- 연면적이 100제곱미터 이하인 건축물의 건축 또는 연면적이 200제곱미터 이하인 건축물의 대수선에 관한 공사

(2) 적용제외 근로자

- '1개월간 소정근로시간이 60시간 미만이거나 1주간의 소정근로시간이 15시간 미만인 근로자, 국가공무원법과 지방공무원법에 따른 공무원(별정직 공무원, 임기제공무원의 경우는 본인의 의사에 따라 실업급여에 한하여 가입할 수 있음), 사립학교교직원 연금법의 적용을 받는 사람, 별정우체국 직원'은 적용하지 아니한다.
- 65세 이후에 고용(65세 전부터 피보험 자격을 유지하던 사람이 65세 이후에 계속하여 고용된 경우는 제외)되거나 자영업을 개시한 사람에게는 실업급여 및 육아휴직급여 등을 적용하지 아니한다.

(3) 외국인근로자에 대한 적용

외국인근로자의 고용 등에 관한 법률의 적용을 받는 외국인근로자에게는 이 법을 적용한다. 다만, 실업급여 및 육아휴직급여 등은 고용노동부령으로 정하는 바에 따른 신청이 있는 경우에만 적용한다.

2 고용보험 사업과 급여

기출회차

1	2	3	4	5
6	7	8	9	10
11	12	13	14	15
16	17	18	19	20
21	22			

강의로 복습하는 기출회독 시리즈

Keyword 186

고용보험제도는 실업자에 대한 급여를 통해 생활안정을 지원하는 동시에 노동시장에 좀 더 빨리 진입할 수 있도록 돕고, 고용되어 있는 노동자들의 고용안정을 지원하며 직업능력을 높이기 위한 다양한 프로그램을 가지고 있다.

1. 실업급여사업

중요도 ★★

실업급여사업과 모성보호사업의 급여는 전적으로 근로자에게 지급되는 것들이지만 고용안정사업 및 직업능력개발사업의 대부분의 급여는 사업주에게 지급되는 것들이고 근로자에게 지급되는 급여가 일부 포함되어 있음을 기억하자.

실업급여사업은 근로자가 실직하였을 경우 일정기간 동안 실직자와 그 가족의 생활안정 그리고 원활한 구직활동을 위하여 급여를 지급하는 사업이다. 실업급여는 구직급여와 취업촉진 수당이 있으며, 특별한 경우 구직급여에 대한 연장급여를 신청하여 지급받을 수 있다.

(1) 구직급여 ★꼭!

① 구직급여의 수급 요건

- 구직급여는 '이직일 이전 18개월간(초단시간근로자의 경우 24개월) 피보험 단위기간이 통산하여 180일 이상일 것, 근로의 의사와 능력이 있음에도 불구하고 취업(영리를 목적으로 사업을 영위하는 경우 포함)하지 못한 상태에 있을 것, 재취업을 위한 노력을 적극적으로 할 것, 이직사유가 비자발적인 사유일 것'의 요건을 갖춘 경우에 지급한다.
- 실업의 신고일부터 계산하기 시작하여 7일간은 대기기간으로 보아 구직급여를 지급하지 아니한다. 다만, 최종 이직 당시 건설일용근로자였던 사람에 대해서는 실업의 신고일부터 계산하여 구직급여를 지급한다.

② 구직급여 지급액

구직급여 지급액 = 이직 전 평균임금의 60%×소정급여일수

③ 구직급여 소정급여일수

연령 및 가입기간	1년 미만	1년 이상 3년 미만	3년 이상 5년 미만	5년 이상 10년 미만	10년 이상
50세 미만	120일	150일	180일	210일	240일
50세 이상 및 장애인	120일	180일	210일	240일	270일

※ 연령은 퇴사 당시의 만 나이임
※ 장애인이란 「장애인고용촉진 및 직업재활법」에 따른 장애인을 말함

(2) 취업촉진 수당 꼭!

취업촉진 수당은 구직급여와는 별도로 실업자들이 좀 더 빨리 재취업할 수 있도록 유인하기 위한 추가급여의 성격이다.

① 조기재취업 수당

- 실업급여를 지급받고 있던 수급자격자가 빠른 시일 내에 안정된 직장에 재취업하는 경우에 지급되는 보너스 성격의 급여이다.
- 재취업한 날의 전날을 기준으로 소정급여일수가 1/2 이상 남아있어야 한다.
- 지급금액: 구직급여일액에 잔여 급여일수의 1/2을 곱한 금액

② 직업능력개발 수당

지방 노동관서장이 지시한 직업능력개발훈련을 받는 경우에 훈련을 받는 데 필요한 교통비 · 식대 등의 비용을 지원하기 위하여 구직급여와는 별도로 지급한다.

③ 광역구직활동비

- 수급자격자가 자신이 살고 있는 지역에 재취업하기 어려워 지방 노동관서장이 소개하는 먼 지방에 출장하여 직장을 구하는 경우에 소요된 비용을 지급한다.
- 자신의 거주지로부터 편도 25km 이상 떨어진 곳에 있는 회사에 구직활동을 할 때 지급한다.
- 숙박비와 교통비를 지급한다.

④ 이주비

수급자격자가 취직으로 거주지를 이전하거나 지시한 훈련을 받기 위하여 이사를 해야 하는 경우에 이사 비용으로 지급한다.

보충자료

실업급여

한걸음 더

이직 사유에 따른 수급자격의 제한

- 중대한 귀책사유로 해고된 피보험자(형법 또는 직무와 관련된 법률을 위반하여 금고 이상의 형을 선고받은 경우, 사업에 막대한 지장을 초래하거나 재산상 손해를 끼친 경우, 정당한 사유 없이 근로계약 또는 취업규칙 등을 위반하여 장기간 무단결근한 경우)
- 자기 사정으로 이직한 피보험자(전직 또는 자영업을 하기 위하여 이직한 경우, 중대한 귀책사유가 있는 사람이 해고되지 아니하고 사업주의 권고로 이직한 경우)
- 그 밖에 고용노동부령으로 정하는 정당한 사유에 해당하지 아니하는 사유로 이직한 경우

(3) 연장급여

① 훈련연장급여(최대 2년, 구직급여의 100%를 연장지급)

수급자격자가 새로운 직장에 취직하기 위하여 직업능력개발훈련을 받아야 할 필요가 있다고 판단되는 경우에 지방 노동사무소장은 직업능력개발훈련 지시를 할 수 있다.

② 개별연장급여

- 실업 신고일로부터 구직급여의 지급이 종료될 때까지 직업안정기관의 장의 직업소개에 3회 이상 응하였으나 취직하지 못하는 등의 일정요건을 갖춘 개별 수급자격자에게 재취업 지원을 위하여 소정급여일수를 초과하여 지급하는 급여이다.
- 구직급여의 70%를 60일 범위 내에서 지급한다.

③ 특별연장급여

- 특별연장급여는 실업 급증 등 대통령령이 정하는 사유가 발생한 경우 60일 범위 내에서 구직급여의 소정급여일수를 연장하여 지급하는 제도이다.
- 특별연장급여는 구직급여일액의 70%를 60일 범위 내에서 지급한다. 다만, 최저 구직급여일액보다 낮은 경우에는 최저구직급여일액을 지급한다.

(4) 상병급여

- 수급자격자가 질병 · 부상인 경우에 구직급여를 지급할 수 없거나, 수급자격자가 출산으로 인해 구직활동을 할 수 없게 되는 경우 지급하는 실업급여이다.
- 상병급여는 실업신고를 한 이후 질병 · 부상 · 출산으로 취업이 불가능하여 실업인정을 받지 못하고 직업소개, 직업지도, 직업능력개발훈련 거부로 구직급여 지급이 정지된 기간이 아니어야 지급받을 수 있다.
- 상병급여는 구직급여에 갈음하여 지급되므로 구직급여액과 같으며 구직급

여의 미지급일수 한도 내에서만 지급된다. 상병급여를 지급한 경우에는 구직급여를 지급한 것으로 간주하므로 이후의 수급자격 판단 및 소정급여일수 결정 시에도 구직급여를 지급한 것으로 간주하여 피보험기간을 산정한다.

2. 모성보호급여

모성보호급여는 임신 · 출산과정에서 일과 육아를 병행할 수 있도록 여성의 권리를 보호하는 동시에 여성에 대한 기업의 부담을 사회적 연대 차원에서 나누기 위한 사업이라 할 수 있다. 현행 근로기준법에 의하면 임신 중인 여성에 대해 고용주는 출산전후를 통하여 90일의 보호휴가를 주되, 반드시 출산후에 45일 이상이 확보되도록 부여하여야 한다. 이는 출산전후 여성근로자의 근로의무를 면제하고 임금상실 없이 휴식을 보장받도록 하는 것으로 이 90일 전 기간의 급여를 고용보험에서 지급한다. 또한 출산 이후 영유아의 양육을 할 수 있도록 육아휴직을 보장한다.

(1) 육아휴직급여 꼭!

- 육아휴직급여는 만 8세 이하 또는 초등학교 2학년 이하의 자녀를 가진 근로자가 그 자녀를 양육하기 위해 육아휴직을 30일 이상 부여 받고 소정의 수급요건을 충족하는 경우 육아휴직기간에 대하여 통상임금의 100분의 80(상한액: 월 150만원, 하한액: 월 70만원)을 육아휴직 급여액으로 지급한다.
- 육아휴직 급여액의 100분의 25는 직장 복귀 6개월 후에 합산하여 일시불로 지급한다. 육아휴직 급여 25%(사후지급금)는 고용센터에서 육아휴직급여 신청자에 대한 지급요건(육아휴직 종료 후 해당 사업장에 복직하여 6개월 이상 계속 근무한 경우) 확인 후 지급한다.
- 근로자의 귀책사유가 없는 비자발적인 사유(구직급여 수급자격 제한 기준을 동일하게 적용)로 육아휴직 종료 후 복직하여 6개월 이전에 퇴사한 경우 육아휴직 복귀 후 지급금(100분의 25)을 지급한다.
- 육아휴직을 시작한 날 이후 1개월부터 매월 단위로 신청하되, 당월 중에 실시한 육아휴직에 대한 급여의 지급 신청은 다음 달 말일까지 해야 한다. 매월 신청하지 않고 기간을 적치하여 신청 가능하다. 단, 육아휴직이 끝난 날 이후 12개월 이내에 신청하지 않을 경우 동 급여를 지급하지 않는다.
- 육아휴직기간은 1년 이내이다. 자녀 1명당 1년 사용가능하므로 자녀가 2명이면 각각 1년씩 2년 사용 가능하다. 근로자의 권리이므로 부모가 모두 근로자이면 한 자녀에 대하여 아버지도 1년, 어머니도 1년 사용이 가능하다.

(2) 출산전후휴가급여 꼭!

- 임신 중의 여성에게 출산 전과 출산 후를 통하여 90일(다태아 120일)의 출산전후휴가를 주어야 하며, 이 경우 휴가기간의 배정은 출산 후에 45일(다태아 60일) 이상이 되어야 한다.
- 임신 중인 여성근로자가 사업주로부터 출산전후휴가를 부여받아 사용하고 출산전후휴가가 끝난 날 이전에 고용보험 피보험단위기간이 통산하여 180일 이상이어야 하며, 출산전후휴가를 시작한 날 이후 1개월부터 휴가가 끝난 날 이후 12개월 이내 신청해야 한다.
- 우선지원 대상기업의 경우 90일의 급여가 고용보험에서 지급되고, 대규모 기업의 경우 최초 60일은 사업주가 그 이후 30일은 고용보험에서 지급된다.

(3) 육아기 근로시간 단축급여

- 육아휴직을 신청할 수 있는 근로자는 육아휴직 대신 육아기 근로시간 단축을 신청할 수 있다.
- 근로자는 육아기 근로시간 단축을 신청하는 경우에 1년 이내의 기간으로 이를 사용할 수 있다. 사업주가 해당 근로자에게 육아기 근로시간 단축을 허용하는 경우 단축 후 근로시간은 주당 15시간 이상이어야 하고 35시간을 넘어서는 안 된다.

3. 고용안정사업 및 직업능력개발사업

근로자를 감원하지 않고 고용을 유지하거나 실직자를 채용하여 고용을 늘리는 사업주에게 비용의 일부를 지원하여 고용안정을 유지하기 위한 고용안정사업과 직업능력을 높이기 위한 직업능력개발사업이 있다. 고용노동부 장관은 피보험자 및 피보험자이었던 자, 그밖에 취업할 의사를 가진 자에 대한 실업의 예방, 취업의 촉진, 고용기회의 확대, 직업능력개발 · 향상의 기회 제공 및 지원, 그밖에 고용안정과 사업주에 대한 인력 확보의 지원을 위하여 고용안정 · 직업능력개발사업을 실시하도록 하고 있다. 대부분이 사업주를 지원하는 사업들이며, 근로자를 지원하는 사업들도 포함되어 있다.

(1) 고용안정사업

- 고용조정 지원은 생산량 감소 · 재고량 증가 등으로 고용조정이 불가피하게 된 사업주를 지원함으로써 근로자의 실직을 예방하고 기업의 경영 부담을 완화
- 고용창출 지원은 시간제일자리 도입 · 확대, 일자리함께하기 도입 · 확대,

유망창업기업의 고용, 고용환경 개선, 전문인력 채용 등을 통한 고용창출을 지원

- 고용촉진 지원은 노동시장의 통상적인 조건하에서는 취업이 특히 곤란한 고령자 · 장기실업자 · 여성 등의 고용 촉진을 지원
- 고용촉진시설 지원은 직장보육시설의 보육교사 인건비와 설치 운영비를 지원함으로써 여성의 경제활동을 촉진
- 건설근로자 고용안정 지원은 건설(일용)근로자의 고용보험적용 등을 유도하기 위하여 피보험자 관리비용의 일부를 지원

(2) 직업능력개발사업

① 직업능력개발을 위한 사업주 지원

직업능력개발훈련 지원, 기간제 등 훈련 우대, 유급휴가훈련 지원, 대체인력 채용 지원 우대, 직업능력개발훈련시설 · 장비자금 대부 등

② 직업능력개발을 위한 근로자 지원

근로자 수강지원금 지원, 근로자 능력개발카드에 의한 수강 지원, 근로자 학자금 및 훈련비 대부, 국가기간전략산업직종 훈련 지원, 전직 실업자 취업훈련 지원 등

4. 고용보험의 보험료

보험사업별 보험료율 및 부담

구분		'06.1.1 이후		'11.4.1 이후		'13.7.1 이후		'19.10.1 이후		'22.7.1 이후	
		근로자	사업주	근로자	사업주	근로자	사업주	근로자	사업주	근로자	사업주
실업급여		0.45%	0.45%	0.55%	0.55%	0.65%	0.65%	0.8%	0.8%	0.9%	0.9%
고용안정			×		×		×		×		×
고용안정 사업 및 직업능력 개발사업	150인 미만 기업		0.25%		0.25%		0.25%		0.25%		0.25%
	150인 이상 (우선지원대상기업)		0.45%		0.45%		0.45%		0.45%		0.45%
	150인 이상~1000인 미만 기업		0.65%		0.65%		0.65%		0.65%		0.65%
	1000인 이상 기업, 국가 · 지방자치단체 (직업훈련의무업체)		0.85%		0.85%		0.85%		0.85%		0.85%

- 고용보험의 보험료율은 보험수지의 추이와 경제상황 등을 고려하여 고용안정사업 및 직업능력개발사업의 보험료율 및 실업급여의 보험료율로 구분, 결정한다.
- 실업급여 사업에 해당하는 보험료는 사업주와 근로자가 각각 50%씩 부담, 고용안정사업 및 직업능력개발사업에 해당하는 보험료는 사업주가 전액 부담한다.
- 징수된 고용안정사업 및 직업능력개발사업의 보험료 및 실업급여의 보험료는 각각 그 사업에 드는 비용에 충당한다. 다만, 실업급여의 보험료는 육아휴직급여 및 출산전후휴가급여 등에 드는 비용에 충당할 수 있다.
- 자영업자인 피보험자로부터 징수된 고용안정사업 및 직업능력개발사업의 보험료 및 실업급여의 보험료는 각각 자영업자인 피보험자를 위한 사업에 드는 비용에 충당한다.

5. 고용보험의 관리운영체계

(1) 고용노동부

고용노동부의 고용센터에서 피보험자 관리, 실업급여 지급, 고용안정 · 직업능력개발사업 관련 각종 지원 업무 등 담당

(2) 근로복지공단

고용보험 가입, 보험사무조합 인가 등 담당

※ 4대 보험 통합징수가 시행되면서 보험료의 징수(고지 및 수납, 체납관리) 업무는 건강보험공단에서 수행

(3) 고용보험기금

고용노동부장관은 보험사업에 필요한 재원을 충당하기 위해 고용보험기금을 설치한다. 기금은 보험료와 고용보험법에 따른 징수금, 적립금, 기금운용 수익금과 그밖의 수입 등으로 조성한다.

6. 자영업자인 피보험자에 대한 실업급여 적용의 특례

자영업자인 피보험자의 실업급여의 종류는 구직급여와 취업촉진 수당이 있다. 다만 연장급여와 조기재취업 수당은 제외한다.

(1) 구직급여의 수급요건

구직급여는 폐업한 자영업자인 피보험자가 다음의 각 요건을 모두 갖춘 경우에 지급한다.

- 폐업일 이전 24개월간 피보험 단위기간이 합산하여 1년 이상일 것
- 근로의 의사와 능력이 있음에도 불구하고 취업을 하지 못한 상태에 있을 것
- 법령을 위반하여 허가 취소를 받거나 영업 정지를 받아 폐업한 경우, 방화 등 피보험자 본인의 중대한 귀책사유로서 고용노동부령으로 정하는 사유로 폐업한 경우, 전직 또는 자영업을 다시하기 위하여 폐업한 경우 등의 수급자격의 제한 사유에 해당하지 아니할 것
- 재취업을 위한 노력을 적극적으로 할 것

(2) 기초일액

수급자격에 대한 기초일액은 피보험기간이 3년 이상인 경우 마지막 폐업일 이전 3년의 피보험기간 동안, 3년 미만인 경우 수급자격과 관련된 그 피보험기간 동안 본인이 납부한 보험료의 산정기초가 되는 고용산재보험료징수법에 따라 고시된 보수액을 전부 합산한 후 그 기간의 총일수로 나눈 금액으로 한다. 다만 그 기초일액이 최저기초일액에 미치지 못하는 경우에는 최저기초일액에 따른 금액으로 하며, 기초일액이 대통령령으로 정하는 금액을 초과한 경우에는 대통령령으로 정하는 금액으로 한다.

(3) 구직급여일액

수급자격자에 대한 구직급여일액은 그 수급자격자의 기초일액에 100분의 60을 곱한 금액으로 한다.

(4) 소정급여일수

수급자격자에 대한 소정급여일수는 고용보험법에 따른 대기기간이 끝난 다음 날부터 계산하기 시작하여 피보험기간에 따라 고용보험법에서 정한 일수가 되는 날까지로 한다.

자영업자 소정급여일수

구분	가입기간(피보험기간)			
	1년 이상 3년 미만	3년 이상 5년 미만	5년 이상 10년 미만	10년 이상
소정급여일수	120일	150일	180일	210일

11장 빈곤과 공공부조제도

한눈에 쏙!		중요도	
❶ 빈곤의 개념과 측정	1. 빈곤의 개념	★★★	22회 기출
	2. 빈곤의 측정	★★★	22회 기출
❷ 소득불평등의 개념과 측정	1. 소득불평등의 개념	★★★	
	2. 소득불평등의 측정	★★★	22회 기출
❸ 공공부조의 일반 원리	1. 공공부조의 특징	★★	
	2. 공공부조의 장 · 단점		
	3. 우리나라 공공부조의 역사		
❹ 국민기초생활보장제도	1. 주요 용어		
	2. 수급자 선정기준		22회 기출
	3. 급여의 기준 등		
	4. 급여의 기본원칙		
	5. 급여의 종류	★★★	22회 기출
	6. 기타		
❺ 의료급여제도와 긴급복지지원제도	1. 의료급여제도		
	2. 긴급복지지원제도		22회 기출
❻ 근로장려금	1. 개요		22회 기출
	2. 신청자격		22회 기출
	3. 산정방법		22회 기출

기출경향 살펴보기

이 장의 기출 포인트

빈곤의 개념 및 측정, 소득불평등의 개념 및 측정에 관한 문제가 빠짐 없이 출제되고 있으며, 공공부조제도와 관련해서는 국민기초생활보장제도의 특징, 공공부조의 특성, 근로연계복지정책, 의료급여제도, 긴급복지지원제도에 관한 문제가 출제되고 있다. 특히, 11장에서는 10분위 · 5분위 분배율을 계산하는 문제, 국민기초생활보장제도의 급여액이 얼마인지 또는 근로장려금이 얼마인지 계산을 요구하는 계산형 문제가 출제되기도 한다.

최근 5개년 출제 분포도

연도별 그래프

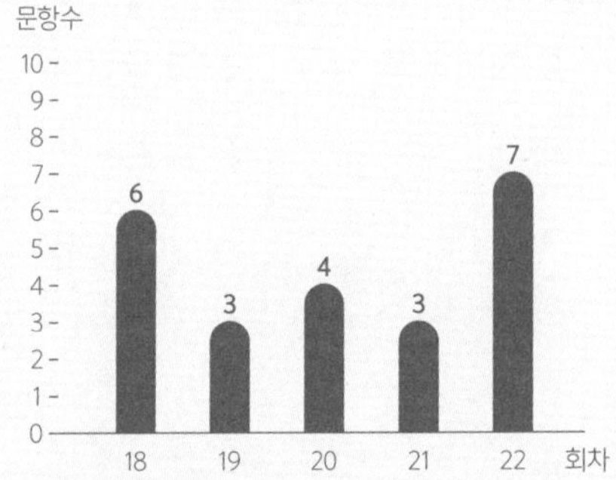

평균출제문항수

4.6 문항

2단계 학습전략

데이터의 힘을 믿으세요!
강의로 복습하는 **기출회독 시리즈**

3회독 복습과정을 통해
최신 기출경향 파악

최근 10개년 핵심 키워드

기출회독 **187**	빈곤과 소득불평등	14문항
기출회독 **188**	공공부조제도	24문항

기본개념 완성을 위한 **학습자료 제공**

기본개념 강의, 기본쌓기 문제, O X 퀴즈, 기출문제, 정오표, 묻고답하기, 지식창고, 보충자료 등을 **아임패스**를 통해 만나실 수 있습니다.

1 빈곤의 개념과 측정

기출회차				
1	2	3	4	5
6	7	8	9	10
11	12	13	14	15
16	17	18	19	20
21	22			

강의로 복습하는 기출회독 시리즈

Keyword 187

- 빈곤 개념을 엄격하게 정의하는 것은 쉽지 않은 일이다. 빈곤 개념은 각 국가의 경제 발전 수준, 사회 · 문화적 환경 등의 요인에 따라 그 정의가 달라질 수 있다.
- 최근에는 소득 차원의 빈곤을 넘어서 다양한 차원을 포괄하는 개념으로 사회적 배제 개념이 주목을 받고 있다.
- 절대적 빈곤 개념은 주로 사회복지발달 초기에 나타난 것으로 많은 국가에서는 사회복지정책 발달과 함께 상대적 빈곤 개념으로 점차 빈곤의 관점이 전환되었다.

중요도 ★★★

빈곤의 개념에 관한 문제는 절대적 빈곤과 상대적 빈곤의 개념 비교를 중심으로 하여 학습할 필요가 있으며, 실제 우리나라 제도에서 어떠한 빈곤의 개념을 사용하는지에 관하여도 정리해둘 필요가 있다. 22회 시험에서는 빈곤과 소득불평등의 측정에 관한 문제에서 빈곤의 개념에 관한 내용이 선택지로 출제되었으며, 사회적 배제에 관한 문제가 단독 문제로 출제되었다.

1. 빈곤의 개념 22회 기출

(1) 절대적 빈곤 꼭!

- 절대적 빈곤 개념은 빈곤을 최소한의 생존수준에도 미치지 못하는 상태, 즉 먹을 것과 안전한 물과 집, 신체적 건강과 같은 기본적인 욕구를 충족하지 못하는 상태로 개념화하는 것이다.
- 절대적 빈곤 개념은 최저한의 생활수준이라는 개념이 상당히 가변적이며, 사회의 통념과 관습에 따라 달라질 수밖에 없다는 점 등이 문제점으로 지적된다.

① 라운트리(Rowntree) 방식(전물량 방식)

- 영국의 라운트리는 1899년 요크시의 빈곤을 조사한 결과를 바탕으로 빈곤을 1차적 빈곤과 2차적 빈곤으로 구분하였다.
- 그는 순수하게 신체적 효율성을 유지하기 위해 필요한 최저한의 필수품을 정의하고 이런 필수품을 구입하는 데 필요한 소득에 미치지 못하는 경우를 '1차적 빈곤'상태로 정의하였다. 그는 1차적 빈곤을 구성하는 필수품을 정의하는 데 최소한의 간단한 식품과 옷, 주거, 연료비 등만을 포함시켰다.
- 2차적인 빈곤은 음주 · 도박, 부주의, 무계획적 지출 등으로 인해 최저수준

미만의 소득을 갖는 경우를 의미한다. 즉 음주 · 도박 등 개인적 낭비가 없다면 1차적 빈곤을 벗어날 수 있는 상태를 말한다.

- 이처럼 인간 생활에 필수적인 모든 품목에 대하여 최저한의 수준을 정하고 화폐가치로 환산하여 빈곤선을 측정하는 라운트리의 빈곤 측정 방식을 전물량 방식이라고 한다. 이 방식은 전문가가 객관적 기준과 통계자료 등을 기초로 사치품과 고가품을 배제하고 필수품만을 마켓 바스켓(시장 바구니)에 포함한다.
- 전물량 방식을 통한 빈곤선 측정은 일반적으로 두 단계를 거쳐 이루어진다. 첫 번째 단계는 필수품의 선정이다. 국가별, 시기별, 영양학적 기준 등 다양한 기준을 이용하여 필수품이 포함된 마켓 바스켓을 구성해야 한다. 두 번째 단계는 선정된 필수품에 대한 가격과 사용량을 결정해야 한다. 이는 사용할 수 있는 가장 객관적인 자료를 이용하여 계절별, 연령별로 적정 수준의 가격과 사용량을 결정해야 한다.
- 전물량 방식은 마켓 바스켓에 포함될 필수품을 구성하는 과정에서 전문가의 자의성이 개입된다는 단점이 있다. 예를 들어 필수품에 휴대폰을 포함할 것인가의 문제에 있어서 논란의 여지가 있을 수 있다. 따라서 필수품이 무엇이며 인간이 사용하는 많은 재화나 용역 중에서 어떻게 필수품을 선정하는 것이 바람직한지에 대한 검토가 필요하다.

② 오르샤스키(Orshansky) 방식(반물량 방식)

- 미국 사회보장청의 오르샨스키라는 학자가 제안한 방식이다. 이것을 엥겔 방식 혹은 반물량 방식이라고 부르기도 한다.
- 이 방식은 1969년 미국의 공식적인 빈곤선인 빈곤기준선으로 채택되었다. 오르샨스키는 영양학적으로 충분한 식단을 구성할 수 있는 비용을 빈곤선 계측의 기초로 삼는다는 아이디어에 기반하여, 최저식료품비에 특정상수를 곱하면 빈곤선을 추정할 수 있을 것으로 생각하였다. 특정상수는 3으로 결정되었는데, 그 이유는 1955년 가구식료품소비조사에서 당시 3인 이상으로 이루어진 평균가구가 그 세후소득의 1/3을 식료품비로 지출하는 것으로 나타났기 때문이다.
- 이러한 실태를 바탕으로 오르샨스키는 식료품비에 1/3의 역수인 3을 곱하여 빈곤선을 계측하였다.

잠깐!

반물량 방식을 이용한 빈곤선 계산(최저한의 식료품비×엥겔계수의 역)

- 최저한의 식료품비는 30만원, 엥겔계수는 1/3로 가정
- 30만원(최저한의 식료품비)×3(엥겔계수의 역)=90만원

한걸음 더

빈곤선

빈곤선은 다양한 빈곤 개념을 바탕으로 빈곤 여부를 판정하기 위해 빈곤의 조작적 정의를 통해 도출된 수치화된 빈곤의 기준이라고 볼 수 있다. 다양한 빈곤 개념에 따라 빈곤을 측정하는 것에도 차이가 있다. 절대적 빈곤 개념에 기초한 빈곤선 측정방식에는 전물량 방식 및 반물량 방식이 있으며, 상대적 빈곤 개념에 기초한 빈곤선 측정방식에는 박탈지표 방식, 소득과 지출을 활용하는 방식 등이 있다.

(2) 상대적 빈곤 ★꼭!

- 상대적 빈곤은 어떤 사회의 평균적인 소득수준, 생활수준과 밀접한 관련이 있다. 이러한 개념에 따르면 사람들은 그들 주위의 사람들과 비교하여 즉 타인의 생활수준과 비교하여 느끼는 상대적 박탈감에 따라 빈곤할 수도 있고 빈곤하지 않을 수도 있다. 상대적 빈곤은 사회의 불평등 수준에 큰 영향을 받는다.
- 사회의 대부분의 사람들이 절대적인 생존의 위협에 처해있는 경우에는 절대적 빈곤의 문제가 중요한 관심사로 부각된다. 이런 사회에서는 상대적 빈곤 개념의 적용이 현실성이 떨어질 수도 있다. 경제 발전에 따라 소득수준이 상승하면 절대적 빈곤의 문제보다는 상대적 빈곤의 문제로 초점이 옮겨지기도 한다. 절대적 빈곤의 문제는 경제 발전에 의해 일정 부분 완화될 수도 있지만, 상대적 빈곤의 문제는 불평등과 상대적 박탈감과 밀접한 관련을 가지고 있다.
- 상대적 빈곤선은 보통 박탈지표방식과 소득과 지출을 이용한 상대적 추정방식으로 측정할 수 있다.

① 박탈지표방식

- 타운센드(Townsend)는 절대적 빈곤 개념을 비판하고 빈곤은 상대적 박탈이라는 개념을 통해서만 객관적으로 정의될 수 있다고 주장하였다. 그는 빈곤의 상대성과 복잡성에 보다 근접하기 위하여 상대적 박탈의 개념을 구체화하여 빈곤선을 추정하였다. 먼저 '상대적 박탈'을 객관적 박탈감과 주관적 박탈감으로 나누었으며, 그리고 객관적 박탈감을 측정할 수 있는 항목과 주관적 박탈감을 측정할 수 있는 항목을 선정하여 소득계층별로 이들 항목들을 보유하거나 누리고 있는 양태를 비교하였다. 일반적으로 고소득층은 대부분의 항목을 향유하는데 비하여 저소득층은 극히 일부분의 항목들을 향유하는데 그칠 것이다. 여기서 일정소득 수준에서 향유하고 있는 품목들이 급격하게 감소하는 소득수준을 파악하고 이를 빈곤선으로 보는

것이다.

- 타운센드는 객관적 박탈감을 측정하는 지표로 주거, 연료, TV 등의 가전제품, 휴가 또는 여행 등의 여가 및 문화생활 등을 사용하였고, 주관적 박탈감을 측정하는 지표로는 공간적으로 거주하는 지역의 소득수준, 즉 어느 지역에 사느냐에 따라 주관적 박탈감이 달라질 수 있다는 것이며, 시간적으로는 과거에 비해 현재 생활수준에 대해 주관적으로 느끼는 박탈감 혹은 빈곤감 등을 사용하였다.
- 박탈지표방식의 단점은 전물량 방식과 마찬가지로 박탈지표항목에 포함될 품목 선정에서 전문가의 자의적인 판단이 개입될 수가 있다는 점이다. 따라서 객관적인 자료를 근거로 항목을 구성할 필요성이 대두되게 된다.

② 소득과 지출을 이용한 상대적 추정방식

- 이것은 평균소득 혹은 중위소득 혹은 지출의 몇 % 이하에 해당하느냐에 의해 빈곤선을 결정하는 방식이다. 이러한 상대적 방식으로 측정된 빈곤선의 가장 큰 약점은 개념 자체가 갖는 자의성이라고 할 수 있다. '상대적'이라는 말 자체가 가지는 의미와 같이 어떠한 기준을 빈곤선으로 잡을 것인지는 '상대적으로' 규정될 수밖에 없다.
- 상대적 빈곤선 추정의 쟁점에는 첫째, 빈곤선을 결정하는데 있어 소득을 기준으로 삼을 것인지 혹은 지출을 기준으로 삼을 것인지의 문제가 있다. 둘째, 소득과 지출 중 어느 하나가 결정되더라도 구체적으로 어떤 소득과 어떤 지출을 기준으로 할 것이냐의 문제가 있다. 소득의 경우 시장소득, 가처분소득 또는 전체 소득 등 다양한 소득개념이 존재한다. 지출의 경우에도 마찬가지로 세분화될 수 있다. 셋째, 소득이나 지출의 몇 %를 빈곤선으로 결정할것인지의 문제이다. 일반적으로 학자나 기관에 따라 빈곤선을 결정하는 수준에 차이가 있기 때문에 이에 대한 사회적 합의가 전제 조건이다.

주요기관 및 국가	상대적 빈곤선
OECD	중위 가구소득의 40, 50, 60%
EU	평균 가구소득의 40, 50, 60%
World Bank	개발도상국은 평균 가구소득의 1/3, 선진국은 평균 가구소득의 1/2
V. Fuchs	중위가구소득의 50%
P. Townsend	빈곤층은 평균 가구소득의 80% 이하, 극빈층은 50% 이하

한걸음 더

중위소득과 평균소득

중위소득이란 전체 가구를 소득 순으로 순위를 매겼을 때 정확히 가운데를 차지한 가구의 소득수준을 말한다. 반면 평균소득은 전체 가구 소득의 총합을 전체 가구 수로 나눈 값이다. 예를 들어 100가구의 평균소득은 100가구의 소득을 모두 더한 값을 100으로 나눈 것이고, 100가구의 중위소득은 50번째에 해당하는 가구의 소득수준이 된다.

일반적으로 평균소득이 중위소득보다 높은데, 고소득층이 평균소득을 끌어올리기 때문이다. 평균소득은 일부 고소득층의 영향을 받아 상당히 높게 나타날 수 있다. 따라서 중위소득이 보통 사람들의 생활수준을 좀 더 잘 반영한다고 볼 수 있다.

(3) 주관적 빈곤 ★꼭!

- 자신이 처한 상황에서 자신의 빈곤 여부를 가장 잘 평가할 수 있는 것은 바로 자기 자신이라는 전제에서 출발하여 사람들의 주관적 평가에 기초하여 빈곤 여부를 결정하는 것이다.
- 이러한 주관적 빈곤을 측정하는 대표적인 방식으로 라이덴(Leyden) 방식이 있다. 이는 네덜란드 라이덴 대학의 학자들에 의해 개발되었는데, '당신의 가구에서는 얼마의 소득(혹은 지출)이 있다면 근근이 살아갈 수 있겠습니까?'라는 식의 질문을 통해 빈곤선을 추정하는 방식이다.

(4) 사회적 배제

- 1950년대 프랑스에서 정책 담론의 장에서 사용되었고, 1980년대 이후 발전했다.
- 유럽을 중심으로 많이 사용되고 있으며, 추상적이고 이론적인 개념의 수준을 넘어서 정책과 프로그램의 실질적 원리가 되고 있다.
- 사회적 배제는 기존의 빈곤 개념과 비교했을때, 빈곤의 역동성과 동태적인 과정에 초점을 맞추며, 소득의 문제에 국한되지 않는 다차원적인 불리함을 의미하며, 사회적 관계에서의 배제에도 관심을 기울이고 있다.
- 복지권리, 고용에 대한 접근성, 교육, 차별문제, 사회적 관계망, 사회참여능력, 정치생활 통합정도에 초점을 맞춘다.

2. 빈곤의 측정 22회 기출

중요도 ★★★

빈곤의 측정에 관한 문제는 빈곤의 개념적인 부분과 함께 출제되었다. 빈곤율, 빈곤갭 등의 측정에 관한 개념을 명확히 이해하고 어떠한 특성이 있는지 정리해 두자. 22회 시험에서는 빈곤과 소득불평등의 측정에 관한 문제에서 빈곤율의 정의에 관한 내용이 선택지로 출제되었다.

(1) 빈곤율 꼭!

- 빈곤선을 기준으로 빈곤가구와 비빈곤가구를 구분하고 빈곤가구에 사는 개인의 수를 구하여 전체 인구에서 차지하는 비율을 통해 측정하는 방법이다.
- 빈곤율은 빈곤층의 규모를 보여줄 수 있지만, 빈곤층의 소득이 빈곤선에 비해 부족한 정도를 보여주지는 않는다.

(2) 빈곤갭 꼭!

- 빈곤층의 소득을 모두 빈곤선 수준까지 끌어올리기 위해서 어느 정도의 소득이 필요한가를 보여주는 방법이다. 보통 이 빈곤갭을 GNP(혹은 GDP) 대비 비율로 나타내는 것이 일반적이다.
- A국가와 B국가가 동일한 빈곤율을 보인다고 하더라도 빈곤갭은 차이가 있을 수 있다. 예를 들어 A국가에서는 대다수의 빈곤층이 빈곤선에 가까운 소득을 나타내고, B국가에서는 대다수의 빈곤층이 빈곤선에 비해 훨씬 낮은 수준의 소득을 나타낸다면 B국가에서 빈곤갭이 훨씬 크게 나타날 것이다.
- 빈곤갭은 빈곤율처럼 빈곤층의 규모를 보여주지는 못한다. 또한 빈곤율과 빈곤갭 모두 빈곤층 내부에서의 소득의 이전이나 분배 상태를 보여주지 못한다.

(3) 센(Sen)의 빈곤지표

- 빈곤율, 빈곤갭, 상대적 불평등의 세 가지 측면을 모두 고려하여 빈곤정도를 측정하기 위해 센이 개발한 빈곤지표이다.
- 빈곤지표가 갖추어야 할 여러 조건들을 다른 방법들보다 만족스럽게 충족시킨다는 평가를 받았다.

한걸음 더

빈곤의 원인에 대한 설명

개인적 원인론

- 개인적 원인론 중에서 대표적인 이론으로는 빈곤을 개인의 행위 차원의 문제로 보거나 병리적인 것으로 보는 이론이 있다. 이런 종류의 이론은 빈민들이 의도적으로 게으르고 방종적이라고 보거나 혹은 빈민은 유전적으로 가난할 수밖에 없는 성향을 타고 났다고 보거나 혹은 이 둘 다에 해당한다고 본다. 따라서 이런 이론은 빈곤의 원인이 빈곤한 자 자신에게 있다고 설명하는 이론인 셈이다. 빈민은 게으르다는 생각은 매우 오래 전부터 있어온 사고방식이며 이른바 가치 있는 빈민과 가치 없는 빈민을 구분하는 근거가 되는 사고방식이기도 하다. 이런 사고방식에서 가치 있는 빈민은 선천적인 장애인처럼 도덕적으로 문제가 없는 빈민을 가리키며 가치 없는 빈

민은 도덕적으로 문제가 있는 빈민을 가리킨다. 빈민이 유전적으로 열등하다는 생각은 좀 더 최근에 등장한 사고방식인데 이는 19세기 후반에 이루어진 생물학의 진전, 즉 유전학적 발견에서 유래한 것이다. 빈곤을 병리학적으로 설명하는 이와 같은 이론은 빈곤을 초래하는 수많은 요인들을 지나치게 단순화하는 단점이 있으며 또 한 가지 요인만 뽑아내서 그것의 의미를 과장함으로써 빈곤이 그 하나의 원인에 의해서만 일어난 것처럼 보이게 하는 지나치게 환원주의적인 성격을 갖는다는 단점이 있다. 인간의 정체성과 사회적 지위를 형성하는 데 사회환경의 역할이 중요하다는 데 대해서는 이미 많은 문헌들이 밝혀주고 있다는 점에서 빈곤을 병리학적으로 접근하는 개인주의적 혹은 생물학적 이론의 제한점은 상당히 분명하다고 하겠다.

- 인적자본이론에서는 인적자본(human capital)에 대한 투자가 개인의 생산성을 결정하며 개인의 생산성 여하에 따라 임금과 소득이 결정된다고 본다. 즉 교육이나 직업훈련 등에 대한 개인적 투자가 없거나 적은 경우 지식과 기술이 부족하여 낮은 생산성의 원인이 되며 결국 저임금과 저소득을 낳는 것이다. 이 이론에 의하면 빈곤이란 결국 인적자본에 대한 투자의 부족에 그 원인이 있는 것이다.
- 상속이론에서는 개인의 소득은 상속받은 인적, 물적 재산의 격차에 의해 영향을 받는데, 이때 재산에는 물질적 재산뿐만 아니라 유전적 인자, 부모의 양육, 사회적 교류 등이 포함된다. 물려받은 물적 재산이 없거나 적은 경우 상대적으로 빈곤의 위험이 많으며 또한 투자하더라도 분산 투자가 어려워 위험에 빠질 가능성이 높다. 이 이론에 의하면 빈곤은 상속받은 인적, 물적 재산이 없거나 부족하기 때문에 발생하는 것이다.

사회구조적 원인론

- 사회구조적 원인론의 대표적인 이론에는 빈곤은 자본주의에 기능적이라고 주장하는 마르크스주의 이론이 있다. 이 이론은 빈민들은 자본주의가 필요로 하는 산업예비군이라고 주장한다. 즉 빈민이라는 집단은 호황기 때에는 고용주들이 꺼내 쓸 수 있고 불황기 때에는 실업자들이 모이는 일종의 예비노동력의 저장소와 같다는 것이다. 뿐만 아니라 빈곤은 빈민이 아닌 다른 사람들의 기강을 잡는 역할까지 한다는 것이다. 즉 빈곤이라는 상황 자체가 대단히 열악한 상황을 의미하므로 가난하지 않은 사람들은 자본주의의 요구 앞에 그 자신을-예컨대 신념과 가치, 행동과 외모, 나아가 자신들의 정체성까지도-자발적으로 적응시키게 된다는 것이다.
- 노동시장분절론은 개인의 빈곤은 분절된 노동시장에서 어느 쪽에 고용되느냐에 의해 영향을 받는다고 본다. 노동시장은 핵심부문인 1차 노동시장(내부 노동시장)과 주변부문인 2차 노동시장(외부 노동시장)으로 나뉜다. 1차 노동시장에 고용된 노동자의 경우 고용이 안정적이고 높은 임금을 받지만 2차 노동시장에 고용된 노동자의 경우 고용이 불안정하고 낮은 임금을 받는다. 따라서 빈곤은 개인이 분절된 노동시장에서 2차 노동시장에 고용되기 때문에 발생하는 것이다.
- 마지막으로 빈곤문화론이 있다. 빈곤문화론에서는 사회환경이 역기능적이라면 그런 환경 속에서 아동 역시 역기능적인 존재로 자라게 된다고 주장한다. 따라서 어떤 아동의 가족들이 그리고 그 아동이 사는 동네사람들이 게으르고 방종적이고 범죄성향이 있다면 그 아동 역시 주변 가족과 동네사람들이 가진 가치관과 기대를 가진 사람으로 성장하게 된다는 것이다. 그리하여 그 아동은 빈곤하게 될 가능성이 높은 행동과 태도를 보이게 된다는 것이다. 그러므로 한 세대로부터 다음 세대로 전수되는 '빈곤문화'라는 것이 존재한다고 주장하는 것이다. 복지국가는 사람들로 하여금 일하는 습관을 망각하게 하고 책임감과 자조의식을 망각하게 하는 '의존문화'를 창조함으로써 빈곤을 없애는 것이 아니라 오히려 빈곤을 만들어내며 나아가 빈곤을 영속시킨다고 주장하였다. 이와 같은 주장이 바로 하층민 논쟁의 밑바탕에 스며들어 있는 주장이다.

  하층민과 '의존문화'에 대한 관심은 1980년대 초에 새롭게 다시 등장하였으며 미국에서는 레이건 행정부가 집권하고 영국에서는 대처정부가 집권하는 정치 분위기 속에서 유행처럼 번져나갔다. 이런 식의 주장은 복지급여신청자들에게 그들이 망각하고 있다고 생각되는 근로습관 등을 상기시키기 위해 복지급여를 받는 대가로 노동이나 훈련에 참여하도록 강제하는 징벌적인 근로연계프로그램을 확대하는 조치를 이론적으로 정당화하는 역할을 해왔다. 빈곤문화론은 사회환경의 중요성을 인정하지만 어디까지나 사회환경이라는 것을 복지국가를 공격하기 위한 수단으로 활용하는 한에서만 그러한 것이다. 따라서 이러한 식의 설명은 사람들이 애초에 왜 가난하게 되었는가라는 이유를 간과하는 경향이 있다.

2 소득불평등의 개념과 측정

기출회차

1	2	3	4	5
6	7	8	9	10
11	12	13	14	15
16	17	18	19	20
21	22			

강의로 복습하는 기출회독 시리즈

Keyword 187

1. 소득불평등의 개념

중요도 ★★★

소득불평등에 관한 개념을 명확히 이해해야만 소득불평등의 측정에 관한 개념을 이해하기가 쉽다. 소득불평등과 측정에 관하여 전반적인 사항을 묻는 문제가 주로 출제되고 있다.

소득불평등의 개념과 측정방법을 다루기 전에 우선 소득의 여러 개념에 대해 정리해 보자.

(1) 소득의 개념

① 소득의 종류

현실적으로 각 국가에서 채택하고 있는 소득 분류와 통계 방식에는 일정한 차이가 있다. 국가 간의 소득불평등을 비교할 때에는 이러한 소득의 정의와 분류상의 차이를 고려할 필요가 있다.

- 시장소득은 근로소득, 사업소득, 재산소득에 사적 이전소득(자녀가 부모에게 주는 용돈, 생활비 등)을 합한 개념이다. 시장소득은 세전소득(소득세 및 사회보험료 등을 납부하기 이전의 소득)을 의미하며, 국가의 개입이 이루어지기 전의 소득을 말한다.
- 총소득은 시장소득에 공적 이전소득을 합한 것이다. 우리나라의 통계에서 경상소득에 해당한다.
- 가처분소득은 총소득에서 소득세 및 사회보험료 등을 제외한 소득을 말한다. 가처분소득은 세후소득을 의미한다.

한걸음 더

시장소득과 가처분소득의 차이

OECD의 경우에는 시장소득과 가처분소득을 이용해 소득불평등을 계산한다.

시장소득과 가처분소득을 기준으로 빈곤과 불평등 수준을 비교하면 국가의 개입 정도를 가늠할 수 있다. 예를 들어 시장소득으로 측정한 빈곤과 가처분소득으로 측정한 빈곤 중에서 후자가 낮다면 국가의 조세 및 사회복지정책이 빈곤을 완화하는 효과를 가진다고 볼 수 있다. 마찬가지로 시장소득으로 측정한 지니계수와 가처분소득으로 측정한 지니계수를 비교했을 때 후자가 낮다면 국가의 조세 및 사회복지정책이 불평등을 완화하는 효과를 가진다고 볼 수 있다.

② 소득을 측정하는 단위

소득을 측정하는 단위에는 가족, 가구가 있다. 가족은 부모와 미성년 자녀로 이뤄진다면, 가구는 가족을 포함하는 좀 더 광의의 개념으로 한 집에 같이 살고 있는 조부모나 자녀, 친척이 아니면서 한 집에 같이 사는 사람까지 포함하는 개념이다. 어떤 단위로 소득을 측정하느냐에 따라 소득불평등이 다르게 나타날 수 있다.

(2) 소득불평등의 개념

소득불평등의 개념은 우선 소득 수준의 격차와 관련이 있다. 또한 소득 전체의 분포와 관련이 있다. 소득분포의 상위, 중간, 하위 부분의 변화가 소득불평등을 파악하는 데 있어서 모두 중요하다. 최근에는 소득불평등과 구분되는 개념으로 소득양극화도 주목을 받고 있다. 소득양극화는 중산층이 해체되어 상위와 하위, 양극단이 증가하며 양극단 사이의 거리가 벌어진다는 것을 의미한다.

중요도 ★★★

소득불평등의 개념과 함께 전반적인 내용을 묻는 문제, 각 측정 방법에 관한 사항들을 다루는 문제, 5분위 분배율을 계산하는 고난이도 문제가 출제된 바 있다. 특히, 5분위 분배율과 10분위 분배율은 수치의 해석에 있어서 반대경향을 나타낸다는 것에 주의하여 살펴보아야 한다. 22회 시험에서는 빈곤과 소득불평등의 측정에 관한 문제에서 지니계수의 해석에 관한 내용이 선택지로 출제되었다.

2. 소득불평등의 측정 22회 기출

(1) 분위 분배율 꼭!

10분위 분배율 = 하위 40% 가구의 소득 합 / 상위 20% 가구의 소득 합
5분위 분배율 = 상위 20% 가구의 소득 합 / 하위 20% 가구의 소득 합

① 10분위 분배율

- 한 국가의 모든 가구를 소득에 따라 배열하고 10개의 집단으로 구분한 후, 소득이 낮은 하위 40% 가구의 소득 합을 소득이 가장 높은 상위 20% 가구의 소득 합으로 나눈 것이다.
- 수치가 클수록 소득 격차가 작은 것이며, 수치가 작을수록 소득 격차가 큰 것이다.

② 5분위 분배율

- 소득이 가장 높은 상위 20% 가구의 소득 합을 소득이 낮은 하위 20% 가구의 소득 합으로 나눈 것이다.
- 수치가 클수록 소득 격차가 큰 것이며, 수치가 작을수록 소득 격차가 작은

것이다.

(2) 지니계수 꼭!

- 소득불평등 분석에 많이 사용되는 지니계수는 로렌즈곡선과 밀접한 관련이 있다. 로렌즈곡선은 사람들을 소득의 크기대로 순서를 매긴 뒤 낮은 소득을 가진 사람부터 시작해서 가로축에서 인구를 누적해 가고, 세로축에서 그들의 소득을 누적해감으로써 그려진 곡선이다.
- 현실적으로는 불가능하나 소득분배가 평등해서 모든 사람의 소득이 균등한 경우에는 로렌즈곡선은 대각선 AB와 일치하는데 이것을 완전평등선이라고 한다. 반면에 혼자서 국민소득 전부를 가지고 있는 사람이 있고 나머지 사람의 소득은 모두 0인 경우에는 로렌즈곡선은 직각선 BC가 되는데 이것을 완전불평등선이라고 한다. 둘 다 현실적으로 있을 수 없다.
- 현실에서는 이러한 양극단이 아닌 곡선 AB와 같이 아래로 볼록한 곡선이 그려진다. 소득불평등도가 높을수록 곡선 AB가 아래로 더욱 볼록해지고 타원형의 음영부분은 더욱 커진다.
- 지니계수는 바로 이 로렌즈곡선에서 현실의 분배상태를 나타내는 반원형의 음영부분을 완벽하게 평등한 분배상태를 나타내는 삼각형 ABC로 나눈 값이다. 지니계수는 0과 1 사이의 값을 가지며 그 값이 1에 가까울수록 불평등도가 높다는 것을 의미한다. 둘다 현실적으로는 있을 수 없다.

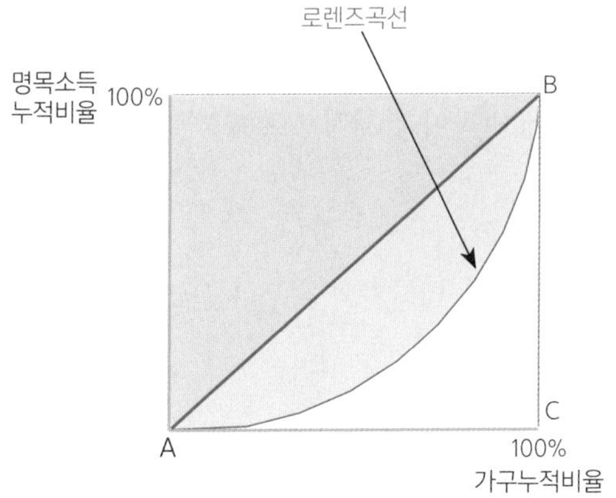

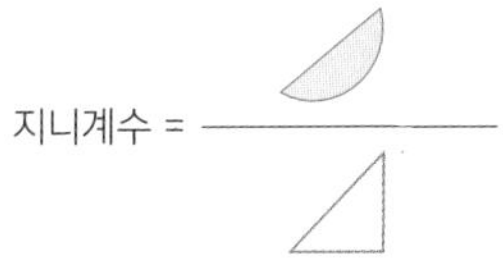

잠깐!

지니계수

지니계수가 1이면 완전 불평등한 분배, 0이면 완전 평등한 분배 상태를 나타낸다.

3 공공부조의 일반 원리

기출회차

1	2	3	4	5
6	7	8	9	10
11	12	13	14	15
16	17	18	19	20
21	22			

강의로 복습하는 기출회독 시리즈

Keyword 188

중요도 ★★

공공부조의 주요 특징과 장단점을 묻는 문제가 출제되고 있다. 단독 문제로는 잘 출제되지 않지만 앞서 6장에서 학습한 내용과 함께 공공부조와 사회보험, 공공부조와 사회서비스 등을 비교하는 형태로 자주 출제되고 있다.

1. 공공부조의 특징

다른 사회보장제도와 비교할 때 공공부조는 다음과 같은 특징을 가지고 있다.

(1) 국가 책임

공공부조는 프로그램의 주체, 그리고 재원(일반예산)을 공공기관이 담당한다.

(2) 선별적 대상 선정 ★꼭!

공공부조는 법적으로는 모든 국민이 보호의 대상이지만, 실제로는 빈곤선 이하의 생활이 어려운 사람이 주 대상이다.

(3) 자산조사 ★꼭!

공공부조는 자산조사 또는 소득조사를 통해 선별하며, 규제적인 성격도 있다.

(4) 신청주의

공공부조의 혜택은 본인의 의사에 반하여 강제적으로 제공될 수 없다.

(5) 대상자 구분

공공부조는 구분 처우를 행하고 있다. 대상자의 욕구나 근로능력 조건, 가족 상황 등에 따라 처우가 달라질 수 있다.

(6) 자활 추구

공공부조는 적극적 측면을 가지고 있어 근로능력이 있는 경우 자활을 위한 프로그램을 운영한다.

2. 공공부조의 장 · 단점

(1) 공공부조의 장점 ★꼭!

- 다른 제도에 비해 상대적으로 수직적 재분배 효과가 크게 나타난다.
- 제한된 예산으로 좁은 범위의 대상(저소득층)을 위해 집중적으로 활용할 수 있다는 점에서 목표효율성(= 대상효율성)이 높다고 볼 수 있다.

(2) 공공부조의 단점 ★꼭!

- 수급자격을 결정하기 위한 자산조사를 실시하는데 행정비용이 많이 소요될 수 있다.
- 수급자의 근로의욕을 저하시킬 수 있다.
- 수급자에게 낙인감이나 수치심을 줄 수 있다.
- 제도의 적용대상이 제한적이기 때문에 정치적 지지가 줄어드는 경향이 있다.

3. 우리나라 공공부조의 역사

(1) 생활보호법

- 우리나라는 1961년 12월 30일 생활보호법이 제정되었고, 1968년 7월 23일에는 자활지도에 관한 임시조치법이 제정되어 근로능력 있는 영세민에 대한 취로사업을 추진하였다.
- 생활보호법은 일제강점기 조선구호령의 기본 틀을 답습한 것으로, 전체 저소득층을 대상으로 하지 않고 연령의 제한까지 두는 형태였다.

(2) 국민기초생활보장제도의 도입

1999년 9월 7일 국민기초생활보장법이 제정 · 공포되면서 2000년 10월 1일부터는 연령에 관계없이 소득이 최저생계비에 미달하는 저소득 계층은(일정한 조건을 충족하면) 국가로부터 지원을 받을 수 있는 형태로 전환되었다.

국민기초생활보장법의 제정까지 공공부조의 역사

1944. 3. 1	조선구호령을 공포하여 실시
1961. 12. 30	생활보호법 제정
1999. 9. 7	국민기초생활보장법 제정
2000. 10. 1	국민기초생활보장법 시행

4 국민기초생활보장제도

기출회차				
1	2	3	4	5
6	7	8	9	10
11	12	13	14	15
16	17	18	19	20
21	22			

강의로 복습하는 기출회독 시리즈

Keyword 188

1. 주요 용어

- 수급권자: 이 법에 따른 급여를 받을 수 있는 자격을 가진 사람을 말한다.
- 수급자: 이 법에 따른 급여를 받는 사람을 말한다.
- 보장기관: 이 법에 따른 급여를 실시하는 국가 또는 지방자치단체를 말한다.
- 부양의무자: 수급권자를 부양할 책임이 있는 사람으로서 수급권자의 1촌의 직계혈족 및 그 배우자를 말한다. 다만, 사망한 1촌의 직계혈족의 배우자는 제외한다.
- 최저보장수준: 국민의 소득 · 지출 수준과 수급권자의 가구 유형 등 생활실태, 물가상승률 등을 고려하여 급여의 종류별로 공표하는 금액이나 보장수준을 말한다.
- 최저생계비: 국민이 건강하고 문화적인 생활을 유지하기 위하여 필요한 최소한의 비용으로서 보건복지부장관이 계측하는 금액을 말한다.
- 소득인정액: 보장기관이 급여의 결정 및 실시 등에 사용하기 위하여 산출한 개별가구의 소득평가액과 재산의 소득환산액을 합산한 금액을 말한다.
- 차상위계층: 수급권자에 해당하지 아니하는 계층으로서 소득인정액이 100분의 50 이하인 계층을 말한다.
- 기준 중위소득: 보건복지부장관이 급여의 기준 등에 활용하기 위하여 중앙생활보장위원회의 심의 · 의결을 거쳐 고시하는 국민 가구소득의 중위값을 말한다.

2. 수급자 선정기준 22회 기출

(1) 기준 중위소득 꼭!

① 기준 중위소득의 개념

- 맞춤형급여 도입 이전의 최저생계비에 해당하는 개념으로 보건복지부장관

이 급여의 기준 등에 활용하기 위하여 중앙생활보장위원회의 심의 · 의결을 거쳐 고시하는 국민 가구소득의 중위 값을 말한다.

- 기준 중위소득은 급여종류별 선정기준과 생계급여 지급액을 정하는 기준이고, 부양의무자의 부양능력을 판단하는 기준이 된다.

② 소득인정액 기준

- 소득인정액 = 소득평가액(실제소득 - 가구특성별 지출비용 - 근로소득공제) + 재산의 소득환산액[(재산 - 기본재산액 - 부채) × 소득환산율]
  ※ 소득평가액, 재산의 소득환산액이 (−)인 경우는 0원으로 처리
- 가구의 소득인정액을 급여 종류별로 기준 중위소득과 연동하여 수급자를 선정하고 생계 · 주거급여액 등을 결정한다.

(2) 부양의무자 기준

① 부양의무자 범위

부양의무자는 수급권자의 1촌의 직계혈족 및 그 배우자이다. 단, 사망한 1촌의 직계혈족의 배우자는 제외(아들 · 딸 사망 시 며느리 · 사위는 부양의무자 범위에서 제외)한다.

② 부양의무자 기준이 적용되는 수급자 종류

- 부양의무자 기준 적용: 의료급여 수급자
- 부양의무자 기준 미적용: 생계급여 수급자, 주거급여 수급자, 교육급여 수급자

③ 부양의무자 기준 충족

- 부양의무자가 없는 경우
- 부양의무자가 있어도 부양능력이 없는 경우
- 부양의무자가 부양능력이 미약한 경우로서 수급권자에 대한 부양비 지원을 전제로 부양능력이 없는 것으로 인정하는 경우
- 부양의무자가 있어도 부양을 받을 수 없는 경우

한걸음 더

신청주의와 직권주의

- 신청주의: 생활이 어려운 저소득 가구의 가구원, 그 친족 및 기타 관계인이 해당 가구의 급여를 신청하는 것이 원칙
- 직권주의: 사회복지전담공무원은 급여를 필요로 하는 자가 누락되지 않도록 관할지역 내에 거주하는 수급권자(생활이 어려우나 급여신청을 하지 않았거나 신청서를 작성할 수 없는 자)에 대한 급여를 본인의 동의를 얻어 직권으로 신청할 수 있음

한걸음 더

보장가구에서 제외되는 사람

1. 현역군인 등 법률상 의무이행을 위해 다른 곳에서 거주하면서 의무이행과 관련하여 생계보장을 받고 있는 사람
2. 급여신청 조사, 적정성 확인 조사 등을 시작한 날부터 역산하여 180일까지 통산하여 60일을 초과하여 외국에 체류하고 있거나 체류했던 사람
3. 교도소 · 구치소 · 치료감호시설 · 소년원 · 소년분류심사원 등에 수용중인 사람
4. 보장시설에서 급여를 받고 있는 사람(보장시설수급자)
5. 실종선고 절차가 진행 중인 사람
6. 가출 · 행방불명자
7. 세대별 주민등록표에 기재된 자와 생계와 주거를 달리한다고 시 · 군 · 구청장이 확인한 자
   ※ 주민등록표상 자녀가 동일 세대원으로 등재되어 있으나 사실상 생계와 주거를 모두 달리하고 있는 것이 확인된 경우에는 보장가구에서 제외하고 부양의무자로 처리

3. 급여의 기준 등

(1) 보장의 단위 ★꼭!

가구를 단위로 하여 급여를 지급하는 것을 원칙으로 하나 필요하다고 인정되는 경우 개인을 단위로 급여를 행할 수 있다.

(2) 급여의 기준

- 급여는 건강하고 문화적인 최저생활을 유지할 수 있는 것이어야 한다.
- 급여의 기준은 수급자의 연령, 가구 규모, 거주지역, 그 밖의 생활여건 등을 고려하여 급여의 종류별로 보건복지부장관이 정하거나 급여를 지급하는 중앙행정기관의 장이 보건복지부장관과 협의하여 정한다.
- 보건복지부장관 또는 소관 중앙행정기관의 장은 급여의 종류별 수급자 선정기준 및 최저보장수준을 결정하여야 한다.
- 보건복지부장관 또는 소관 중앙행정기관의 장은 매년 8월 1일까지 중앙생

활보장위원회의 심의 · 의결을 거쳐 다음 연도의 급여의 종류별 수급자 선정기준 및 최저보장수준을 공표하여야 한다.

(3) 급여의 보호

- 급여변경의 금지: 수급자에 대한 급여는 정당한 사유 없이 이를 불리하게 변경할 수 없다.
- 압류금지: 수급자에게 지급된 수급품과 이를 받을 권리는 압류할 수 없다.

잠깐!

압류방지 전용통장

기초생활수급자의 급여가 압류되는 것을 방지하기 위해 기초생활수급자의 급여만 입금되고 그 외에는 입금이 차단되는 통장(수급자 본인이라도 압류방지 전용통장에 별도 금액을 입금할 수 없음)

4. 급여의 기본원칙

(1) 최저생활 보장의 원칙 꼭!

생활이 어려운 자에게 생계 · 주거 · 의료 · 교육 · 자활 등 필요한 급여를 행하여 이들의 최저생활을 보장해주는 것이다.

(2) 보충급여의 원칙 꼭!

- 급여수준을 생계 · 주거 · 의료 · 교육 급여액과 수급자의 소득인정액을 포함한 총금액이 최저생계비 이상이 되도록 지원하는 것이다.
- 국민 각자가 자립 · 자활을 위해 자신의 능력을 최대한 발휘하여 노력하고 그런 후에도 부족한 부분을 국가가 보충해준다는 원칙이다.

(3) 자립지원의 원칙

- 근로능력이 있는 수급자에게는 자활사업에 참여할 것을 조건으로 급여를 지급하는 것이다.
- 수급자 가구별로 자활지원계획을 수립하고 자활사업에 참여하도록 조건을 부여한다.
- 조건 불이행자에게는 수급자 본인의 생계급여 일부 또는 전부를 지급하지 아니한다.

(4) 개별성의 원칙

- 급여수준을 정함에 있어서 수급권자의 개별적 특수 상황을 최대한 반영하는 것이다.
- 이를 위해 수급권자 및 부양의무자의 소득 · 재산, 수급권자의 근로능력 · 취업상태 · 자활욕구 등 자활지원계획 수립에 필요한 사항, 기타 수급권자의 건강상태 · 가구특성 등 생활실태에 관한 사항 등을 조사한다.

(5) 가족부양 우선의 원칙

- 급여신청자가 부양의무자에 의하여 부양될 수 있는 경우에는 기초생활보장 급여에 우선하여 부양의무자에 의한 보호가 먼저 행해져야 한다는 것이다.
- 수급자에게 부양능력을 가진 부양의무자가 있음이 확인된 경우에는 부양의무자로부터 보장비용을 징수할 수 있다.

(6) 타급여 우선의 원칙 꼭!

급여 신청자가 다른 법령에 의하여 보호를 받을 수 있는 경우에는 기초생활보장 급여에 우선하여 다른 법령에 의한 보호가 먼저 행해져야 한다.

(7) 보편성의 원칙

국민기초생활보장법에 규정된 요건을 충족시키는 국민에 대하여는 성별 · 직업 · 연령 · 교육수준 · 소득원 기타의 이유로 수급권을 박탈하지 아니한다는 것이다.

중요도 ★★★

국민기초생활보장제도와 관련된 전반적인 사항들을 묻는 문제들이 주로 출제되었다. 특히, <사회복지법제론>과 연계되는 내용이 많으므로 법제론과 함께 정리하는 것이 효과적이다. 급여에 관한 세부적인 내용이 가장 많이 출제되고 있으므로 꼼꼼하게 정리해둘 필요가 있다. 22회 시험에서는 국민기초생활보장제도의 수급자 선정기준 수치를 묻는 문제가 출제되었다.

5. 급여의 종류 22회 기출

수급권자에 대한 급여는 수급자의 필요에 따라 생계급여부터 자활급여까지의 급여의 전부 또는 일부를 실시하는 것으로 한다.

(1) 생계급여 꼭!

- 생계급여는 수급자에게 의복, 음식물 및 연료비와 그 밖에 일상생활에 기본적으로 필요한 금품을 지급하여 그 생계를 유지하게 하는 것으로 한다.
- 생계급여 수급권자는 그 소득인정액이 생계급여 선정기준 이하인 사람으로 하며, 이 경우 생계급여 선정기준은 기준 중위소득의 100분의 30 이상으로 한다. (현재 제도상 생계급여 수급권자: 기준 중위소득의 32% 이하인 사람)
- 생계급여 최저보장수준은 생계급여와 소득인정액을 포함하여 생계급여 선정기준 이상이 되도록 하여야 한다.

합격자의 한마디

국민기초생활보장제도의 급여 중 주거급여는 국토교통부가 주관하고, 교육급여는 교육부가 주관한다는 것을 반드시 기억하세요.

(2) 주거급여 꼭!

- 주거급여는 수급자에게 주거 안정에 필요한 임차료, 수선유지비, 그 밖의 수급품을 지급하는 것으로 한다.
- 주거급여 수급권자는 그 소득인정액이 주거급여 선정기준 이하인 사람으로 하며, 이 경우 주거급여 선정기준은 기준 중위소득의 100분의 43 이상으로

한다. (현재 제도상 주거급여 수급권자: 기준 중위소득의 48% 이하인 사람)
- 주거급여에 관하여 필요한 사항은 따로 법률(주거급여법)에서 정한다.

(3) 의료급여 꼭!

- 의료급여는 수급자에게 건강한 생활을 유지하는 데 필요한 각종 검사 및 치료 등을 지급하는 것으로 한다.
- 의료급여 수급권자는 부양의무자가 없거나, 부양의무자가 있어도 부양능력이 없거나 부양을 받을 수 없는 사람으로서 그 소득인정액이 의료급여 선정기준 이하인 사람으로 하며, 이 경우 의료급여 선정기준은 기준 중위소득의 100분의 40 이상으로 한다. (현재 제도상 의료급여 수급권자: 기준 중위소득의 40% 이하인 사람)
- 의료급여에 필요한 사항은 따로 법률(의료급여법)에서 정한다.

(4) 교육급여 꼭!

- 교육급여는 수급자에게 입학금, 수업료, 학용품비, 그 밖의 수급품을 지급하는 것으로 하되, 학교의 종류 · 범위 등에 관하여 필요한 사항은 대통령령으로 정한다.
- 교육급여 수급권자는 그 소득인정액이 교육급여 선정기준 이하인 사람으로 하며, 이 경우 교육급여 선정기준은 기준 중위소득의 100분의 50 이상으로 한다. (현재 제도상 교육급여 수급권자: 기준 중위소득의 50% 이하인 사람)

(5) 해산급여

해산급여는 생계급여, 주거급여, 의료급여 중 하나 이상의 급여를 받는 수급자에게 조산(助産)이나 분만 전과 분만 후에 필요한 조치와 보호를 실시하는 것으로 한다.

(6) 장제급여

장제급여는 생계급여, 주거급여, 의료급여 중 하나 이상의 급여를 받는 수급자가 사망한 경우 사체의 검안(檢案) · 운반 · 화장 또는 매장, 그 밖의 장제조치를 하는 것으로 한다.

(7) 자활급여

- 자활급여는 수급자의 자활을 돕기 위하여 실시하는 급여를 말한다.
- 자활급여의 내용: 자활에 필요한 금품의 지급 또는 대여, 자활에 필요한 근로능력의 향상 및 기능습득의 지원, 취업알선 등 정보의 제공, 자활을 위한

근로기회의 제공, 자활에 필요한 시설 및 장비의 대여, 창업교육, 기능훈련 및 기술 · 경영 지도 등 창업지원, 자활에 필요한 자산형성 지원, 그밖에 대통령령으로 정하는 자활을 위한 각종 지원

6. 기타

(1) 보장기관

- 국민기초생활보장법에 따른 급여는 수급권자 또는 수급자의 거주지를 관할하는 시 · 도지사와 시장 · 군수 · 구청장(교육급여인 경우에는 특별시 · 광역시 · 특별자치시 · 도 · 특별자치도의 교육감)이 실시한다. 다만, 주거가 일정하지 아니한 경우에는 수급권자 또는 수급자가 실제 거주하는 지역을 관할하는 시장 · 군수 · 구청장이 실시한다.
- 보건복지부장관, 소관 중앙행정기관의 장과 시 · 도지사는 수급자를 각각 국가나 해당 지방자치단체가 경영하는 보장시설에 입소하게 하거나 다른 보장시설에 위탁하여 급여를 실시할 수 있다.

(2) 생활보장위원회

- 생활보장사업의 기획 · 조사 · 실시 등에 관한 사항을 심의 · 의결하기 위하여 보건복지부와 시 · 도 및 시 · 군 · 구에 각각 생활보장위원회를 둔다. 다만, 시 · 도 및 시 · 군 · 구에 두는 생활보장위원회는 그 기능을 담당하기에 적합한 다른 위원회가 있고 그 위원회의 위원이 규정된 자격을 갖춘 경우에는 시 · 도 또는 시 · 군 · 구의 조례로 정하는 바에 따라 그 위원회가 생활보장위원회의 기능을 대신할 수 있다.
- 중앙생활보장위원회는 위원장을 포함하여 16명 이내의 위원으로 구성하고, 위원은 보건복지부장관이 '공공부조 또는 사회복지와 관련된 학문을 전공한 전문가로서 대학의 조교수 이상인 사람 또는 연구기관의 연구원으로 재직 중인 사람 5명 이내, 공익을 대표하는 사람 5명 이내, 관계 행정기관 소속 3급 이상 공무원 또는 고위공무원단에 속하는 일반직공무원 5명 이내'의 어느 하나에 해당하는 사람 중에서 위촉 · 지명하며 위원장은 보건복지부장관으로 한다.
- 시 · 도 및 시 · 군 · 구 생활보장위원회의 위원은 시 · 도지사 또는 시장 · 군수 · 구청장이 '사회보장에 관한 학식과 경험이 있는 사람, 공익을 대표하는 사람, 관계 행정기관 소속 공무원'의 어느 하나에 해당하는 사람 중에서 위촉 · 지명하며 위원장은 해당 시 · 도지사 또는 시장 · 군수 · 구청장으

로 한다.

(3) 기초생활보장 계획의 수립 및 평가

- 소관 중앙행정기관의 장은 수급자의 최저생활을 보장하기 위하여 3년마다 소관별로 기초생활보장 기본계획을 수립하여 보건복지부장관에게 제출하여야 한다.
- 보건복지부장관 및 소관 중앙행정기관의 장은 실태조사 결과를 고려하여 급여기준의 적정성 등에 대한 평가를 실시할 수 있으며, 이와 관련하여 전문적인 조사 · 연구 등을 공공기관 또는 민간 법인 · 단체 등에 위탁할 수 있다.
- 보건복지부장관은 기초생활보장 기본계획 및 평가결과를 종합하여 기초생활보장 종합계획을 수립하여 중앙생활보장위원회의 심의를 받아야 한다.
- 보건복지부장관은 수급권자, 수급자 및 차상위계층 등의 규모 · 생활실태 파악, 최저생계비 계측 등을 위하여 3년마다 실태조사를 실시 · 공표하여야 한다.

한걸음 더

자활사업

자활사업은 국민기초생활보장법에 따른 근로능력이 있는 근로빈곤층에게 자활할 수 있도록 일자리 제공 및 자활능력 배양을 목적으로 시행하고 있는 보건복지부 주관 사업이다.

1. 자활사업의 내용

- 자활기업: 수급자 및 차상위자가 상호 협력하여 조합 또는 공동 사업자 등의 형태로 저소득층의 일자리 창출 및 탈빈곤을 위한 자활사업을 운영하는 업체
- 자활근로사업: 국민기초생활보장법에 의한 저소득층에게 자활을 위한 근로의 기회를 제공하여 자활기반을 조성하는 사업
- 자산형성지원사업: 근로빈곤층의 근로유인 제고 및 탈빈곤을 위한 물적 기반 마련을 위해 자산형성을 지원하기 위한 사업으로 희망키움통장(Ⅰ), 희망키움통장(Ⅱ), 내일키움통장, 청년희망키움통장 등을 운영

2. 지역자활센터

- 지역자활센터는 근로능력 있는 저소득층에게 집중적이고 체계적인 자활지원서비스를 제공함으로써 자활의욕 고취 및 자립능력 향상을 지원한다.
- 주요 사업: 근로능력 있는 저소득층의 자활의욕 고취 및 기초능력 배양을 위한 교육 프로그램 개발 · 운영, 자활을 위한 정보제공 · 상담 · 직업교육 및 취업알선, 창업을 통해 자활할 수 있도록 기술 · 경영지원을 하고 창업 후에도 적극적인 사후관리를 통해 완전 자립할 수 있도록 지원, 기초수급자 등 저소득층이 모여 경제적으로 자립할 수 있는 자활기업을 설립해 자립 · 자활할 수 있도록 지원, 장애인 · 산모 · 신생아 · 노인돌보미 바우처사업 등 사회서비스 사업 위탁 수행, 수급자나 차상위자의 자활사업 참여나 취업 · 창업으로 인하여 지원이 필요하게 된 가구에 대하여 사회복지서비스 등 필요한 서비스 연계, 그 밖에 수급자 등의 자활을 위한 각종 사업

보충자료

자활사업

5 의료급여제도와 긴급복지지원제도

기출회차

1	2	3	4	5
6	7	8	9	10
11	12	13	14	15
16	17	18	19	20
21	22			

강의로 복습하는 기출회독 시리즈

Keyword 188

1. 의료급여제도

(1) 목적

생활유지 능력이 없거나 생활이 어려운 저소득 국민의 의료문제를 국가가 보장하는 공공부조제도로 건강보험과 함께 국민 의료보장의 중요한 수단이 되는 사회보장제도이다.

(2) 급여 내용

수급권자의 질병 · 부상 · 출산 등에 대해 '진찰 · 검사, 약제 · 치료재료의 지급, 처치 · 수술과 그 밖의 치료, 예방 · 재활, 입원, 간호, 이송과 그 밖의 의료목적의 달성을 위한 조치' 등을 실시한다.

(3) 수급권자

① 1종 수급권자

- 의료급여제도의 수급권자(281페이지 '한걸음 더'의 내용 참조)에서 1번 및 3~8번까지의 규정에 해당하는 사람 중 다음의 어느 하나에 해당하는 사람
  - '18세 미만인 사람, 65세 이상인 사람, 장애인고용촉진 및 직업재활법에 따른 중증장애인, 질병 · 부상 또는 그 후유증으로 치료나 요양이 필요한 사람 중에서 근로능력평가를 통하여 특별자치시장 · 특별자치도지사 · 시장 · 군수 · 구청장이 근로능력이 없다고 판정한 사람, 세대의 구성원을 양육 · 간병하는 사람 등 근로가 곤란하다고 보건복지부장관이 정하는 사람, 임신 중에 있거나 분만 후 6개월 미만의 여자, 병역법에 의한 병역의무를 이행중인 사람'만으로 구성된 세대의 구성원
  - 국민기초생활보장법에 따른 보장시설에서 급여를 받고 있는 사람
  - 보건복지부장관이 정하여 고시하는 결핵질환, 희귀난치성질환 또는 중증질환을 가진 사람
- 재해구호법에 따른 이재민으로서 보건복지부장관이 의료급여가 필요하다

고 인정한 사람[의료급여제도의 수급권자(281페이지 '한걸음 더'의 내용 참조)에서 2번]

• 노숙인 등의 복지 및 자립지원에 관한 법률에 따른 노숙인 등으로서 보건복지부장관이 의료급여가 필요하다고 인정한 사람[의료급여제도의 수급권자(281페이지 '한걸음 더'의 내용 참조)에서 9번]
• 일정한 거소가 없는 사람으로서 경찰관서에서 무연고자로 확인된 사람이며 보건복지부장관이 의료급여가 필요하다고 인정하는 사람
• 그 밖에 보건복지부령으로 정하는 사람으로서 보건복지부장관이 1종 의료급여가 필요하다고 인정하는 사람

② 2종 수급권자

• 의료급여제도의 수급권자(281페이지 '한걸음 더'의 내용 참조)에서 1번 및 3~8번까지의 규정에 해당하는 사람 중 1종 수급권자에 해당하지 않는 사람
• 그 밖에 보건복지부령으로 정하는 사람으로서 보건복지부장관이 2종 의료급여가 필요하다고 인정하는 사람

한걸음 더

의료급여제도의 수급권자

1. 국민기초생활보장법에 따른 의료급여 수급자
2. 재해구호법에 따른 이재민으로서 보건복지부장관이 의료급여가 필요하다고 인정한 사람
3. 의사상자 등 예우 및 지원에 관한 법률에 따라 의료급여를 받는 사람
4. 입양특례법에 따라 국내에 입양된 18세 미만의 아동
5. 독립유공자예우에 관한 법률, 국가유공자 등 예우 및 지원에 관한 법률 및 보훈보상대상자 지원에 관한 법률의 적용을 받고 있는 사람과 그 가족으로서 국가보훈부장관이 의료급여가 필요하다고 추천한 사람 중에서 보건복지부장관이 의료급여가 필요하다고 인정한 사람
6. 무형유산의 보전 및 진흥에 관한 법률에 따라 지정된 국가무형유산의 보유자(명예보유자를 포함)와 그 가족으로서 국가유산청장이 의료급여가 필요하다고 추천한 사람 중에서 보건복지부장관이 의료급여가 필요하다고 인정한 사람
7. 북한이탈주민의 보호 및 정착지원에 관한 법률의 적용을 받고 있는 사람과 그 가족으로서 보건복지부장관이 의료급여가 필요하다고 인정한 사람
8. 5 · 18민주화운동 관련자 보상 등에 관한 법률에 따라 보상금등을 받은 사람과 그 가족으로서 보건복지부장관이 의료급여가 필요하다고 인정한 사람
9. 노숙인 등의 복지 및 자립지원에 관한 법률에 따른 노숙인 등으로서 보건복지부장관이 의료급여가 필요하다고 인정한 사람
10. 그 밖에 생활유지 능력이 없거나 생활이 어려운 사람으로서 대통령령으로 정하는 사람

(4) 급여 수준과 진료 절차

• 의료급여는 저소득계층의 의료비부담을 국가가 지원하는 제도로서, 국민

건강보험 요양급여 기준에 의한 급여대상 항목에 대한 의료비 지원을 원칙으로 한다.

- 본인부담금은 다음과 같다. 단, 보건복지부 장관이 고시하는 경증질환으로 종합병원 이상급 기관을 이용하는 경우 약국 본인부담은 약국 비용 총액의 3%에 해당하는 금액(정률제 부담)으로 한다.

구분		1차(의원)	2차(병원, 종합병원)	3차(상급종합병원)	약국
1종	입원	없음	없음	없음	-
	외래	1,000원	1,500원	2,000원	500원
2종	입원	10%	10%	10%	-
	외래	1,000원	15%	15%	500원

- 본인부담 보상제 및 본인부담 상한제가 있어 다음의 기준을 초과하는 경우 초과금액을 국가가 지원한다.

본인부담 보상제 기준	본인부담 상한제 기준
• 1종 수급자: 매 30일간 2만원을 초과한 경우, 초과금액의 50% 보상 • 2종 수급자: 매 30일간 20만원을 초과한 경우, 초과금액의 50% 보상	• 1종 수급자: 매 30일간 5만원을 초과한 경우, 초과금액 전액 • 2종 수급자: 연간 80만원을 초과한 경우, 초과금액 전액. 다만, 요양병원에 240일을 초과하여 입원하는 경우 연간 120만원으로 함 ※ 본인부담금 보상제를 선 적용한 후 본인부담금이 일정 수준(상한 기준액)을 초과한 경우

- 의료급여 수급자는 1차 의료급여기관에 우선 의료급여를 신청하여야 하며, 2차 의료급여기관, 3차 의료급여기관 순서로 이용할 수 있다(예외 있음).

(5) 급여일수 관리

- 의료급여 수급자가 의료급여를 받을 수 있는 급여일수에는 상한이 있다.
  - 등록 중증질환, 등록 희귀 · 중증난치질환(결핵 포함): 각 질환별로 연간 365일
  - 의료급여수가의 기준 및 일반기준의 질환(만성고시질환): 각 질환별로 연간 380일
  - 이 외 기타 질환: 모두 합산하여 400일
- 수급권자가 불가피하게 급여일수의 상한을 초과하여 의료급여를 받아야 할 사유가 발생한 경우에는 시장 · 군수 · 구청장의 승인(연장승인)을 받아 75~145일을 추가적으로 받을 수 있다.
- 연장승인으로 주어진 일수도 초과하게 되는 경우에는 본인이 선택한 의료급여기관을 우선 이용할 것을 조건으로 한 조건부 연장승인을 받아야 한다.

2. 긴급복지지원제도 22회 기출

(1) 목적

생계곤란 등의 위기상황에 처하여 도움이 필요한 자를 신속하게 지원함으로써 이들이 위기상황에서 벗어나 건강하고 인간다운 생활을 영위하게 하기 위한 제도이다.

(2) 지원 대상

- 갑작스러운 위기상황으로 인하여 본인 또는 본인과 생계 및 주거를 같이 하고 있는 가구구성원의 생계유지 등이 어렵게 된 가구를 대상으로 한다.
- 위기상황에 해당하는 사유
  - 주소득자의 사망, 가출, 행방불명, 구금시설 수용 등 사유로 소득 상실
  - 중한 질병 또는 부상을 당한 경우
  - 가구구성원으로부터 방임 또는 유기되거나 학대 등을 당한 경우
  - 가정폭력 또는 가구원으로부터 성폭력을 당한 경우
  - 화재 또는 자연재해 등으로 인하여 거주하는 주택 또는 건물에서 생활하기 곤란한 경우
  - 주소득자 또는 부소득자의 휴업, 폐업 또는 사업장의 화재 등으로 인하여 실질적인 영업이 곤란하게 된 경우
  - 주소득자 또는 부소득자의 실직으로 소득을 상실한 경우
  - 보건복지부령에 따라 지자체 조례로 정한 사유가 발생한 경우[소득활동 미미(가구원 간호 · 간병 · 양육), 기초수급 중지 · 미결정, 수도 · 가스 중단, 사회보험료 · 주택임차료 체납 등]
  - 그 밖에 보건복지부장관이 정하여 고시하는 경우(주소득자와의 이혼, 단전된 때, 교정시설 출소자 생계 곤란, 가족으로부터 방임 · 유기 또는 생계곤란 등으로 노숙을 하는 경우, 복지사각지대 발굴 대상자로서 관련 부서로부터 생계가 어렵다고 추천을 받은 경우, 통합사례관리 대상자로서 관련 부서로부터 생계가 어렵다고 추천을 받은 경우, 자살한 자의 유족 · 자살을 시도한 자 또는 그의 가족인 자살 고위험군으로서 관련 기관 등으로부터 생계가 어렵다고 추천을 받은 경우)

(3) 긴급복지지원제도의 원칙

- 선지원 후처리 원칙: 위기상황에 처한 자 등의 지원요청 또는 신고가 있는 경우 긴급지원담당공무원 등의 현장확인(1일 이내)을 통해 긴급한 지원의 필요성을 포괄적으로 판단하여 우선 지원(추가 1일 이내, 총 48시간 이내)

을 신속하게 실시하고 나중에 소득, 재산 등을 조사하여 지원의 적정성을 심사한다.

- 단기지원 원칙: 시 · 군 · 구청장은 위기상황에 처한 사람에게 일시적으로 신속하게 지원하는 것을 원칙으로 한다. 지원이 종료되면 동일한 사유로 인하여는 다시 지원할 수 없다(출소나 실직을 반복하는 경우 등). 다만, 지원이 종료된 때로부터 2년이 경과한 후에는 동일한 사유로 다시 지원할 수 있다.
- 타법률 지원 우선의 원칙: 다른 법률에 의하여 긴급지원의 내용과 동일한 내용의 구호 · 보호나 지원을 받고 있는 경우에는 긴급지원을 하지 아니한다. 지원요청 또는 신고를 받은 때 시장 · 군수 · 구청장이 가구특성, 생활실태 등을 고려하여, 긴급지원보다는 국민기초생활보장, 의료급여, 시설보호 등 다른 법률에 의한 지원의 대상이 되는 것이 적합하다고 판단되는 경우에는 해당 지원에 연계토록 한다.
- 현물지원 우선의 원칙(지원의 종류에 따라 현금지원을 우선으로 하는 경우도 있음): 의료 서비스 제공, 임시거소 및 사회복지시설 이용 등 지원의 본래 목적을 달성하기 위하여 현물지원을 우선하도록 하고, 현물지원이 곤란한 경우에 한하여 예외적으로 금전지원을 실시한다. 생계지원, 연료비, 해산 · 장제비 등의 경우에는 금전지원을 원칙으로 하고, 금전지원이 곤란한 경우에 한하여 예외적으로 현물지원을 실시한다.
- 가구단위 지원의 원칙: 가구단위로 산정하여 지원하는 것을 원칙으로 하지만, 개인단위 지원도 가능하다.

(4) 지원의 종류

① 금전 또는 현물 등의 직접 지원

생계지원, 의료지원, 주거지원, 사회복지시설 이용지원, 교육지원, 그 밖의 지원

② 민간기관 · 단체와의 연계 등의 지원

- 대한적십자사, 사회복지공동모금회 등의 사회복지기관 · 단체로의 연계 지원
- 상담 · 정보제공 등 그 밖의 지원

긴급지원의 내용

<table>
<tr><th colspan="3">종류</th><th>지원내용</th><th>최대 횟수</th></tr>
<tr><td rowspan="6">금전 · 현물 지원</td><td rowspan="4">위기상황 주지원[1]</td><td>생계</td><td>식료품비, 의복비 등 1개월 생계유지비</td><td>6회</td></tr>
<tr><td>의료</td><td>각종 검사, 치료 등 의료서비스 지원
- 300만원 이내(본인부담금 및 비급여 항목)</td><td>2회</td></tr>
<tr><td>주거</td><td>국가 · 지자체 소유 임시거소 제공 또는 타인 소유의 임시거소 제공
- 제공자에게 거소사용 비용 지원</td><td>12회</td></tr>
<tr><td>복지시설 이용</td><td>사회복지시설 입소 또는 이용서비스 제공
- 시설운영자에게 입소 또는 이용비용 지급</td><td>6회</td></tr>
<tr><td rowspan="2">부가지원[2]</td><td>교육</td><td>초 · 중 · 고등학생 중 수업료 등이 필요하다고 인정되는 사람에게 학비 지원</td><td>2회
(4회)[3]</td></tr>
<tr><td>그밖의 지원</td><td>위기사유 발생으로 생계유지가 곤란한 자에게 지원
- 동절기(10월~3월) 연료비
- 해산비(70만원) · 장제비(80만원) · 전기요금(50만원 이내) 각 1회</td><td>1회
(연료비 6회)</td></tr>
<tr><td colspan="3">민간기관 · 단체 연계지원 등</td><td>사회복지공동모금회 · 대한적십자사 등 민간 프로그램으로 연계, 상담 등 기타 지원</td><td>횟수제한 없음</td></tr>
</table>

1) 위기상황이 복합으로 나타난 경우 주지원 종류별 복합지원 가능
2) 부가지원은 주지원 가구를 대상으로 해당사항 있을 경우 추가적으로 지원
3) 주거지원(최대 12월) 대상의 교육지원 횟수를 최대 4회 범위에서 지원

기출회차				
1	2	3	4	5
6	7	8	9	10
11	12	13	14	15
16	17	18	19	20
21	22			

강의로 복습하는 기출회독 시리즈

Keyword 188

6 근로장려금

1. 개요 22회 기출

• 열심히 일은 하지만 소득이 적어 생활이 어려운 근로자 또는 사업자(전문직 제외)가구에 대하여 가구원 구성과 총급여액 등에 따라 산정된 근로장려금을 지급함으로써 근로를 장려하고 실질소득을 지원하는 근로연계형 소득지원제도이다.

• 근로장려금의 시행은 국세청에서 담당한다. 2008년 1월부터 시행되었고, 최초 지급은 2009년 9월부터 시작되었다.

보충자료

근로연계복지정책

2. 신청자격 22회 기출

• 근로장려금은 가구단위로 소득기준과 재산기준을 모두 충족하는 경우에 받을 수 있다.

• 소득기준은 부부소득을 합산하여 일정금액 미만인 자가 받을 수 있으며, 이 기준은 가족 가구 구성여부, 맞벌이 여부에 따라 달라진다. 단독 가구는 2,200만원 미만, 가족 가구는 홑벌이 가구가 3,200만원 미만, 맞벌이 가구는 3,800만원 미만이다. 이 경우 총소득은 부부의 소득을 합산하며, 근로 및 사업소득 뿐만 아니라 이자 · 배당 · 연금 · 기타소득도 합산한다.

• 재산기준은 가족구성원의 재산을 모두 합하여 2억 4,000만원 미만이어야 한다(가구원 모두 무주택이거나 주택을 1채만 소유). 또한, 1인가구의 경우에는 기준연령을 넘어야 받을 수 있다.

가구원 구성에 따른 총소득기준금액

가구원 구성	단독 가구	홑벌이 가구	맞벌이 가구
총소득기준금액	2,200만원	3,200만원	3,800만원

※ 총소득 = 사업소득 + 근로소득 + 기타소득 + 이자 · 배당 · 연금소득

• 가구구분

- 단독 가구: 배우자, 부양자녀 및 생계를 같이하는 70세 이상 직계존속이 없는 가구
- 홑벌이 가구: 배우자의 총급여액 등이 300만원 미만인 가구로서 18세 미만의 부양자녀 또는 생계를 같이하는 70세 이상의 직계존속이 있는 가구
- 맞벌이 가구: 배우자의 총급여액 등이 300만원 이상인 가구

※ 18세 미만의 부양자녀(장애인은 연령제한 없음)와 70세 이상의 직계존속은 연간 소득금액 100만원 이하

3. 산정방법 22회 기출

근로장려금은 거주자와 배우자의 근로소득과 사업소득을 합한 금액인 "총급여액등"을 감안하여 지급된다.

단독 가구

(단위: 만원)

총급여액	0~400 (점증구간)	400~900 (평탄구간)	900~2,200 (점감구간)
지급액	총급여액 등 × 400분의 165	165만원	165만원 - (총급여액 등 - 900만원) × 1,300분의 165

홑벌이 가구

(단위: 만원)

총급여액	0~700 (점증구간)	700~1,400 (평탄구간)	1,400~3,200 (점감구간)
지급액	총급여액 등 × 700분의 285	285만원	285만원 - (총급여액 등 - 1,400만원) × 1,800분의 285

맞벌이 가구

(단위: 만원)

총급여액	0~800 (점증구간)	800~1,700 (평탄구간)	1,700~3,800 (점감구간)
지급액	총급여액 등 × 800분의 330	330만원	330만원 - (총급여액 등 - 1,700만원) × 2,100분의 330

미주목록

1) 김기원, 2003: 13.
2) 송근원 · 김태성, 1995: 21.
3) 이정우, 2002: 25.
4) 박병현, 2003: 19.
5) 김상균, 1987; 현외성, 200: 30-31.
6) 현외성, 2000: 31.
7) 신섭중, 1993: 25.
8) 이문국 외 역, 사회복지대백과사전, 1999.
9) 나병균, 2002.
10) 양정하 외, 2002.
11) 김기원, 2000.
12) 김대식 외, 2004: 500; 김기원, 2003: 278.
13) 나병균, 2002: 31. 254.
14) 김태성 · 성경륭, 2000: 116-122.
15) 김태성 · 성경륭, 2000: 121.
16) 김태성 · 성경륭, 1993: 255-259.
17) 김상균, 1987: 91.
18) 현외성, 2014: 50.
19) 김태성 · 성경륭, 2001: 150.
20) 김태성 · 성경륭, 2001: 153.
21) 김태성 · 성경륭, 2001: 161.
22) 김태성 · 성경륭, 2001: 163-164.
23) 김기원, 2003: 175.
24) Gerston, 최봉기, 2004: 144. 재인용.
25) Cobb & Elder, 백승기, 2000: 89. 재인용.
26) 백승기, 2000: 80.
27) 송근원 · 김태성, 1995: 50-56.
28) 송근원 · 김태성, 1995: 106-111.
29) 송근원, 2004: 261.
30) 송근원, 2007: 279.
31) 송근원, 2004: 312-321.
32) 최봉기, 2004: 419.
33) 송근원 · 김태성, 1995: 174.
34) 송근원 · 김태성, 1995: 176-177.
35) 김기원, 202: 31.
36) 송근원 · 김태성, 1995: 172.
37) 최봉기, 2004: 419.
38) 백승기, 2000: 82.
39) 최봉기, 2004: 166.
40) 송근원 · 김태성, 1995: 174.
41) 김기원, 2002: 31.
42) 김태성, 2003: 365-367.
43) 김기원, 2003: 103.
44) 송근원 · 김태성 1995: 359.
45) 송근원 · 김태성, 1995:172.
46) 윤명석 외, 1999, 김기원, 2003: 210에서 재인용.
47) 윤병식 외, 2000, 김기원, 2003: 210에서 재인용.

참고문헌

고용노동부, 2014, 『2014년 고용 · 산재보험 실무편람』.
구인회 · 손병돈 · 안상훈, 2010, 『사회복지정책론』, 나남.
구재관 · 김성철 외, 2015, 『사회복지정책론』, 양서원.
권육상 · 김경우 외, 2007, 『사회복지정책론』, 유풍출판사.
길버트 · 테렐, 『사회복지정책론』, 남찬섭 · 유태균 역, 2007, 나눔의집.
김기원, 2000, 『공공부조론』, 학지사.
______, 2003, 『한국사회복지정책론』, 나눔의집.
김대식 외, 2003, 『현대 경제학 원론』, 박영사.
김상균, 1987, 『현대사회와 사회정책』, 서울대학교 출판부.
김종명 · 송낙길 외, 2015, 『사회복지정책론』, 양서원.
김태성, 2001, 『사회복지정책의 이해』, 나남.
______, 2003, 『사회복지정책입문』, 청목.
김태성 · 성경륭, 1995, 『복지국가론』, 나남.
나병균, 2002, 『사회보장론』, 나눔의집.
남기민, 2004, 『사회복지정책론』, 학지사.
박병현, 2004, 『사회복지정책론』, 현학사.
박차상, 2006, 『사회복지정책학』, 형설출판사.
박호성, 1999, 『평등론』, 창작과 비평사.
백승기, 2000, 『정책학원론』, 대영문화사.
송근원, 2004, 『사회복지정책학』, 학지사.
송근원 · 김태성, 1995, 『사회복지정책론』, 나남.
신섭중, 1993, 『한국사회복지정책론』, 대학출판사.
양정하 외, 2001, 『사회복지정책론』, 양서원.
이문국 외 역, 1999, 『사회복지대백과사전』, 나눔의집, NASW, Encyclopedia of Social Welfare, 19th, 1995.
이정우, 2002, 『사회복지정책』, 학지사.
최봉기, 2004, 『정책학』, 박영사.
현외성, 2000, 『사회복지정책강론』, 양서원.
______, 2014, 『핵심 사회복지정책론』, 양서원.
George, V. & Wilding, P. Welfare and Ideology, 김영화 · 이옥희 역, 1999, 『복지와 이데올로기』, 한울.
Rimlinger, G. V. Welfare Policy and Industrialization in Europe, America and Russia, 한국사회복지학연구회 역, 1991, 『사회복지의 사상과 역사』, 한울.